비즈니스 의사결정을 위한

빅데이터세상

김상봉 저

BIG DATA

MEDIA JIPHIL
(주)지필미디어

CONTENTS

CONTENTS

01 CHAPTER

빅데이터와 인공지능 세상

빅데이터의 의미, 역사, 그리고 기술

__ 빅데이터의 의미와 발전 과정

__ 빅데이터 기술

CHAPTER 01

빅데이터의 의미, 역사, 그리고 기술

빅데이터(Big Data)는 초연결 사회, 4차 산업혁명 등 기존 사회에 획기적인 변화를 가져오고 있으며, 기술의 진보로 인해 여러 분야에 걸쳐 빅데이터 수요가 증가하고 있다. 특히, 최근에는 모바일 기기의 확산 및 소셜네트워크서비스(SNS)의 활성화 등으로 세계의 데이터양이 증가하기 시작하였고, 사물인터넷 등의 발전으로 데이터양은 기하급수적으로 증가할 것으로 예상되고 있다. 따라서 데이터로부터 새로운 가치와 혁신을 창출하기 위한 관련기술이 중요하게 부상하고 있다.

이제, 빅데이터 분석은 몇 년 전 클라우드 컴퓨팅 등과 함께 큰 주목을 받으며 등장한 이후, 데이터를 활용한 분석을 대신하는 일반적인 표현으로 자리 잡았다. 여기서는 빅데이터의 의미를 알아보고 활용 사례를 살펴보자.

빅데이터의 의미와 발전 과정

1 빅데이터의 의미

데이터의 양이 폭발적으로 증가하고 있다는 것은 연도별 세계 데이터 예측 규모에서도 나타난다. 2010년 이후 데이터양은 지수 형태로 증가하고 있다.

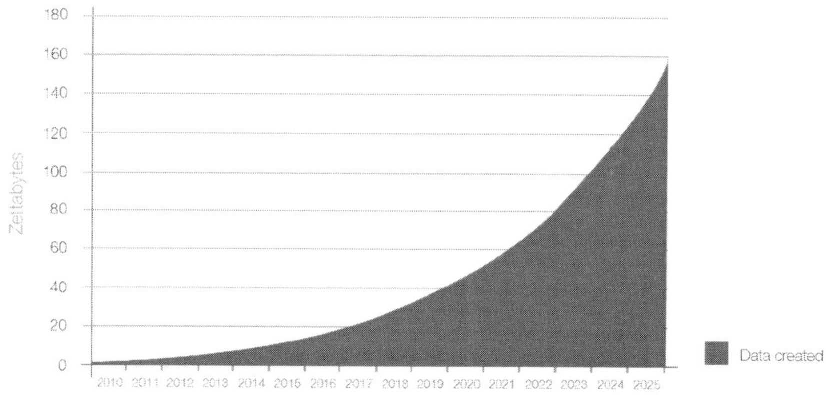

자료 : Reinsel et al.(2017)

연도별 세계 데이터 예측 규모

2016년 다보스포럼에서 논의한 4차 산업혁명을 견인할 기술로 제시하고 있는 인공지능, 로봇공학, 사물인터넷, 자율주행차 등은 빅데이터 기술과 밀접하게 연관되어 있으며, 가트너(Gartner)는 빅데이터가 21세기 원유라고 발표하여 빅데이터의 중요성을 강조하였다. 또한, 엔비디아(NVIDIA) CEO 젠슨 황은 2018년 GPU Technology Conference 키노트 스피치에서 데이터가 곧 소스코드라고 언급하며 데이터 중심으로 컴퓨팅 기술의 패러다임의 전환을 시사하였고, 지금은 현실화되고 있는 상황이다.

빅데이터는 기존에 통상적으로 사용되는 데이터 수집, 관리 및 처리 SW의 수용 한계를 넘어서 거대한 규모의 데이터로 3V로 정의된다. 즉, 데이터의 양(Volume), 속도(Velocity) 및 다양성(Variety) 측면에서 아래와 같이 전통적인 데이터와 구분되는 정보 자산을 의미한다. 아래 표에서 관계형 데이터베이스 관리시스템(Relational Database Management System)은 모든 데이터가 테이블에 저장된 관계로 모델에 의해 저장 관리되는 데이터베이스 시스템으로 전통적인 대부분의 데이터베이스는 이 모델을 기반으로 하는 것을 의미한다. 하둡 분산 파일 시스템(Hadoop Distributed File System)은 범용 하드웨어에서 실행되도록 설계된 분산 파일 시스템으로 내결함성이 높으며 저가의 하드웨어에 배치되도록 설계되고, 응용 프로그램 데이터에 대한 높은 처리량의 액세스를 제공하여 대용량 데이터셋 응용 프로그램에 적합하다. Not only SQL은 데이터를 저장하는 방식이 SQL만 있는 것은 아니다라는 뜻으로, 클러스터에서 실행할 목적으로 만들어져 전통적 데이터베이스시스템인 RDBMS에서 사용하는 관계형 모델을 사용하지 않고, 스키마 없이 동작하며 구조에 대한 정의를 변경할 필요없이 DB 레코드에 필드를 자유롭게 추가할 수 있다.

전통적 데이터와 빅데이터의 특성

	전통적 데이터	빅데이터
데이터양	기가바이트(GB)	테라바이트(TB), 페타바이트(PB)
데이터 생산주기(속도)	시간, 일	실시간
데이터 구조	구조적	반구조 및 비정형
데이터 원천	중앙집중	분산
데이터 통합	쉬움	어려움
데이터 저장	관계형 데이터베이스 관리시스템(RDBMS)	하둡 분산 파일 시스템(HDFS), Not only SQL

3V의 정의를 살펴보자. Volume(크기), Variety(다양성), Velocity(빠름)를 의미한다. 다만 정의나 기준은 다소 모호할 수 있다.

Volume(크기)를 의미할 때 빅데이터라고 부를 수 있는 기준에 대한 합의는 없다. 일반적으로 수십 테라바이트 이상으로 정의되는 경우가 많다. 빅데이터를 다룬다는 것은 곧 저밀도의 비정형 데이터를 대량으로 처리해야 함을 의미한다. 예를 들어, 트위터 데이터 피드, 웹페이지 또는 모바일 앱의 클릭 동향, 센서 기반 장비에서 수집된 데이터 등 알려지지 않은 가치의 데이터가 될 수 있다. 어떤 조직에게는 수십 테라바이트 크기의 데이터일 수 있고, 또 어떤 조직에게는 수백 페타바이트 크기의 데이터가 될 수도 있다. 그렇다면 데이터의 크기가 얼마나 커야 빅데이터라고 할 수 있을까? 또한, 기업의 경우 기업 내에 있는 데이터가 정말 빅데이터인가에 대한 고민에 빠질 수 있다.

Variety(다양성)은 SNS, 위치정보, 블로그와 같은 비정형 데이터를 포함한다. 즉, 형식을 갖추고 정리된 구조적 데이터보다 다양한 비정형 데이터를 포함한 데이터가 일정비율 이상 정도로 말할 수 있다. 즉, 기존 데이터 유형의 경우 구조화된 정형 데이터로, 관계형 데이터베이스에 정확히 들어맞았다. 그러나 빅데이터가 등장함에 따라 새로운 유형의 비정형 데이터가 생성되고 있다. 텍스트, 오디오, 비디오 등의 반정형 및 비정형 데이터는 그 의미를 도출하고 메타데이터를 지원하는 데 추가적인 사전 처리 작업을 필요하다. 그러나 기업의 입장에서 외부, 비정형 데이터를 찾고 있으나 어떤 데이터가 필요한 지에 대한 기준은 없다. 기업의 입장에서 외부에 있는 많은 데이터 중 해당 기업에 필요한 데이터는 무엇이고 어디에서 구할 수 있는 지에 대한 고민에 빠지게 된다. 또한, 비정형 데이터에서 기업이 필요한 고객 니즈(needs)와 속성 정보를 찾기 어렵기 때문에 비정형 데이터로 분석을 하더라도 마케팅 등에 필요한 고객 니즈가 없을 수도 있다. 전체 연령이나 다양한 직업 등 고객 전체를 대변하지 못하는 경우도 있을 수 있기 때문에 소수의 의견이 다수의 의견처럼 대변될 수도 있다.

Velocity(속도)도 중요하다. 데이터의 생성, 처리, 유통, 소비되는 속도가 수 초 단위에서 수 시간 단위이다. 빅데이터에서 속도란 데이터가 수신되거나 처리되는 속도를 의미한다. 일반적으로 데이터를 디스크에 쓸 때보다 메모리에 직접 스트림 처리될 때 가장 빠른 속도를 낸다. 일부 인터넷 기반 스마트 제품의 경우 실시간, 혹은 실시간에 가까운 속도로 운영되는데, 이로 인해 실시간 평가 및 실시간 동작이 요구된다. 그러나 문제는 현재 기업의 IT 시스템 구조로는 정합성이 확보된 실시간 데이터 제공이 어렵다. 이러한 경우 기업이 IT 투자를 대규모로 해야 하는데 그만큼 가치가 있는 것인지에 대한 고민에 빠지게 된다.

최근 3V에 더하여 두 개 이상의 V가 더 등장하였다. 바로 가치(Value)와 정확성(Veracity)이다. 데이터는 고유의 가치를 지니고 있다. 하지만 이러한 가치를 발견해내지 못한다면 쓸모가 없다. 또 하나 중요하게 짚어볼 점은, 우리가 보유한 데이터가 얼마나 진실성이 있고 신뢰할 수 있는지에 대한 부분이다.

이제 빅데이터는 일종의 자산이 되었다. 초대형 글로벌 기술 기업들을 빗대어 보자면 이들이 제공하는 가치 중 상당수가 데이터에서 비롯되는데, 이들은 이러한 데이터를 지속적으로 분석하여 효율성을 높이고 신제품을 개발하고 있다. 최근 등장한 혁신 기술들 덕분에 데이터 스토리지 및 컴퓨팅 비용이 대폭 줄면서, 전보다 많은 양의 데이터를 저렴한 비용으로 손쉽게 보관할 수 있게 되었다. 대량의 빅데이터를 보다 저렴하게 수집하고 간편하게 액세스할 수 있게 되면서 비즈니스 의사결정의 정확도 또한 높아졌다.

빅데이터에서 가치를 찾아낸다는 것은 단순히 데이터 분석만을 이야기하는 것이 아니다. 물론, 분석을 통해 얻는 이점도 당연히 존재한다. 이는 가치를 도출하는 프로세스 전체라고 할 수 있는데, 이러한 프로세스를 수행하기 위해서는 적절한 질문을 하고, 패턴을 읽으며, 정보에 기반한 추정을 내리고, 행동을 예측할 수 있는 분석정보 있는 분석가와 비즈니스 사용자, 그리고 기업 경영진의 참여가 필요하다.

빅데이터의 정의나 기준이 모호하다고 하더라도 빅데이터에 대한 올바른 이해가 필요하다. 단순히 크기가 큰 데이터를 얼마나 빨리 처리할 수 있는가에 대한 고민은 1970년대에 Very Large Data Base(VLDB)라는 이름으로 이미 존재하였다. 1975년 VLDB관련 1차 국제 컨퍼런스에서 VLDB는 단순히 데이터의 거대한 크기를 의미하는 용어였다. 그러나 VLDB에 대한 정의는 IT의 발전과 더불어 크기에 대한 정의가 지속적으로 변해 왔다. 예를 들어, 1 TB 이상, 1조 행 이상 등으로 기준이 계속해서 바뀌었다. 이러한 VLDB의 한계는 다음과 같다. 누군가는 데이터를 수집하여야 하며 수집된 데이터를 데이터베이스(DB)에 적재할 수 있도록 정형화해야 한다. VLDB에 있는 데이터는 권한이 있는 사용자만 접근 및 사용이 가능하다. 또한, VLDB를 처리하기 위하여 고성능의 하드웨어가 필요하다. 이러한 면에서 VLDB의 데이터 분석에는 고비용이 소요된다.

이러한 와중에 빅데이터(Big Data)는 VLDB의 한계를 극복할 수 있는 대안으로 발전하였다. 인터넷의 발전 및 일반인들이 데이터를 생성할 수 있는 블로그, 페이스북 등 다양한 소셜미디어(Social Media) 제공 기업들이 생겨나면서 이러한 데이터를 거의 무상으로 수집이 가능해졌다. 또한, R과 같은 소스코드가 공유가능한 오픈소스 기반의 분석 솔루션이 등장함에 따라 누구나 분석이 가능해졌다. 하둡(Hadoop) 등 빅데이터 플랫폼의 등장으로 데이터 저장비용이 저렴해졌다. 이러한 가운데 구글(Google), 애플(Apple) 등 모바일 생태계의 선두주자들이 빅데이터 생태계를 창출하고 있는데, 개발자 컨퍼런스 등을 통해 가상현실(Virtual Reality), 사물인터넷(IoT), 인공지능 관련 플랫폼을 제공함으로써 데이터 분석 비용이 저렴해지고 빅데이터 이용이 쉬워졌다.

초기에 빅데이터 수집 및 저장 기술에 집중하였다면, 현재 빅데이터 분석의 중요성에 대해 인지하고 분석하는 단계에 와 있다.

빅데이터 분석 4가지 유형

Analytics 1.0 (통계적 분석)	Analytics 2.0 (예측 분석)	Analytics 3.0 (인지 분석)	Analytics 4.0 (자동화된 의사결정)
- 내부 정형데이터로 현황이나 성과분석 - 분석 목적에 따라 다양한 진실 존재 - 통계분석이 주축	- 새로운 비정형 데이터 분석 기술 등장 - 내 · 외부 데이터 기반 확률적 예측 분석 - 데이터마이닝 기반 분석 기법이 주축	- 비즈니스, 프로세스, 어플리케이션 전반에 분석 적용 - 학습을 통해 추론 기반 인과관계 분석 - 머신러닝 기반 분석 기법이 주축	- 상호 연결된 스마트기기로부터 데이터 지속 생성 - 분석결과가 직접 의사결정에 반영 - 시스템에 일정 수준 인공지능 반영

2 빅데이터의 발전 과정

20세기 이전

빅데이터 기술은 옛날부터 존재하였다. 갈수록 커져가는 데이터를 분석하고 이를 통해 현재와 미래를 예측하는 것은 고대부터 존재했고, 20세기 후반 디지털 혁명을 통해 급속도로 발전했다고 할 수 있다.

현존하는 가장 오래된 데이터는 기원전 18000년 전의 엄대이다. 엄대란 나무 막대기나 뿔, 뼈 등의 재료에 홈을 파서 거래 내역을 표시하는 것으로 원시적인 계산으로 식량 재고 등을 파악하였다.

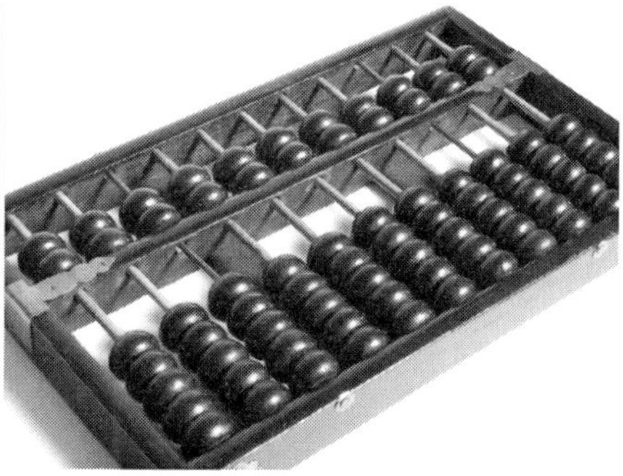

엄대와 주판

기원전 2400년전에 바빌로니아에서 인류 최초의 계산기인 주판이 발명되었다. 데이터의 수집, 저장을 시작했다고 할 수 있다. 서기 100년경에 고대 그리스에서 세계 최초의 기계식 계산기인 안티키테라(Antikythera machine)가 발명되었다. 30개 청동 톱니바퀴를 사용하는 안티키테라는 잡한 움직임을 가진 태양, 달, 행성의 움직임을 계산하는 달력 장치였다. 측면에 크랭크와 기어가 있어서 이것을 돌려 날짜를 맞추면 행성의 위치를 변경해 그날의 해, 달, 기타 별의 위치를 알린다. 4년에 하루 정도 날짜가 늦게 돌아가게 설계되어 1년 365일을 정확하게 맞추는 기능도 있었다. 또한, 4년의 올림피아 제전 주기를 계산하는데 이용되었다.

안티키테라

17세기 경에 통계학이 대두되었다. 1663년 영국 런던에서 사회통계학자인 존 그란트(John Graunt)는 과거 약 80년간의 런던의 사망표(死亡表)를 연구하였다. 1662년 윌리엄 페티와 공저한 사망표에 관한 자연적 내지 정치적 제 관찰(Natural and Political Observations Made upon the Bills of Mortality)은 인구통계학의 개척서로서, 근대 통계학의 기초를 확립하였다.

1865년 리처드 밀러 데븐스(Richard Miller Devens)는 처음으로 비즈니스 인텔리전스(Business Intelligence)라는 용어를 사용하여 데이터 수집 및 분석이 어떻게 경쟁 우위를 제공할 수 있는지 설명했다. 그는 은행가 헨리 퍼니스가 경쟁자들보다 우위에 서기 위해 조직적으로 기업관련 정보를 수집 및 활동한 활동을 가리키는데 이 표현을 사용하였다.

1880년 미국 인구 조사국의 직원인 허만 홀러리스(Herman Hollerith)는 홀러리스 도표 작성 기계(Hollerith Tabulating Machine)를 만들었으며, 이 시스템은 자동화된 계산기였다. 홀러리스 도표 작성 기계는 천공카드를 사용하여 기존의 방식으로 8년이 걸린다고 추산되던 데이터 처리 기간을 3개월로 단축시켰다. 이는 추후 IBM의 전신이 된다.

홀러리스 도표 작성 기계

20세기

1928년에 독일의 공학자 프리츠 플로이머(Fritz Pfleumer)는 자기 테이프(magnetic tape)를 이용해 소리를 기록하기 위하여 개발하였다. 자기 테이프는 플라스틱 테이프 겉에 산화철 등의 자성 재료를 바른 테이프이다. 자기 테이프는 대부분 컴퓨터 기억, 오디오, 비디오를 기록하는 데에 쓰인다. 순차 접근(sequential access)만 가능한 기억장치이며 속도가 느리고 저장되어 있는 데이터 이용이 불편하지만, 가격이 저렴하고 용량이 큰 까닭에 데이터 백업용으로 많이 쓰인다. 이밖에도 소리를 녹취하거나 영상을 녹화하는 데에도 사용할 수 있다. 이는 1898년의 덴마크의 발데마르 포울센(Valdemar Poulsen)이 자기선(magnetic wire) 녹음을 발명한 것에 기반을 두는데, 전자식 녹음기(telegraphone)의 시초였다. 오늘날 컴퓨터의 하드디스크도 자기를 이용하여 정보를 저장한다는 점에서 플로이머의 방식을 따르고 있다.

1937년 프랭클린 루스벨트(Franklin Delano Roosevelt)는 대규모 데이터 프로젝트를 실시하였다. 그해 사회보장법이 발효되었기 때문에 미국 정부는 노동자 2,600만 명과 사용자 300만 명의 분담금 납부 상황을 파악하고 있어야 했다. 이를 위한 천공카드 판독 기계를 제작한 회사 역시 IBM이었다.

1943년 영국은 독일의 로렌츠 암호를 풀기 위해 최초의 데이터 연산 장치이자 디지털 컴퓨터인 콜로서스(Colossus)를 만들었다. 콜로서스는 분당 5,000자의 속도로 암호문을 읽고, 이 속에서 암호 해독 실마리인 문자 나열 패턴을 찾아냈다. 과거에 몇 주나 걸렸던 암호 해독 작업이 콜로서스 덕분에 불과 몇 시간 만에 끝나게 되었다.

콜로서스는 블레츨리 파크(Bletchley Park)의 정부 암호연구소 소속 수학자 맥스 뉴먼(Maxwell Herman Alexander Newman)이 제시한 문제를 해결하기 위해 우편국(General Post Office)의 전화기 엔지니어 토미 플라워스(Tommy Flowers)가 설계한 것이다. 앨런 튜링이 암호 해독에 사용한 확률론적 방식도 콜로서스의 설계에 영향을 주었다. 앨런 튜링(Allen Turing)이 에니그마(Enigma) 기계의 암호를 해독하기 위해 콜로서스를 만들었다고 알려져 있지만, 튜링이 만든 것은 콜로서스가 아니라 전기 기계식 봄브(The Bombe)이다. 시제품인 콜로서스 마크 1은 1943년 12월에 작동에 성공했으며, 1944년 초에 블레츨리 파크로 배치되었다. 시프트 레지스터를 사용해 처리 속도를 5배로 높인 모형인 콜로서스 마크 2는 1944년 6월 1일에 처음 작동되어 5일 뒤 개시된 노르망디 상륙작전에서 사용할 수 있었다

콜로서스 마크 2를 실행하는 모습

1944년 미국 웨슬리언대 도서관 사서인 프리몬트 라이더(Fremont Rider)는 학자와 연구도서관의 미래라는 논문에서 정보량의 폭발적인 증가를 예견하였다. 학계에서 생산해 내는 논문과 대중 서적을 모두 보관하려면 미국의 도서관 규모는 16년마다 두 배로 늘어야 한다고 보았다. 1950년대 중반에 토머스 데이븐포트(Thomas H. Davenport)는 구조적 데이터 분석을 통해 설명적인 분석 및 보고 데이터를 제공하는 Analytics 1.0을 도입했다. Analytics 1.0은 여전히 엑셀에서 스프레드 시트 분석에 사용된다. 1962년에 IBM 엔지니어인 윌리엄 디쉬(William C. Dersch)는 세계박람회에 슈박스를 출시하였다. 슈박스는 사람이 영어로 말하는 숫자와 16개 단어를 디지털 정보로 바꿀 수 있는 음성인식 기기였으며 간단한 숫자 계산까지 해주었다.

1960년대부터 거대 데이터센터가 생겨나기 시작하였다. 1965년에 미국 정부는 자기 테이프에 2억 7,800만 건의 세금 환급과 1억 7,500만 건의 지문, 소득신고서 7억 6,500만 건의 저장을 목표로, 단일 연방 데이터 센터 계획을 발표하였다. 그러나 이 프로젝트는 빅브라더의 출현에 대한 우려로 결국 무산되었으나 거대 전자 데이터 저장소 시대의 시작을 알렸다. 1970년대에 IBM의 수학자 에드가 코드(Edgar Frank Codd)는 관계형 데이터베이스(relational data model) 체계를 제시하였다. 이는 오늘날 사용되는 여러 데이터 서비스에서도 정보를 체계적으로 저장해 누구라도 찾기 쉽게 하는데 쓰이고 있는데, 이 체계 이전에는 전문가가 있어야 컴퓨터 메모리 뱅크 속 데이터를 찾아낼 수 있었다. 나중에 관계형 데이터베이스에 이어 더 많은 빅데이터가 쏟아지자 등장한 것이 NoSQL 데이터베이스이다. 1976년 자재소요계획(Material Requirements Planning, MRP) 시스템이 기업계에 널리 보급되었다. 이는 컴퓨터가 기업의 일상 업무처리 신속화와 효율화를 위해 널리 사용되기 시작한 첫 사례 중 하나이다.

1989년에 빅데이터라는 말이 오늘날의 뜻대로 쓰여지기 시작하였다. 작가 에릭 라슨(Erik Larson)은 하퍼스 매거진에 기고한 글에서 자신이 받은 정크메일이 빅데이터 때문이라고 보았다. 그는 빅데이터를 관리하는 사람들은 자신들이 소비자의 이익을 지킨다고 생각하겠지만, 빅데이터는 실제로 다른 목적으로 쓰이고 있다고 보았다. 이는 이미 1950년대 후반부터 잘 알려져 있던 비즈니스 인텔리젼스가 상업 및 운영성과 분석용 소프트웨어와 시스템의 보급으로 더 널리 알려졌고, 그 결과 중 하나가 오늘날의 인터넷 맞춤형 광고의 시초격이라고 할 수 있는 정크메일이었다. 1989년에 영국의 컴퓨터공학자 팀 버너스 리(Sir Tim Berners-Lee)는 월드 와이드 웹, 즉 세계를 연결하는 통신망을 만들었다. 그는 월드 와이드 웹에서 하이퍼 텍스트 시스템을 통해 다른 서버에 있는 정보를 어디서나 쉽게 가져올 수 있도록 하였다. 물론, 당시에 자신이 얼마나 엄청난 것을 만들어 냈는지 알지 못했다. 버너스 리가 월드 와이드 웹의 발명을 발표한 것은 1991년이다. 이제 어디서 있는 누구나 상호연결된 데이터망에 접속해 원하는 데이터를 얻을 수 있다고 하였다.

이후 1990년대에 빅데이터에 대한 첫 번째 언급이 마이클 콕스(Michael Cox)와 데이비드 엘스워스(David Ellsworth)가 시각화 회의를 위해 작성한 논문에서 나타났다.

인터넷과 월드 와이드 웹의 등장, 그리고 디지털 저장 매체의 가격 하락은 빅데이터 역사에 큰 혁명이었다. 이후 모리스(Morris, R. J. T.)와 트루스코스키(Truskowski)는 2003년 The Evolution of Storage Systems에서 1996년 디지털 저장 매체의 비용 효율성이 종이 매체를 능가한 첫 해라고 언급하였다. 종이 매체는 단위면적당 데이터 저장량이 일정할 수 밖에 없다. 그러나 디지털 매체는 기술 발전에 따라 단위면적당 데이터 저장량을 얼마든지 늘릴 수 있다. 종이는 수명이 짧지만 디지털 매체의 수명은 반영구적이다. 이러한 디지털 매체가 종이보다 싸졌다는 것은 디지털 데이터의 폭발을 의미한다. 1997년 마이클 레스크(Micahel Lesk)는 당시 세계에 약 12,000페타바이트의 정보가 있으며, 매년 10배 증가한다고 추론하였다.

21세기

2000년에 피터 라이만(Peter Lyman)과 할 배리안(Hal R. Varian)은 컴퓨터 스토리지 용어에서 정보 정량화에 관한 최초의 포괄적 연구인 How Much Information?을 발표했다.

2005년 웹 2.0 시대가 개막되었다. 이는 대부분의 콘텐츠가 사용자에 의해 제작 · 공급되는 웹을 의미한다. 기존의 HTML방식 웹 페이지를 SQL 기반 백엔드 데이터베이스에 결합하는 것으로 가능했다. 그 전 해인 2004년부터 서비스를 개신한 페이스북(Facebook)에는 이미 550만 명이 가입해 데이터를 공유하고 있었다. 이 해에 빅데이터 셋 저장 및 분석 전용 오픈소스 프레임워크인 하둡도 만들어졌다. 하둡은 매우 유연해 음성, 동영상, 텍스트 등의 비정형 데이터도 관리할 수 있었다. 이로써 세계는 진정한 빅데이터 시대로 접어들었다. 2008년 세계의 서비가 매일 처리하는 데이터의 양은 9조 5,700억 기가바이트에 이르렀다. 이는 세계 인구 1인당 12기가바이트 정도이며, 한 해로 14.6엑사바이트에 달한다. 2009년 종업원 1,000명 이상 미국 기업의 평균 데이터 보유량은 200테라바이트 이상이 되었다. 같은 해 인도는 12억 인구 전원의 홍채, 지문, 사진 데이터를 확보하기로 결정하였는데, 사상 최대 규모의 생체 인증 데이터 구축 작업이다. 2010년에 구글 CEO 에릭 슈미트(Eric Emerson Schmidt)는 학회에서 인류가 문명을 이룬 후 2003년까지 생산했던 만큼의 데이터가 불과 2일 만에 만들어진다고 하였다. 2011년 맥킨지(McKinsey)의 Big data: The next frontier for innovation, competition, and productivity라는 보고서에서 금융서비스 및 투자 부문이 다른 산업보다 회사당 더 많은 저장 데이터를 보유하고 있다고 밝혔다. 또한, 2010년에 기업이 7.4엑사바이트의 데이터를 저장하고 소비자가 6.8엑사 바이트의 데이터를 저장한 것으로 추정했다. 2018년에 미국은 데이터과학자 14~19만 명이 모자라게 될 것으로 보았고 빅데이터의 진정한 힘이 드러내기 전에 사생활, 보안, 지식재산권 문제를 해결해야 한다고 촉구했다.

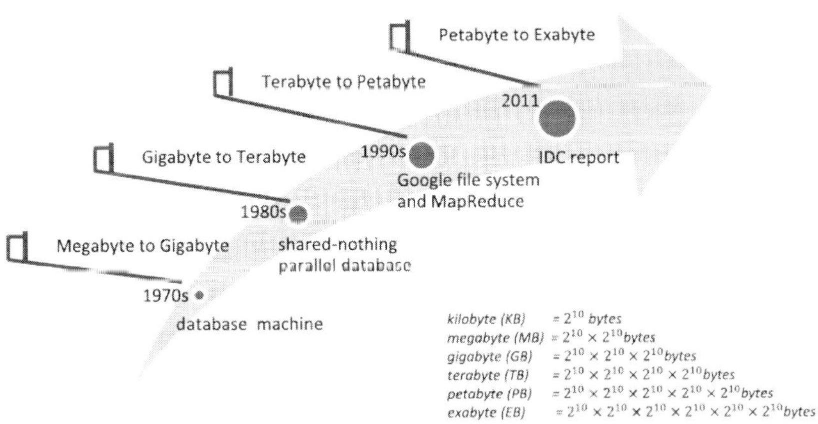

데이터 크기의 발전과정

2014년 모바일 기기의 대량 보급으로 디지털 데이터 접속에 PC보다 모바일 기기가 더 많이 쓰이게 되었다. GE와 엑센추어의 조사에 따르면, 미국 내 기업 임원 중 88%가 빅데이터 분석에 최우선 순위를 부여하고 있다고 하였다. 현재는 Analytics 1.0(전통적인 분석)을 Analytics 2.0(빅데이터)과 통합하여 측정 가능한 비즈니스 영향을 생성하려는 조직에서 Analytics 3.0, Analytics 4.0이라는 용어를 사용하고 있다.

빅데이터 기술

1 빅데이터의 기술발전 과정

2000년대 이후 플랫폼 및 분석과 관련된 다양한 기술이 개발되었고, 2010년 이후 빅데이터 기술이 주목을 받기 시작하였다. 2000년대 초반 일부 기업이 내부 데이터 분석을 통한 고객관리를 시도한 이후 빅데이터의 생성, 수집, 저장 및 분석 관련 기술이 개발되고 있다.[1] 생성단계 기술은 데이터 소스를 다양화하기 위해 점차 데이터의 비정형성을 고려할 수 있는 기술로 발전하고, 수집단계 기술은 수집, 사전처리 및 전송 관련 기술이 각각 다른 시기에 개발됨을 알 수 있다. 저장단계는 대부분의 연구가 2005년 이후 시작되었으며, 기본적인 분석기술은 2000년 이전에 만들어지고, 이후에는 특정 도메인 문제를 해결하기 위한 시도들이 이루어고 있다.[2]

가트너(Gartner)는 2011년 빅데이터 기술을 기술촉발(technology trigger) 단계로 제시하였다. 여기서 기술의 성숙도를 시각적으로 표현하기 위해 가트너에서 개발한 하이프 사이클(hype cycle)은 잠재적 기술이 관심을 받는 기술촉발(technology trigger) 단계, 대부분의 기업이 관망하는 부풀려진 기대의 정점(peak of inflated expectations) 단계, 관심이 시들해지는 환멸(trough of disillusionment) 단계, 많은 기업이 투자하게 되는 계몽(slope of enlightenment) 단계 및 시장의 주류가 되는 생산성 안정(plateau of productivity) 단계로 구분된다. 또한, 2012년 세계경제포럼에서도 새롭게 주목해야할 기술(emerging technology)로 선정하였다.

1 Hu, H., Wen, Y., Chua, T., and Li, X.(2014), "Toward Scalable Systems for Big Data Analytics: A Technology Tutorial", IEEE Access, 2, 652-687.

2 김수연, 도지훈, 김보라(2018), 빅데이터, KISTEP 기술동향브리프, 2018-11호.

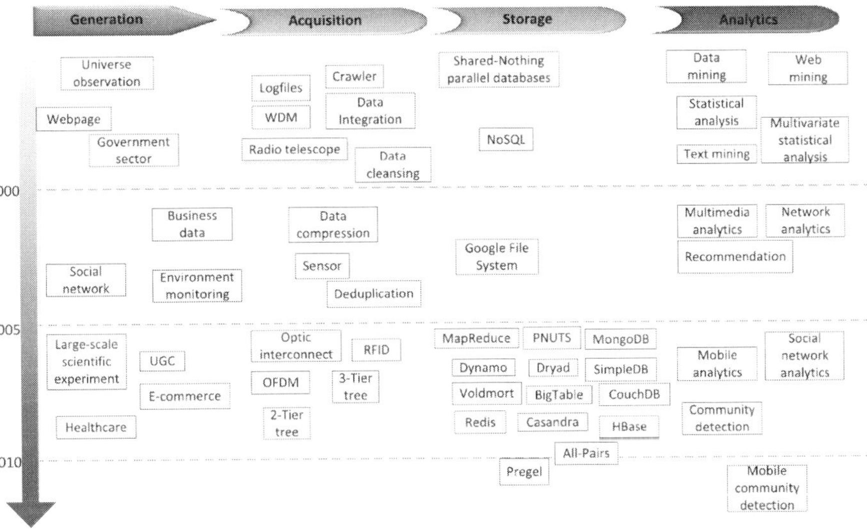

빅데이터 기술 발전 추세와 가치사슬

현재 빅데이터 기술은 전산업에 영향을 미치는 기반 기술로 자리를 잡고 있으며, 지능형 분석을 통한 변화 예측형 빅데이터 기술로 발전하고 있다. 2015년부터 가트너(Gartner)는 신기술 하이프 사이클에 더 이상 빅데이터 기술을 포함시키지 않지만, 2017년 자료에서 2~5년 이후 공급망(supply chain) 관련 주요한 기술이 될 것으로 예상하였다. 최근 글로벌 주요 50개 기업 대상으로 설문조사를 한 결과, 95% 이상의 기업이 빅데이터 기술에 투자하고 있으며, 비용절감이나 혁신을 위한 새로운 방향 마련 등에서 성과를 거두고 있다고 응답하였다.

현재 데이터 간 연계활용, 실시간 분석 능력 향상, 지능·예측형 분석 기술 확보, 빅데이터 수집·처리·저장·분석에 최적의 성능을 얻을 수 있는 기술이 개발되고, 유의미한 정보 획득이라는 기존 빅데이터 기술의 목적이 변화 예측으로 바뀌고 있다. 사물인터넷(IoT) 관련 기기로부터 시계열에 따라 생성되는 다양한 트랜잭션, 고객행동, 센서기록, 보안 위협 등이 2018년 이후에는 빅데이터 추세를 결정할 중요한 요소가 될 것으로 전망되기 때문에 실시간으로 분석할 수 있는 기술들이 개발되고 있다. 또한, 빅데이터와 인공지능 기술이 결합하여 비즈니스 혁신이 이루어지고 있으며, 인공지능의 판단 및 학습능력을 가능하게하기 위해 빅데이터의 수집·분석·활용 기술은 필수적이다.

CHAPTER 01 빅데이터의 의미, 역사, 그리고 기술

플랫폼 기술

수집 · 저장과 관련된 오픈소스 소프트웨어 솔루션이 활발히 개발되고 있으며, 클러스터 기반 대용량 데이터 처리 및 분산 응용 프로그램을 지원하는 프레임워크인 하둡(Hadoop)이 가장 널리 활용되고 있다. 하둡은 분산파일시스템(Hadoop Distributed File System, HDFS), 분산프로그래밍 모델(MapReduce), HDFS 분산 기반 데이터베이스(HBase)와 그 외 빅데이터 처리와 관련된 여러 솔루션들을 함께 제공하고, 클릭스트림(Click Stream) 분석, 로그(Log) 처리, 페타바이트(Petabyte) 규모 분석 등에 적용하고 있다.

빅데이터의 주요 소프트웨어 솔루션인 수집, 저장(DB), 처리 소프트웨어 등은 수 백 명 수준의 활발한 참여자(contributor)에 의해 중요한 소프트웨어 버전 업데이트(major version update)가 진행되고 있다.

주요 빅데이터 오픈소스 솔루션의 개발 현황(2017년 기준)

	수집(Flume)	저장(MongoDB)	Redis(저장)	HBase/Hadoop (저장/처리)
주요 공개(출시) 횟수	1	2	2	2
지난 1년간 소규모 업데이터 횟수	1	14	9	2
활발한 참여자 수	32	280	220	104/87
중요한 문제 해결에 걸리는 평균 시간(일/문제)	-	2.4	18	7

사물인터넷 기술이 확산되면서 생성되는 빅데이터에 대한 수집·저장·처리를 위해 클라우드 기반의 플랫폼, 실시간 처리 기술 등이 개발 및 활용되고 있다. 구글(Google), 아마존(Amazon), 마이크로소프트(Microsoft), 오라클(Oracle) 등의 기업에서 클라우드형 빅데이터 플랫폼을 제공하는 서비스가 증가하고 있다. 기존 하둡 시스템으로는 실시간 분석을 해결하기 어려워 데이터를 메모리에 올려 처리하는 인-메모리(In-Memory) 기술이 적용된 스파크 프레임워크, 실시간 컴퓨팅 시스템(Storm), 분산 스트리밍 플랫폼(Kafka)과 같은 기술들이 개발되고 있다. 또한, 트랜잭션 기반의 운영 데이터를 직접 분석할 수 있는 운영·분석 일체형 데이터관리 플랫폼 기술 개발이 진행되었다.

분석기술

빅데이터 실시간 분석을 위해 하둡(Hadoop) 기반의 오픈소스 플랫폼인 스파크(Spark)가 많이 활용되고 있다. 스파크는 디스크 액세스가 필요하지 않는 병렬 인-메모리(In-Memory) 프로세싱 기능을 기반으로 결과를 빨리 제시할 수 있는 장점이 있어 컴퓨터 메모리 및 SSD 가격이 하락됨에 따라 2013년 이후 빅데이터 실시간 분석 툴로 활발하게 확산되었다. 2017년 기준 스파크는 2번의 주요 공개 및 5번의 소규모 업데이트가 있었고, 오픈소스 수정을 위한 60명의 활발한 참여자가 활동하고 있다.

글로벌 IT 기업 중심으로 인공지능 등이 결합된 빅데이터 분석 플랫폼을 개발하여 서비스하고 있으며, 빅데이터에서 유의미한 정보를 획득할 뿐만 아니라 미래 상황을 예측하고자 하고 있다. 통계기법, 머신러닝 등으로 빅데이터를 분석하여 정확도가 높고, 사용자의 편의성을 높이는 서비스를 제공한다. 구글(Google)은 통계적 기계번역(Statistical Machine Translation)을 통해 수억 개의 번역 문서에서 패턴을 찾아 언어 간 번역 규칙을 컴퓨터 스스로 발견하여 번역의 정확도를 향상시킨 번역 서비스, 검색데이터와 머신러닝에 기반한 AI비서 서비스 등을 제공하고 있다. 마이크로소프트(Microsoft)는 파워포인트에 인공지능 번역기 기능을 탑재하고, 엑셀에 과거 데이터를 기반으로 미래의 변화를 예측해주는 forecast 기능을 추가하고, 머신러닝 기반의 문서 정리서비스 MS 델브(Delve) 및 챗봇 서비스 팀즈(Teams) 등을 공개하였다.

의료, 금융 등 전문 분야에 특화된 비정형 데이터를 예측·분석할 수 있는 아이비엠(IBM)의 왓슨(Watson), 사물인터넷 데이터를 인공지능 기반의 자동화된 모델로 분석할 수 있는 쌔쓰(SAS) 솔루션 등이 개발되어 서비스되고 있다. 영상인식, 스트림 분석 등 이종 소스 심층 융합 분석 기술은 해외 IT 관련 기업 위주로 기술개발 및 상품 출시가 이루어지고 있다. 영상인식기술은 아이옴니사이언트(iOmniscient), 에이전트비(AgentVi), 보쉬(Bosch) 등 해외 업체들이 강세를 보이고, 스트림 분석 플랫폼으로는 오라클(Oracle), 마이크로소프트(Microsoft), 아이비엠(IBM) 등의 상용 솔루션이 주를 이루고 있다. 데이터 스트림 마이닝을 위한 오픈소스 소프트웨어는 래피드마이너(RapidMiner), 모아(MOA) 등이 있고, 데이터 시각화 기술은 아이비엠(IBM), 쌔쓰(SAS), 오라클(Oracle) 등의 대형 IT 기업과 타블로(Tableau)와 같은 시각화 전문 업체들이 관련 솔루션을 출시하였다.

활용기술

제조, 유통 산업 관련 도메인 지식(Domain Knowledge)에 빅데이터 플랫폼 및 분석기술을 적용하고 있다. 비용 효율성과 결점관리, 새로운 제품이나 고객에 대한 서비스 방향 등을 발견하기 위해 제조업 설비와 센서를 통해 수집된 빅데이터를 적 시에 분석하고 있다. 구글(Google), 테슬라(Tesla), 엔비디아(NVIDIA) 등은 자율주행차 개발과 관련하여 실제 주행 환경에서 카메라, 레이더, 라이다 등 약 12개의 다양한 센서에서 1일 당 약 4GB의 데이터를 수집하여 새로운 머신러닝 알고리즘 개발에 활용한다. 이베이(eBay)의 'Shop your Interests', 마이크로소프트(Microsoft)의 Microsoft Audience Network 플랫폼, 디즈니(Disney)의 Luminate는 빅데이터를 활용하여 소비자의 선호 스타일을 파악하여 맞춤형 서비스를 제공하고 있다.

아마존(Amazon)은 온라인 쇼핑몰 고객 데이터에서 패턴을 파악하여 서비스 및 물류 최적화를 하였고, 최근 추가적인 개인화 서비스 발굴을 위해 오프라인 고객 데이터를 구축하였다. 온라인 쇼핑몰에 도서추천 시스템을 개발하여 고객이 읽을 것으로 예상되는 책을 추천하면서 할인쿠폰을 지급하거나, 고객이 구매하기 전 배송을 준비하여(Anticipatory Shipping) 고객 주소지 근처 물류창고로 배송한다. 오프라인 무인 식료품 매장인 아마존 고(Amazon Go)를 확대하고, 20주간 고객의 체형과 사이즈를 측정하여 체형변화를 이해하려고 하는 등 오프라인 고객 데이터를 구축하기도 하였다.

2 최근의 빅데이터 기술 동향

데이터 생산 및 수집 기술

데이터를 업무에 활용하기 위하여 먼저 필요한 데이터를 확보해야 한다. 데이터를 확보하는 방법으로 데이터를 직접 생산하거나 외부 데이터를 수집하는 방법이 있다. 전통적인 데이터베이스(DB) 환경에서는 프론트엔드 애플리케이션에서 필요한 데이터를 생산하는 방법을 주로 사용했다면, 최근에는 내부에서 생산되는 데이터보다 외부에서 수집되는 데이터 비중이 훨씬 올라가고 있다. 과거에 정형 데이터의 자체 생산에 초점이 맞춰져 있었다면, 이제 외부의 비정형 데이터를 수집하는 방향으로 전환하고 있다.[3]

3 한국데이터산업진흥원(2020), 2020 데이터산업 백서.

외부로부터 수집되는 데이터는 장비에서 기계적으로 생성되는 데이터가 상당 부분 포함돼 있기 때문에, 그 양에서 차이가 난다. 따라서 데이터 수집 단계에서는 성능이 시스템의 중요한 요소가 된다. 또한 외부의 데이터는 소스가 다양해, 이를 수집하기 위해서 여러 수집 방식을 동원해야 한다. 수집 대상이 되는 외부 데이터는 DB나 파일의 정형 데이터뿐만 아니라 텍스트, 로그, 음성, 영상 등 비정형 데이터가 포함돼 있어 비정형 데이터를 수집해 분석 목적에 적합하도록 저장하는 기술이 필요하다.

조직의 업무 처리나 의사결정은 내부와 외부에 존재하는 여러 유형의 데이터를 생산해 축적하는 것부터 시작된다. 애플리케이션을 활용해 데이터를 입력하거나 이를 가공해 재생산하는 전통적인 방식과 기기나 센서를 통해 자동으로 데이터를 생산하는 방식이 있다.

데이터 입력 방식

데이터를 입력해 생산하는 방식에 조직 내에서 자체적으로 개발한 업무용 애플리케이션을 통해 생산되는 정형 데이터를 이용하는 방식과 SNS나 블로그 등과 같이 개인이 생산하는 비정형 데이터를 이용하는 방식이 있다.

조직 내에서 데이터가 생산되는 환경에서는 데이터 생산 시점부터 완료 시점까지 정합성 보장을 위한 트랜잭션 관리가 매우 중요하다. 만약 특정 사용자의 정보를 수정할 경우, 수정이 완료되기 전까지는 과거 정보로 일관되게 표현돼야 한다. 이후 이 작업이 완료된 것이 확정된 때부터 새로운 정보로 나타나야 하는 것이 원칙이다.

데이터는 업무 목적에 맞게 사용되도록 일관되고 표준화돼야 하므로 데이터는 정형화한 형태를 띠게 된다. 이런 성격 때문에 정형화한 구조의 데이터를 관리할 수 있고 락(Lock 또는 Enqueue)과 같은 오브젝트로 트랜잭션을 보장해주는 관계형 DB가 데이터 생산에 중요한 기술로 쓰였다.

SNS나 블로그 같은 웹을 통해 개인이 생산하는 데이터는 조직 내 데이터와 달리 제약 없이 자유로운 형태를 띠고 있다. 이러한 불특정 개인이 웹을 통해 생산하는 데이터는 여기저기 분산돼 있으므로 생산보다는 수집이라는 관점에서 다룰 필요가 있다.

데이터 자동 생산 방식

사물인터넷(Internet of things, IoT) 기술이 확산되면서 데이터 생산 방식이 다양화되고 있으

CHAPTER 01 빅데이터의 의미, 역사, 그리고 기술

며, 센서 · 로그 데이터 · SNS가 제공하는 스트리밍 데이터 등 생산되는 데이터의 저장 및 관리 기술이 점점 더 중요해지고 있다.

예를 들어, 최근 IoT 플랫폼은 서비스를 구성하는 데 필요한 공통 요구 기능을 포함하고 있으며, 개별 사물과 서비스에서 독립적으로 동작할 수 있다. 이 플랫폼은 서버나 클라우드 형태로 제공될 수 있으며, Pub/Sub, Topic 방식의 메시지 송수신 기능을 제공하는 IoT 어댑터 등을 제공해 디바이스에 직접 위치할 수도 있다.

IoT 데이터 생산 방식

구분		데이터 생산 방식
스마트 홈	구글 네스트	CCTV, 기상정보 연계, LED/온도 센서 네트워킹
	애플 홈킷	잠금장치, 조명, 카메라, 온도조절, 플러그, 스위치 등과 아이폰 연결
스마트 시티	스마트 주차장	바닥 센서 네트워킹
	스마트 표지판	디지털 방향조절 표지판과 연결
스마트 물류	아마존 물류 창고 로봇 '키바'	제언센터와 운반 로봇 통신
	스마트 사물함	디지털사물함과 스마트폰 연결
스마트 카	볼보 커넥티드 카	충돌센서 정보 수집, 자량 제어 기능 등 스마트폰 연결
	폭스바겐 커넥티드 카+스마트 홈 서비스	차량 제어 기능에 집안의 조명, 난방, 가전기기 제어 기능 연결

IoT 플랫폼 기술은 초기에는 센서 · 액추에이터(Actuator) · 데이터 중심의 특징을 기반으로 수백만 개의 인터넷 기반 서비스 도메인 수준의 규모를 지원했으나, 점차 데이터 · 프로세스 · 지능 중심으로 바뀌어 수백억 개 이상의 글로벌 규모로 발전하고 있다.

데이터 저장

IoT 기반의 미래형 서비스에 적합한 기술을 구현하기 위해서는 데이터를 저장하는 요건들이 필요하다. IoT 데이터 저장을 위해 고성능 대용량 데이터 처리가 가능한 오픈소스 관계형 데이터베이스 시스템(Relational Database Management System, RMDBS)를 제공해야 하며, LBS(Location Based Service) 데이터 저장을 위하여 국제표준(ISO)을 따르는 지리(위치) 정보처리 및 관리기능을 위한 오픈소스 GIS-DBMS를 제공해야 한다. 또한, 방대한 데이터를 처리하기 위한 스트리밍 프로세스(streaming process)와 분산 처리를 위한 오픈소스 하둡(Hadoop) 플랫폼을 제공해야 한다. 새로운 데이터 보안 위협에 대응하기 위한 국가 표준 알고리즘(ARIA-128/256)의 적용 및 엄격한 키 관리를 통한 데이터 암호화 기능과 사용자, 애플리케이션, IP 등의 조건에 따른 데이터 접근 제어/관리 기능을 제공해야 한다. 마지막으로 실시간 데이터 흐름 및 시스템 상태 모니터링을 위한 통합 관제 기술을 제공함으로써 안정적인 데이터 저장을 유도할 수 있다.

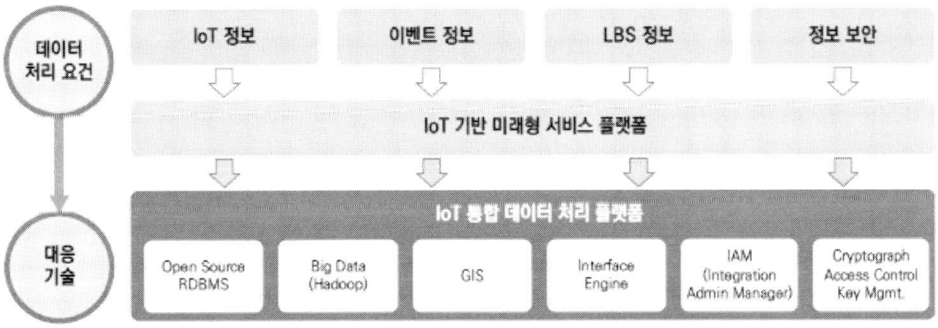

IoT 기반 서비스 데이터 저장 및 처리를 위한 SW 기술요소

데이터 수집

데이터 수집 기술은 데이터의 형태나 종류에 관계 없이 수집할 수 있어야 한다. 단 데이터의 형태나 종류에 따라 수집방법이 달라지므로 다양한 수집방법이 필요하다. 수집한 데이터를 가공·재생산할 수 있어야 하며, 수집방법에는 데이터를 가공·재생산하는 과정을 포함해야 한다 가시적 형태로 서비스를 제공하고 데이터를 효율적으로 활용할 수 있도록 저장해야 하며, 정형/비정형 형대로 데이터를 저장하는 기능을 제공해야 한다. 수집 기술에는 EAI/ESB, APIM, 크롤링, RSS Reader, Aggregator(Log, RDB), 스트리밍(Streaming) 등이 있다.

EAI/ESB : 파일, DB, 웹 서비스에서 데이터 수집

EAI(Enterprise Application Integration)는 기업 내·외부의 서로 다른 시스템을 통합하기 위해 사용하는 기법으로, 개별 애플리케이션에 대해 에이전트를 이용해 중앙 허브와 연결하고 중앙 허브를 통해 상호 데이터를 수집한다.

기업 내·외부의 데이터 수집은 시스템 통합 차원에서 중요한 의미를 지니고 있다. 즉, 기업의 여러 시스템에 흩어져 있는 정보들은 기업 내 의사결정 시 신속하게 공유돼 합리적인 방안을 수립하는데 중요한 요소로 작용한다.

EAI 기술은 TCP/IP 기반 소켓프로그래밍에서 출발해 다양한 인프라 및 리소스에서 데이터를 수집하는 기능, 데이터 매핑 및 변환, 콘텐츠 기반 서비스 라우팅, 무중단 서비스, 보안 등 비즈니스 파트너와의 원활한 협업 시스템을 구축하기 위해 필요한 기능을 필수적으로 제공한다. EAI 영역에서 취급하는 리소스 형태는 데이터베이스, 파일, 애플리케이션, TCP 서비스, 웹서비스 등 그 종류가 다양하다. 인터페이스 아키텍처는 과거의 피어 투 피어(Peer to Peer) 방식을 지양하고, 허브 앤 스포크(Hub & Spoke) 방식, 버스 방식 등 구성 방안의 다양성을 제공해 고객 맞춤형 연계 시스템을 구축할 수 있는 장점이 부각되고 있다. 특히, 애플리케이션 시스템에 제공되는 에이전트는 인터페이스 데이터에 대한 수집부터 수신 시스템 내 적재까지 모든 업무를 대행함으로써 개발이 편리하고 연계 시스템 구축이 수월하다는 장점을 지니고 있다. 이처럼 EAI는 데이터웨어하우스(DW)나 전사적자원관리(ERP) 등 기업에서 운영하는 서로 다른 애플리케이션을 네트워크 프로토콜이나 DB, 운용체제(OS)에 관계없이 비즈니스 프로세스 차원에서 통합하는 것을 말한다. 이를 통해 기업 내 상호 연관된 모든 애플리케이션을 유기적으로 연동해 필요한 정보를 중앙 집중적으로 통합관리 할 수 있는 환경을 구현하는 기술이다.

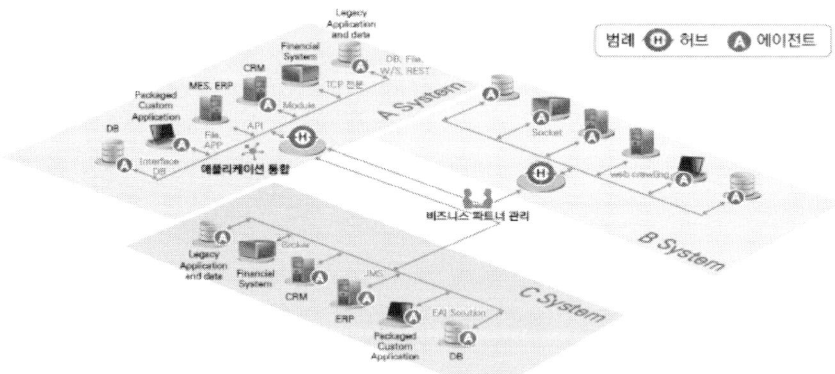

기업의 EAI 구성

ESB(Enterprise Service Bus)는 애플리케이션 서비스들을 컴포넌트화 된 논리적 집합으로 묶는 핵심 미들웨어이며, 비즈니스 프로세스 환경에 맞게 설계 및 전개할 수 있는 아키텍처를 제공한다.

ESB는 기본적인 메시징, EAI, 중개(라우팅) 기술을 사용하거나 J2EE 시스템의 서비스 통합 버스와 같은 플랫폼 내의 구성요소를 사용하는 등 다양한 방법으로 구현될 수 있다. ESB는 EAI와 애플리케이션 서버 기술을 함께 조합해 구현할 수 있지만 이러한 구현 방식이 전반적인 아키텍처에 영향을 미치지 않아야 한다. ESB는 전사 컴퓨팅 인프라스트럭처에 공통으로 분산돼 있는 여러 서비스, 애플리케이션, 다양한 데이터 등을 연결하는 지능형, 분산형, 트랜잭션형, 메시징 레이어로 작용한다. 또한 지능형 전송 기능과 라우팅 기능으로 동기 및 비동기 메시징 백본을 형성해 메시지를 신뢰성 있게 전달한다. ESB는 개발자가 WSDL(Web Service Description Language) 기반 표준 인터페이스에 의해 정의한 서비스, 즉 컴포넌트화된 비즈니스 기능을 API 또는 프로토콜에 관계없이 사용 및 호출하는 것을 가능하게 한다. WSDL은 추상화된 서비스 인터페이스 정의 부분, 재사용 가능한 프로토콜 바인딩 부분 그리고 서비스를 제공하는 종단점(endpoint)으로 나뉘어 있다. 이것은 본질적으로 확장이 가능하며 필요에 따라 다양한 프로토콜을 동일한 서비스에 연결할 수 있도록 포트 및 바인딩을 위한 확장 요소를 제공한다.

ESB는 웹서비스 관련 표준기술을 지원하는 웹서비스 어댑터를 지원해 외부 시스템의 데이터 수집 요청에 대해 표준 웹서비스 방식의 수신 기능을 제공하는 특징을 지니고 있다. 필요 시 타 기관 또는 응용시스템의 웹서비스를 호출하기 위해 위저드 기반 클라이언트 스텁(stub)을 생성하는 기능을 제공한다. 또한 오픈 API 서비스를 위한 Restful 방식의 API 서비스 처리 기능을 지원해 외부의 API 서비스 호출에 대해 표준 REST(REpresentational State Transfer) 방식의 서비스를 제공한다. 하지만 표준 REST 방식에서 제공되지 않는 인증・보안, 유량 제어 등 API 서비스를 위한 기능이 추가로 제공돼야 한다. 이처럼 ESB는 기업 및 기관의 서비스지향 분산 컴퓨팅 기술의 일종으로 기존의 분산 컴퓨팅 기술인 CORBA(Common Object Request Broker Architecture), DCOM(Distributed Component Object Model), RMI(Remote Method Invocation) 등을 기초로 한 분산 오브젝트 환경의 웹 서비스와의 연계를 통한 데이터 수집에서 구현이 용이하고 체계적으로 관리할 수 있다.

웹 서비스는 SOAP(Simple Object Access Protocol), WSDL(Web Service Description Language), UDDI(Universal Description, Discovery and Integration)와 같은 공개 표준을 징해 이를 기반으로 하여 상호작용이 이루어진다. 따라서 웹 서비스를 지원하는 응용 프로그램은 상호 작동에 문제가 없고 플랫폼과 언어에 독립적이며, HTTP와 같은 웹 프로토콜을 사용하므로 방화벽과 같은 장애에도 문제가 없어 응용 프로그램에 대한 접근이 용이하다.

❙ API 플랫폼

오픈 API(Open Application Programming Interface, Open API)는 데이터 소유 주체가 웹 개발자나 사용자를 위해 정보/데이터를 정해진 방식으로 공개하는 기술을 말한다. HTTP 프로토콜 기반의 웹 서비스로서 제공 기술은 SOAP 기반의 웹 서비스와 REST 기반의 웹 서비스로 구분된다. 다만, 개방형 기술의 보안 이슈를 해결하기 위한 인증, 보안, 접근제어, 정책관리 등의 개발 소요가 발생할 수 있으므로 도입 전 해당 기능의 필요성과 구축비용을 면밀히 검토할 필요가 있다.

최근 코로나19로 인해 세계 금융권에서는 비대면 수요가 급증하고 있으며, 핀테크 기업에 대한 수요가 증가하고 있다. 국내 금융권도 오픈 API를 활용한 다양한 비대면 서비스를 선보이고 있다. 기업 및 기관들이 플러그 앤 플레이 방식의 단순한 아키텍처 기반의 오픈 API 플랫폼을 구축해 비즈니스 민첩성 강화, 통합비용 감소, 나아가 공급기업에 대한 종속성 방지 등의 요구를 해소하고 있다.

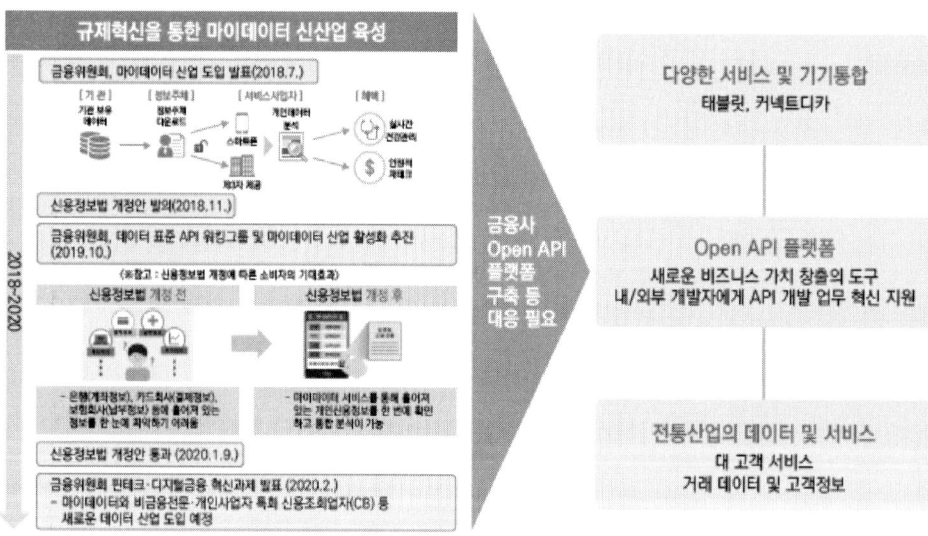

데이터 3법 개정에 따른 오픈 API플랫폼 필요성

데이터 3법 중 신용정보의 이용 및 보호에 관한 법률(신용정보법) 개정으로, 마이데이터 정보 제공 등 API를 통한 개방형 플랫폼 사업들이 진행되고 있다. 오픈 API는 이미 보편화되고 가속화되고 있으며, 비즈니스적 · 기술적으로 핵심 영역이 되었다. 이에 따라 효율적이고 안정적인 API 관리를 위한 오픈 API 플랫폼의 역할이 점점 더 중요해지고 있다.

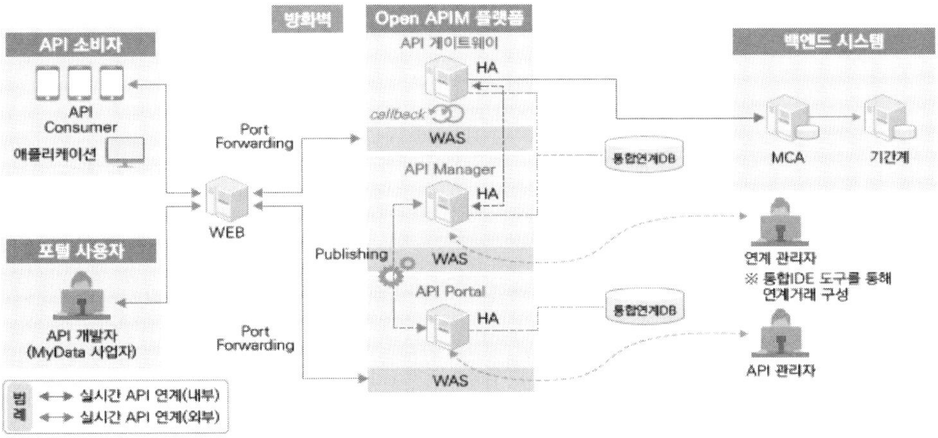

오픈 API 플랫폼 구성도

API 관리 플랫폼은 각 서비스의 API를 안전하게 공유하고 쉽게 사용할 수 있도록 개발자 포털을 제공하고, API 서비스들이 어떻게 사용되고 운영되는지를 분석하며, 그 외 API의 트렌드 확인 등 API에 대한 전반적인 관리 기능을 제공해야 한다. 공공기관을 시작으로 일반기업까지 오픈 API 서비스를 늘려가고 있다. 이러한 오픈 API 수요의 결과로 API 관리 및 운영에 대한 효율성을 높이기 위해 APIM(API Management) 기술이 대두되고 있다. APIM 기술에서는 개발 생산성 향상과 기간 단축을 위해 API 게이트웨이, API 라이프사이클 관리를 위한 API 포털 등 다양한 기능이 담긴 소프트웨어를 제공하고 있다. API 라이프사이클 기반의 관리 기능은 API 생성, API 게시, 인증 및 보안, API 정책관리, API 검색, 서비스 개발, API 사용, 모니터링 및 분석 순으로 구성돼 있다. API 생성에서 요구되는 서비스 오케스트레이션 기능은 소단위 REST API를 조립해 단일 응답으로 처리해야 하는 API 서비스 제공에 적합하며, 백엔드 시스템의 DB, TCP 등 프로토콜로 변환이 요구되기도 한다.

오픈 API는 데이터 공유를 위한 표준 방식으로 채택되고 있고, SNS나 웹 콘텐츠와 달리 정형화되고 검증된 정보를 수집할 수 있는 방법이므로 데이터 수집에서 중요한 역할을 담당한다. 오픈 API는 공공 분야에서 시작해 자산화 한 데이터들을 수집해 새로운 서비스를 제공하려는 핀테크 사업자, 마이데이터 사업자 등으로 확산되고 있다. 이렇게 증가하는 오픈 API의 수요에 대응하기 위해서는 APIM 같은 API 관리 플랫폼의 역할과 비중이 갈수록 커질 것이다. 오픈 API는 데이터 공유를 위한 표준 방식으로 자리매김하고 있고 SNS나 웹 콘텐츠와 달리 정형화되고 검증된 정보를 수집할 수 있는 방법이므로 데이터 수집에서 중요한 역할을 담당한다. 오픈 API는 공공

분야에서 시작해 자산화한 데이터들을 수집해 새로운 서비스를 제공하려는 핀테크 사업자, 마이데이터 사업자 등으로 확산되고 있다. 이렇게 증가하는 오픈 API의 수요에 대응하기 위해서는 APIM 같은 API 관리 플랫폼의 역할과 비중이 갈수록 커질 것이다.

❙ 크롤링

크롤링은 API를 제공하지 않는 기존 애플리케이션과의 연결성을 해결하는 기법으로, 웹 상의 비정형 콘텐츠를 수집한다. 다시 말해 주로 웹 로봇을 이용해 조직 외부에 존재하는 소셜 네트워크 데이터 및 인터넷에 공개된 자료를 수집하는 기술이다. 이를 프로그래밍으로 자동화하기 위해 다음의 세 가지 기법이 활용되고 있다.

① HTML 페이지를 가져와 HTML/CSS 등을 파싱하고, 필요한 데이터만 추출하는 기법
② 오픈 API(REST API)를 제공하는 서비스에 오픈 API를 호출해 받은 데이터 중 필요한 데이터만 추출하는 기법
③ Selenium, PhantomJS 등 브라우저를 프로그래밍으로 조작해 필요한 데이터만 추출하는 기법

이외에도 로그인이 필요한 웹페이지 크롤링 기법, XPATH를 이용한 기법 등이 있어 데이터 수집을 위해 표준화하기 전에 빈번한 커스터마이징 개발이 필요하다는 단점이 있다. 따라서 크롤링 기법을 적용하기 전에 철저한 검토가 필요하다.

❙ 기타 데이터 수집 기술

RSS Reader는 웹 기반 최신 정보를 공유하기 위한 XML 기반의 콘텐츠 배급 프로토 콜인 RSS 서비스를 통해 데이터를 수집하는 기술로, RSS 사이트에서 제공하는 주소를 RSS Reader에 등록하면 자동으로 데이터를 전송받아 수집하는 기술이다.

Log Aggregator는 조직 내부에 존재하는 웹서버 로그, 웹로그, 트랜잭션 로그, 클릭 로그, 데이터베이스 로그 등 각종 로그 데이터를 수집하는 오픈소스 기술(Chukwa, Flume, Scribe 등)이다.

RDB Aggregator는 관계형 데이터베이스(RDBMS)에서 정형 데이터를 수집해 HDFS (하둡 분산 파일시스템)나 HBase와 같은 NoSQL에 저장하는 오픈소스 기술(Sqoop, Direct, JDBC 등)이다.

스트리밍(Streaming)은 인터넷에서 음성, 오디오, 비디오 데이터를 실시간으로 수집할 수 있는 기술이다.

데이터 저장 및 관리 기술

초고속 네트워크, 사물인터넷(IoT) 기술의 발달에 따라 데이터 생산 주체가 다양해지면서 저장되는 데이터 형태 역시 다양해지고 있다. 이뿐만 아니라 데이터 양은 100배 이상 폭증하고 초저지연 처리 기술이 구현되며 지능적인 데이터 저장과 활용 기술이 요구되고 있다.

데이터 저장, 관리, 활용을 담당하는 핵심 소프트웨어인 DBMS 기술에 다양한 시도가 진행되고 있다. 대표적인 적용 기술로 인프라 측면에서 컴퓨팅 파워를 탄력적으로 활용해 기존 단일 박스 형태의 하드웨어가 가진 구성의 한계를 병렬화, 가상화 방식으로 극복하는 클라우드 기술이 있다. 또 다른 기술로는 데이터 최적 관리, 보안 관리, 모니터링을 자동화하고 DBMS를 자율 운영할 수 있는 인공지능 기술의 적용이 시도되고 있다.

클라우드 DBMS 방향과 한계

현재 DBMS 벤더들은 각자의 방식으로 클라우드 환경에서 최적 기술을 적용하기 위한 방안을 강구하고 있다. 기존 온프레미스 환경에서는 DBMS를 위한 고정된 서버 하드웨어와 SAN 기반 DB 전용 스토리지, 고속의 네트워크가 제공된다. 이와 달리 저가 범용 서버 하드웨어와 네트워크 기반 스토리지를 기본으로 하는 클라우드 환경에서는 기존 온프레미스 수준의 성능을 보장하면서 확장성, 유연성, 관리 효율성을 달성하는 데 어려움을 겪고 있다.

DB서버 확장의 한계

정형 데이터를 주로 다루는 관계형 데이터베이스(RDBMS)에서 높이 평가받는 기술은 RAC(Real Application Cluster, 오라클), TAC(Tibero Active Cluster, 티베로), PureScale(IBM DB2)과 같은 DB 서버 액티브 클러스터링 기술이다. 벤더별 용어와 상세 스펙은 조금씩 다르지만, DBMS 단일 스토리지를 공유함으로써 데이터 정합성을 유지하면서, 데이터 처리(저장, 변경, 삭제, 관리)를 수행하는 DB 서버를 다중화하고 클러스터링 함으로써 확장성, 성능, 가용성을 보장하고자 하는 목적은 동일하다.

물리적 스토리지를 여러 DB 서버가 공유한 상태에서 DB 서버 노드 확장을 지속하는 것은 동일 데이터 경합 발생, 노드 간 통신부하 증가 등의 문제를 발생시켜 더 이상의 성능 향상을 보장할 수 없게 만든다. 범용 저사양 컴퓨팅 자원을 병렬화해 사용해야 하는 클라우드 환경에서는 DB 클러스터 노드 확장성 제약이 더욱 심해지므로 DB 성능과 관리 측면에서 한계가 발생하게 된다. 또한, MSA(Micro Service Architecture) 같은 방식으로 DB 업무를 분리해 개별 시스템 간 성능을 유지하고자 해도 EAI, ETL, Link와 같은 DB 간의 추가 연계 작업, 기업 내 데이터 품질, 정합성 유지 측면에서 여전히 문제가 존재한다.

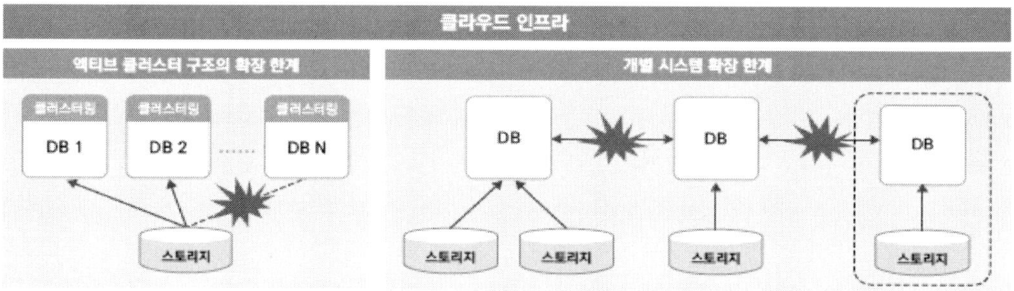

DB 서버 확장의 한계

❙ 다양한 데이터 통합, 활용의 한계

데이터 생산 주체가 다양해지며 여러 형태의 데이터가 등장했으며, 각각의 DB가 별도 구축되고 별도 처리 기술이 적용되고 있다. 즉 RDB 정형, 반정형 파일, 비정형 콘텐츠 등 데이터 형태별로 별도의 저장 방법이 필요하고 조회, 분석을 위한 별도 기술이 사용되고 있다. 결국 데이터 통합과 활용이 어려워지고 그로 인해 업무시스템의 애플리케이션 복잡성이 증가하고 비즈니스 민첩성(agility)이 저하되는 결과를 가져온다.

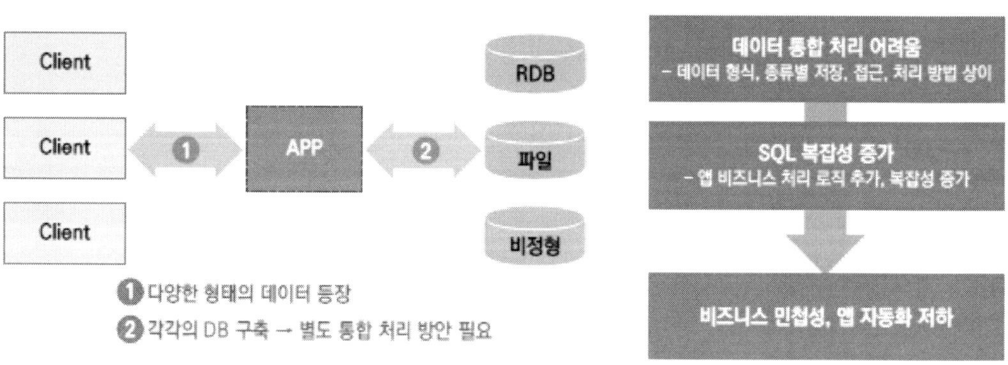

데이터 통합의 한계

비즈니스 민첩성을 달성하기 위해 채택되는 MSA 방법도 데이터 형태별 통합 활용 문제와 다양한 데이터 간 연계 문제로 본래 달성하고자 하는 의미가 퇴색되고 있는 상황이다.

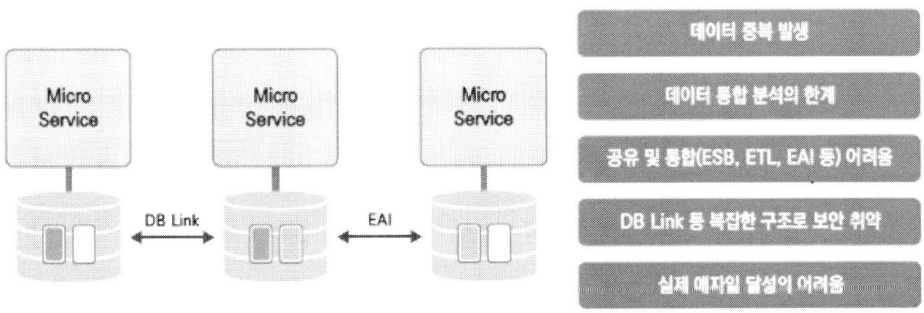

현재의 MSA 구조

❙ 기존 기술 개선, 신기술 적용 한계

기존 DBMS 벤더와 CSP(Cloud Service Provider)는 클라우드 DBMS 기술을 적용하기 위해 노력하지만, 아직은 중급 이하 업무를 대상으로 하는 클라우드 마이그레이션 위주다. 기업의 핵심업무 이관이 가능해야 하고 이를 위해 클라우드 DB 성능과 가용성이 보장돼야 한다. 또한, 클라우드 특성과 장점을 활용한 업무 DB로서 부하 상황에 따른 탄력적 자원 활용이 가능한 스케일링 동작, AI 기반의 관리자동화 등 핵심 기술 적용이 필수이지만, 아직까지는 기존 방식의 근본적 제약에서 벗어나지 못하는 상태이다.

클라우드 DBMS 기술의 필요 요소

클라우드와 AI 시대에 차세대 DBMS가 갖추어야 할 기술 요소는 네 가지가 있다. 성능 저하 없이 무한 확장이 가능한 Scalable DB, 비즈니스 민첩성을 갖춘 DB, 다양한 업무가 수용되는 DB, AI기술 전면 적용이다.

❙ 성능 저하 없는 스케이러블 DB

기존 클러스터 구조의 DBMS 확장 제약 문제를 해결하기 위해 데이터의 논리적 처리(logical processing)를 담당하는 DB서버와 물리적 처리(physical processing)을 담당하는 스토리지 서버를 명확히 분리하고 역할을 나눠 확장이 자유로운 구조로 바꾸는 것이 필요하다. 즉, 1티어 DB 구조를 2티어 구조로 바꾸어 티어별 프로세싱 역량을 높이고 논리적, 물리적 확장성을 별개로 갖추어 기존 스토리지 서버 간 답답한 구조를 쪼개어 놓는 것이 필요하다.

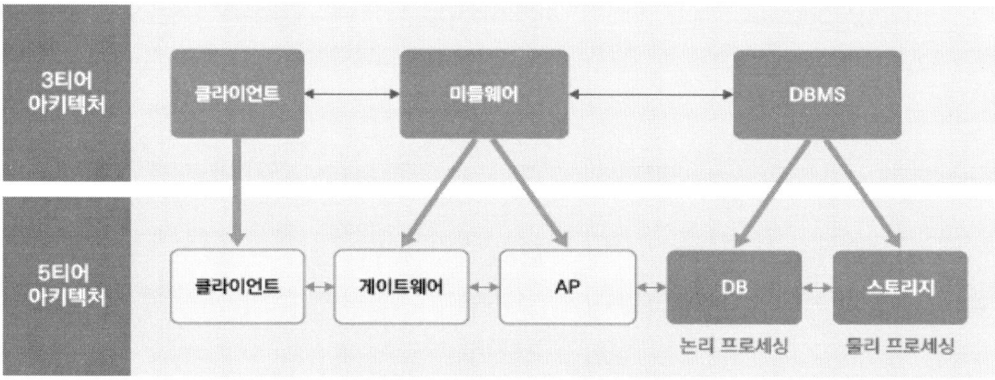

티어 아키텍처와 2티어 DB 구조

클러스터 노드 확장 시 성능 저하를 가져온 락(Lock) 경합 발생과 DB 노드 간 통신 오버헤드를 없애는 기술이 가장 핵심이다. 이를 위해 데이터를 처리할 때 DB 서버 간에는 논리적 처리의 독립성이 보장돼야 하고 타 노드 의존성은 제거돼야 한다.

실질적인 데이터 처리는 스토리지 서버가 담당해야 한다. 기존에 단순 저장용도로 쓰인 스토리지가 아닌 자체 락 관리와 트랜잭션 순서 보장, 디스크 IO 등 기존 DB 서버가 담당한 데이터 처리 기능을 스토리지 레이어에서 구현해야 한다. 이러한 구조를 통해 부하 상황에 맞게 DB 서버(프론트엔드), 스토리지 서버(백엔드) 간 성능 저하 없는 자유로운 확장이 가능해진다.

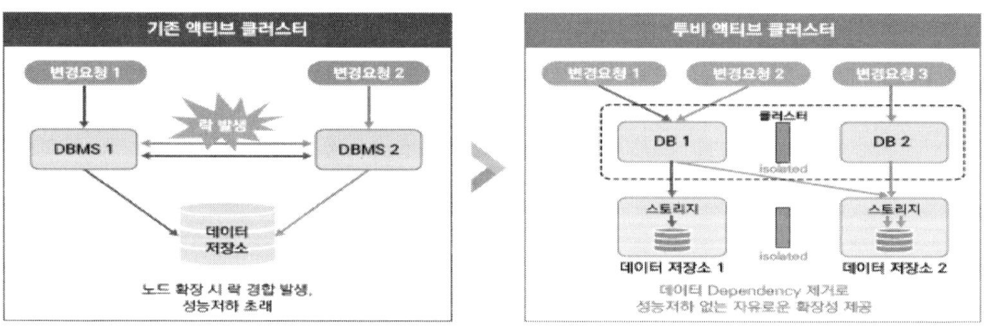

DB 노드 간 경합구조

❙ DB 가상화를 통한 민첩성(agile) 구현

비즈니스 민첩성을 달성하기 위해 업무를 잘게 나눠 서비스화해 분산시키고 애플리케이션 개발도 그에 맞는 방법론을 채택하고 있다. 그러나 DBMS 차원의 민첩성 달성을 위해선 DB 가상화 기술이 반드시 필요하다.

DB 가상화(DB virtualization)는 물리적으로 저장되는 데이터, 테이블과 별도로 사용자나 업무 애플리케이션에서 필요로 하는 테이블을 논리적으로 집합시켜 놓은 개념이다. 기업 내 데이터 무결성, 품질 보장 측면에서도 필요하고 복잡한 데이터 연계작업을 제거하는 유일한 방법이기도 하다.

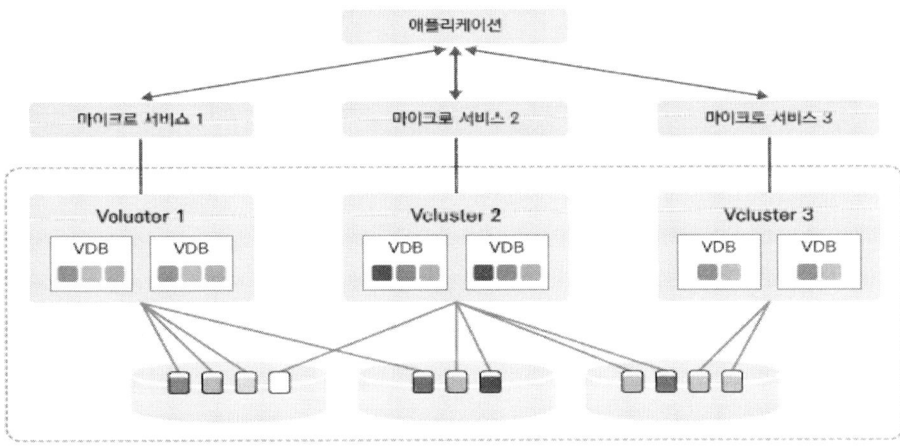

가상 DB 구조

DB 서버와 스토리지 서버로 분리함으로써 DB 가상화가 가능하고, 스토리지 서버에 저장된 테이블 메타정보를 이용해 DB 서버 레이어에서는 필요한 테이블만 뽑아 가상화한 데이터베이스를 구성하게 되는 것이다. DB 가상화 기술을 이용하면 신규 업무 생성 시 빠른 DBMS 구성이 가능하고, 저장 위치에 상관없이 데이터 접근과 활용이 용이하며, 업무간 간섭 없는 유연한 데이터 관리가 가능해진다.

다양한 데이터 형태의 통합

기업에서 생산되고 저장되는 다양한 형태의 데이터는 사용자나 애플리케이션 관점에서 동일한 도구를 통해 접근, 조회, 활용할 수 있도록 해야 한다. OLTP형, OLAP형, 하둡형, 서치형 등 데이터 형태별 물리적 저장 스토리지 공간과 스토리지 프로세싱 기술은 각기 존재하고, 애플리케이션에서는 여러 종류의 데이터를 마치 동일한 DB 내에 존재하는 데이터처럼 보이게 하고 통합 처리를 가능하게 하는 하나의 강력한 인터페이스, 즉 통합 SQL 엔진 기술이 필요하다.

CHAPTER 01 빅데이터의 의미, 역사, 그리고 기술

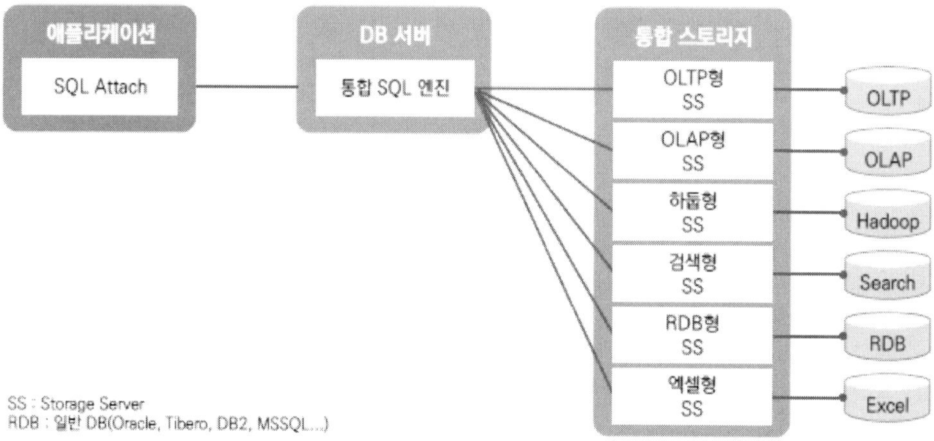

다양한 통합데이터 형태

▎AI 기반의 지능화 DB

클라우드 내에는 다수의 DB 인스턴스가 생성과 소멸을 반복하고 그에 따라 DB 관리 복잡성이 높아진다. 기존의 DBMS 전용 모니터링 도구나 DB 벤더에서 제공하는 툴은 자체 뷰나 로깅, 자체 리포트를 통해 현 상태를 실시간 감시하고 과거 이력과 추이를 분석하는 툴로서 역할을 하고 있다. 자동 진단과 튜닝 어드바이저 기능도 일부 제공하고 있으나 섬세하고 선제적인 관리 기능으로 사용하기엔 부족한 측면이 있다. 지능화된 DBMS 감시와 제어를 위해 다양한 성능과 운영 정보를 실시간으로 수집하고 AI 기반 학습을 통한 예측과 자동 최적화 기술이 접목돼야 한다.

DB 이외의 관련된 애플리케이션 서비스, 클라우드 인프라 관리 솔루션과의 초고속 인터페이스를 통해 데드락(Dead Lock), 악성 쿼리, 성능 저하 등 DBMS에서 발생 가능한 심각한 장애를 사전에 예측하고, 사전 방지 가이드 제공, DB 노드 직접 제어까지 가능한 수준까지 도달해야 한다.

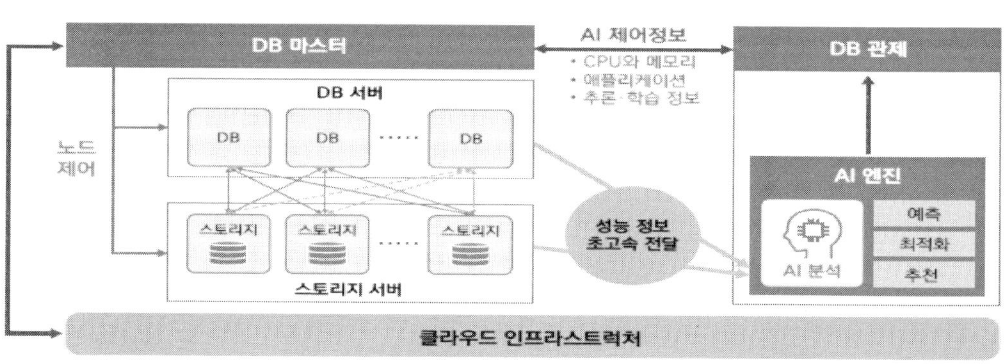

AI기반의 DB 관제

DBMS 진화의 선택, 클라우드, AI

단순 데이터 파일 DB(1G), 계층형 모델 DB(2G), 관계형 DB(3G), 클러스터 DB(4G)를 거쳐 5G 시대는 한단계 진화한 DBMS를 요구하고 있다. 진화를 강요하는 환경은 클라우드로의 IT 이동과 AI 기술의 보편화이다. 변화에 대응하기 위해 DBMS는 스케일링 가능한 구조와 노드 제어 기술, 가상화 DB 기술, 다양한 데이터를 통합하는 SQL 엔진, 클라우드 인프라와 연계한 AI 기반 관제와 모니터링 기술을 구현해야 한다.

이러한 기술을 통해 등장할 5G DBMS는 클라우드 환경에 최적화된 DB로서 다양한 업무의 수용, 성능 저하 없는 무한확장과 탄력적 자원 활용, 비즈니스 민첩성 달성, 선제적이고 자동화된 관리가 가능한 신개념 DB가 될 것이다.

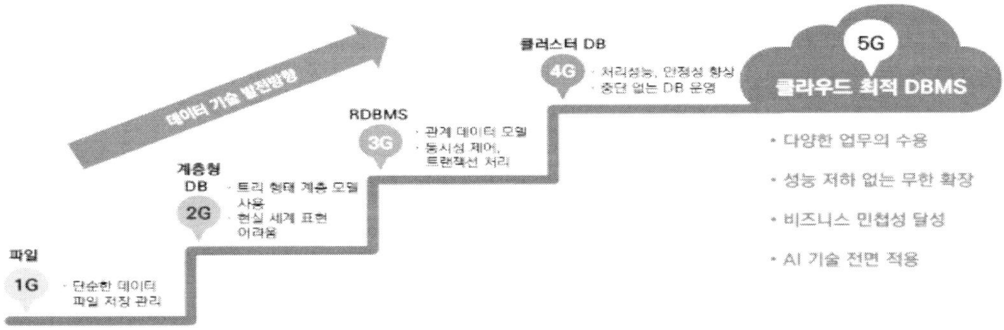

5G DBMS로의 발전

데이터 보안 기술

유럽과 미국에서 개인정보 및 사생활 보호 흐름이 확산되는 가운데 국내에서도 데이터 3법이 국회를 통과하면서 개인정보에 대한 보안과 활용이 화두로 떠올랐다. 최근 떠오르는 주요 보안 기술은 다음과 같다.

데이터 위협 평가

데이터 위협 평가(Data Risk Assessment)는 데이터 보안과 개인정보에 대한 통제가 효과적으로 적용되는지에 대한 평가를 뜻한다. 보안 제품과 응용 프로그램에서 위협 수준이 기준을 만족하는지를 평가하며, 개인정보나 중요 데이터 유출 및 법령 미준수로 인한 위협을 완화하는 것이 목적이다.

초기에는 특정한 데이터베이스 플랫폼과 같은 스토리지 저장소나 특정 데이터에 대한 위협 평가부터 우선 진행하고 주요한 데이터셋의 범위를 확대하는 것이 적절한 전략일 것이다.

기밀 컴퓨팅

기밀 컴퓨팅(confidential computing)은 하드웨어를 활용해 신뢰할 수 있는 실행 환경에서 코드를 실행하는 보안 메커니즘이다. 이 실행 환경은 보통 인클레이브(enclave)라고 부르는 보호된 메모리 영역이거나 CPU 차원에서 메모리 접근 시 암복호화를 처리해주는 기법(AMD CPU의 Secure Memory Encryption 등을 사용한다.

기밀 컴퓨팅은 처리 중인 데이터가 암호화돼 비공개로 유지되기 때문에 사용 중이더라도 메모리 접근에 의한 데이터 유출 우려가 없다는 장점이 있다. 클라우드 인프라 서비스 벤더들은 이런 하드웨어를 적용한 가상머신을 제공하기 시작했으며, 이를 통해 클라우드 컴퓨팅의 보안 우려가 해소될 것으로 기대한다.

금융 데이터 위협 평가

FinDRA(Financial-based Data Risk Assessment, 금융 데이터 위협 평가)는 데이터 보안에 대한 위협이 비즈니스에 미치는 영향을 평가해 재무적인 기회 판단과 전략 수립에 보안 위협을 반영하는 것을 목적으로 한다.

데이터 보안과 개인정보 및 사생활 보호에 필요한 데이터 관리 비용 등을 사업 전략과 예산에 반영하기 위해 데이터 책임자, 정보보안 책임자, 개인정보 보호 책임자 등이 참여하는 기법이다.

데이터 보안 거버넌스

보안 기술, 기준데이터의 위치 소재, 개인정보 보호를 포함한 데이터에 영향을 미치는 다양한 사건들이 내재한 비즈니스 위협을 평가하고 우선순위를 정하며 대응하는 전반적인 데이터 보안 프레임워크를 데이터 보안 거버넌스(data security governance)라고 한다.

여기에는 앞에서 언급한 데이터 위협 평가의 지속적인 수행을 기반으로 데이터별 목적과 위험도 관리, 실제 사용자와 각종 장치, AI 등이 사용하는 사용자 계정의 관리, 접근 제어를 사용하는 정책이 필요하다.

동형 암호화

동형 암호화(homomorphic encryption) 기법은 데이터가 암호화된 상태에서 연산을 수행하고 그 결과도 암호화된 상태로 유지되는 방식의 암호화 기법을 뜻한다. 이 기법은 복호화를 하지 않고 연산을 수행할 수 있어 데이터가 외부에 있는 클라우드 환경에서 주목받고 있다. 그러나 연산 속도 문제와 지원하는 연산 부족 등으로 아직 전면적으로 사용하기에는 한계가 크다.

최근 제한된 연산 기능에 대해서만 동형 암호화를 지원하는 부분 동형 암호화 상용 솔루션이 암호 상태 검색이나 다자 간 컴퓨팅 등에 실험적으로 사용되고 있다.

차분 프라이버시

차분 프라이버시(differential privacy) 기술은 개인정보 등을 포함하는 데이터셋을 공유하기 위한 목적으로 사용하기 위해 특정 정보에 소음을 추가하거나 왜곡해 데이터 분석이 개인별 정보에 의존하지 않도록 하는 기법이다. 데이터셋을 통계 목적으로 활용할 때 개인의 민감 정보 유출을 방지하기 위한 익명화 기법의 하나로 볼 수 있다.

차분 프라이버시라는 이름은 데이터셋에서 특정 개인의 데이터를 빼고 진행한 분석과 포함한 분석이 큰 차이가 없도록 하기 위한 알고리즘을 뜻한다.

데이터옵스

데이터옵스(DataOps)는 여러 조직에 걸친 데이터 관리자와 데이터 사용자 사이의 데이터 흐름을 관리, 통합, 자동화하기 위한 협업적 데이터 관리 실무를 뜻한다.

데이터옵스는 다양한 환경에서 데이터 사용 성과 가치를 향상시키기 위해 보안, 품질, 메타데이터를 적절한 수준으로 사용해 데이터 전달을 오케스트레이션하고 자동화하는 기술들을 필요로 한다.

데브옵스 테스트 데이터 관리

응용 프로그램 테스트에 사용되는 데이터에 대해서도 개인정보 보호와 가상화 등의 기법(DevOps Test Data Management, 데브옵스 테스트 데이터 관리)이 반드시 필요해졌다.

데이터의 선택적 복사, 익명화, 마스킹, 데이터 가상화, 인위적 데이터 합성 등이 기법적으로 법령 준수와 개인정보 보호를 위해 사용된다.

영지식 증명

영지식 증명(Zero-Knowledge Proof) 방식은 양자 간에 정보를 전송하거나 공유하는 일 없이 서로가 가진 정보가 정확함을 증명해 개인정보를 보존하는 메시징 규약이다. 예를 들어 어떤 답을 알고 있는지를 답을 전송하지 않고 타인에게 증명하는 방법이라고 할 수 있다.

블록체인에 영지식 증명을 적용하면 어떤 코인을 소유하고 있는지를 밝히지 않고도 코인을 소유하고 있다는 사실을 알릴 수 있다. 비트코인의 확장인 ZCash나 이더리움의 확장인 ZoE 등에서 영지식 증명을 사용해 개인정보 노출을 최소화하고 있다.

클라우드 제공자 고유 데이터 손실 방지

앱서비스 제공(SaaS) 혹은 인프라 가상화(IaaS) 클라우드 서비스 제공자가 직접 데이터 손실 방지 기능을 함께 제공하는 경우이다(Cloud Provider-Native DLP, 클라우드 제공자 고유 데이터 손실 방지). 이를 통해 클라우드 서비스에서도 민감 정보에 대한 제어를 강화할 수 있다.

이 경우 온프레미스 환경이나 멀티 클라우드 서비스를 포함한 복합 환경에 대해서는 단일 정책으로 제어하지 못할 수 있다.

데이터 보안용 블록체인

블록체인을 데이터 보안에 활용하면 중앙집중식 방식에서 핵심 관리자에게 의존하는 문제를 완화할 수 있다. 데이터 무결성을 보장하는 보호 체인을 구성하거나 탈중앙 방식의 PKI를 위한 키 저장소로 블록체인을 활용하는 등 다양한 사용 시나리오가 나오고 있다.

데이터 시각화 기술

데이터 분석을 위한 연관 분석 기법

대화형, 비정형 탐색 및 분석을 위해 최근에는 연관 분석 기법이 활용되고 있다. 다수의 데이터 소스를 완전히 결합하고 인덱싱해 가능한 연관을 조사하며, 어떤 데이터도 제외되지 않는다. 연관 분석 엔진은 강력하고 신속한 계산 및 집계를 통해 분석을 즉시 업데이트하고, 각각을 클릭 후 관련된 값과 관련되지 않은 값을 모두 노출시키며, 데이터 내의 연관성을 모두 강조해서 보여준다. 이제 전문가에게 문의하고 기다릴 필요 없이, 보는 것을 바탕으로 자유롭고 제한 없이 검색, 탐색, 피벗을 할 수 있다. 이것이 쿼리 기반 도구에서는 볼 수 없었던 예상치 못한 통찰을 연관 분석 사용자가 지속적으로 발견해 엄청난 가치를 창출하는 이유다.

연관 데이터 모델링 기술을 강력하게 만들어주는 주요 특성은 다음의 세 가지와 같다. 첫 번째는 다양한 소스에서 데이터를 가져오는 능력이다. 사용되지 않는 데이터가 없고, 잘못 처리되는 데이터도 없다. 둘째, 사용자는 단순한 검색 및 선택을 통해 경계 없이 탐색하고, 모든 질문과 후속 질문을 할 수 있다. 마지막으로 사용자는 전문가에게 문의하고 새로운 질문을 기다릴 필요 없이 생각의 속도로 작업할 수 있다. 이러한 주요 속성을 결합해 모든 기술 수준의 사용자에게 비교할 수 없는 경험을 제공한다.

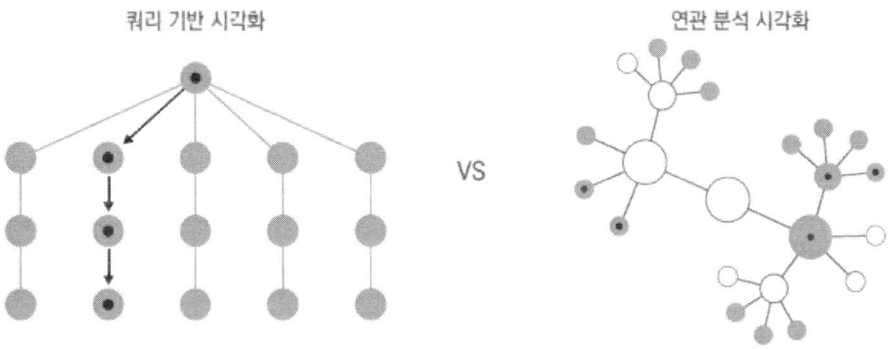

쿼리 기반 시각화와 연관 분석 시각화 비교

쿼리 기반 도구 - 한계와 사각지대

쿼리에 의존해 정보를 분석하는 시각화 도구에서는 사각지대가 생겨 결국 정보를 완전히 이해할 수 없다. 이러한 도구는 구조적인 선형 접근 방식을 사용해 데이터의 부분 집합만을 시각화하지만, 연관 엔진은 모든 데이터에 대해 자유형 탐색 및 검색 기능을 제공한다. 쿼리 기반 도구가 연관 분석의 탐색 경험을 모방하려 해도 유연성과 성능 면에서 금세 한계에 봉착한다. 쿼리 기반 도구에서 예상치 못한 질문에 대답하려면 복잡한 SQL 쿼리를 다시 작성해야 한다. 그런데 일반 비즈니스 사용자는 쿼리를 작성하지 못하므로 대개 숙련된 데이터 전문가가 필요하다.

쿼리 기반 도구는 기본 소스에 직접 연결하거나, 데이터 정적 영역의 일부 영역을 이용한다. SQL 조인을 사용해 소스를 결합하는 경우, 특히 여러 개의 소스를 결합하는 경우에는 데이터 손실이 일어나거나 부정확성이 발생한다. 데이터 웨어하우스와 정적 영역은 상당한 시간을 투자해 사전 모델링을 해야 한다. 또한 사용자의 상호작용을 지원하려면 클릭 · 질문마다 쿼리를 작성해 유연성을 제한하고 사용자를 데이터 부분 집합으로 제한한다.

시각화 및 쿼리는 일반적으로 고급 사용자에 의해 구축되며, 다른 사람들은 개발자가 생각한 사전 형성된 질문으로 제한된다. 간단한 필터링 외에 비즈니스 사용자가 객체 내에서 새로운 질문을 검색 및 탐색할 수 있는 방법은 없다. 유일한 선택은 데이터 전문가가 새로운 쿼리 또는 시각화를 구축하기를 기다리는 것이다.

경계 없는 탐색

연관 엔진을 이용하면 제한있는 경계에 구애받지 않고 어떠한 방향에서든 전체 데이터 소스를 자유롭게 탐색할 수 있는 연관 사용자 경험을 제공한다. 사용자는 시각화, 차트, 그래프, 필터 창, 전역 선택 인터페이스 등 어디서나 상호 작용할 수 있다. 연관 엔진은 클릭이 발생할 때마다 즉시 분석을 재계산하고 데이터 내 연관을 강조한다. 또한 엔진이 레코드 수준 데이터셋에 기반해 동적으로 계산하므로, 사용자는 사전 정의된 질문이나 계층에 제한을 받지 않고 어떤 세부 수준에서든 원하는 항목을 선택해 새로운 아이디어나 데이터로 피벗할 수 있다. 이 과정을 계속 진행하면서 사용자가 더 많은 질문을 던지고, 컨텍스트를 추가하고, 각 단계에서 정보를 얻을 수 있다.

생각의 속도

시각화하는 데에는 쿼리 기반 도구로 충분할지 모른다. 그러나 이러한 작업을 할 수 있는 경험을 갖추고, 작업을 담당할 의사가 있는 사용자는 소수에 지나지 않는다. 더구나 이러한 시각화를 지원하는 쿼리를 생성할 수 있는 사람의 수는 훨씬 더 적다. 그렇다면 대부분의 비즈니스 사용자는 어떨까? 결국 데이터의 부분 집합에 대한 제한적인 선형 분석만을 제공하는, 느린 정적 시각화와 보고서를 이용하게 돼 있다. 사전에 질문을 정확히 예측해 적절한 쿼리를 구축할 수 없으면 데이터 전문가에게 도움을 요청할 수밖에 없다. 이를 두고 '요청, 대기, 응답 사이클'이라고 한다.

연관 엔진은 분석을 동적으로 계산하고, 사용자가 질문을 떠올리는 것과 같은 속도로 연관성을 강조해 보여준다. 이렇게 즉시 응답을 받으면 시스템이나 전문가의 도움을 기다릴 필요 없이 필요한 응답을 바로 받을 수 있다. 이는 가치를 신속하게 창출하고 매일 수백 개의 의사 결정을 정보에 기반해 처리할 수 있음을 의미한다. 연관 엔진은 쿼리 기반 도구에서는 불가능한 타의 추종을 불허하는 속도와 유연성의 결합이 가능하다.

데이터 시각화의 미래

팬데믹은 대부분의 오프라인 환경을 온라인화하는 언택트 시대를 앞당기고 있다. 이런 현상은 가파르게 늘어나고 있는 데이터의 양을 더욱 가속화시킬 것이다. 이렇게 풍부해진 데이터는 세상의 현상을 해석하고 예측하기에 충분한 자원이고, 이는 우리의 생활과 직업에 절대적인 영향을 끼칠 것이다. 데이터를 다룬다는 것은 일상이 될 것이며, 대중적인 데이터 접근을 위해 데이터 시각화는 더욱 큰 시장을 형성할 것이다. 다만 앞서 기술동향에서 언급했듯이 전문가가 아닌 대중이 데이터 소비를 쉽고 간결하게 할 수 있는 시각화 도구가 지속적으로 요구될 것이다.

02 CHAPTER

빅데이터 산업과 시장

__ 해외 현황

__ 국내 현황

02 CHAPTER 빅데이터 산업과 시장

해외 현황

1 시장규모

데이터 시장은 각 나라와 기관마다 그 범위와 정의가 다양해 시장의 정의와 분류를 어떻게 하느냐에 따라 시장 규모가 다르게 나타난다.[4]

시장 규모를 측정하는 기관이 산출하는 방법에 따라 다르지만, 공통적으로 데이터 시장은 점차 확대되고 있다. 응용 분야에서 새로운 가치를 창출하고 있어 시장규모는 점차 확대 중에 있다. 2017년 기준 세계 데이터 시장규모(IDC, 2017년 3월 기준 예측)에 따르면, 세계 데이터 시장은 2017년 1,508억 달러(12.4%증가)에서 2020년 2,100억 달러로 연평균 성장률은 11.9%로 예측되고 있다. 2017년에 가장 큰 데이터 산업은 은행, 이산형 제조업, 프로세스 제조업, 연방/지방 정부, 전문서비스업이다. 이러한 2017년 상위 5개 산업의 수익은 724억 달러로 예측되며, 2020년까지 1,015억 달러가 투자될 것으로 예측되고 있다. 데이터 산업에서 은행은 연평균 성장률 13.3%로 가장 빠르게 커지고 있으며 건강, 보험, 주식 및 투자 서비스, 통신 등은 연평균 12.8%의 성장률을 나타낼 것으로 예측되고 있다.[5]

2018년 기준 세계 데이터 시장규모(IDC, 2018년 8월 기준 예측)는 2017년 1,660억 달러(11.7% 증가)에서 2022년 2,600억 달러로 연평균 성장률은 11.9%로 예측되고 있다. 2017년에 가장 큰 데이터 산업은 은행, 이산형 제조업, 프로세스 제조업, 연방/지방 정부, 전문서비스업으

4 한국데이터산업진흥원(2020), 2020 데이터산업 백서.

5 김상봉 외(2019), 데이터로 연결하는 사람 · 세상 · 미래 Bridging Data, 한국정보화진흥원.

로, 2017년 상위 5개 산업의 수익은 810억 달러이며, 2022년까지 1,290억 달러가 투자될 것으로 예측되고 있다. 이 중 소매업(연평균 성장률 13.5%), 은행업(연평균 성장률 13.2%), 전문서비스업(12.9%)의 성장률은 매우 높게 나타난다. 서비스 관련 업종의 수익의 연평균 성장률은 13.2%이고 소프트웨어 투자는 2022년까지 900억 달러 이상이 될 것으로 보인다. 가장 빠른 성장률을 보이는 분야로 인지/AI 소프트웨어 플랫폼은 2022년까지 연평균 36.5%, 비관계형 분석 데이터 스토어는 연평균 30.3%가 될 것으로 보인다.

그러나 해외의 데이터산업 시장은 정의와 범위에 따라 다양하게 규모가 나타난다. IDC&The Lison Council(2018)은 데이터 시장의 범위를 데이터를 가공하여 제품 및 서비스로 재생산되는 디지털 데이터 시장으로 정의되고 있다. 국가별 데이터 산업의 규모측면에서 미국이 가장 크며, 연평균 성장률도 유렵과 더불어 가장 빠르게 증가하고 있다. 데이터 시장규모는 데이터 관련 기업의 매출을 기반으로 산출되며, 데이터 기업의 매출액은 데이터 관련 제품의 총가치와 같고, 각 국가의 데이터에 대한 총가치는 자국 내 기업이 생산한 서비스의 매출을 기반으로 하고 있다.

데이터 기반 솔루션 시장

미국 451Research는 데이터 시장을 8개의 세부 솔루션 시장으로 분류하고 2020년 1,223억 달러 규모에 이를 것으로 전망했다. 여기서 8개의 세부 솔루션 시장은 운영 데이터베이스(Operational databases), 분석 데이터 플랫폼(Analytic data platforms), 리포팅 및 분석(Reporting and analytics), 데이터 관리(Data management), 기업 성과 관리(Corporate performance management), 이벤트/스트림 프로세싱(Event/stream processing), 분산데이터 그리드/ 케시(Distributed data grid/cache), 검색기반 데이터 플랫폼 및 분석(Search-based data platforms and analytics)이다.

전체 데이터 시장은 2017년 $894억 규모를 형성했으며, 2017년부터 2022년까지 연평균성장률(CAGR) 10.3%를 기록할 것으로 예측했다. 데이터 시장은 2022년에 $1,461억 규모로 크게 성장할 것으로 전망된다. 8개 세부 시장 중 가장 규모가 큰 시장은 운영 데이터베이스 시장이지만 성장세가 가장 높은 부문은 분산 데이터 처리 프레임워크 분야로, 2017년부터 2022년 사이의 연평균성장률이 29.0%에 달하는 것으로 나타났다. 그 외에도 분산데이터 그리드/캐시 부문의 연평균성장률은 26.5%, 리포팅 및 분석의 하위 분류인 고급분석 및 머신러닝 부문이 24.0%, 검색기반 데이터 플랫폼 및 분석 부문 23.2%, 이벤트/스트림 프로세싱 부문이 19.7%로 높은 연평균성장률(CAGR)을 보였다.

■ 2017~2022년 데이터 기반 솔루션 전체 시장규모(2018)

단위 : $10억, %

	2017	2018	2019	2020	2021	2022	연평균증가율(CAGR)
금액	89	100	110	122	134	146	10.3

정보서비스 시장

정보서비스 시장은 데이터를 활용하여 온라인과 오프라인 정보서비스를 제공하는 27개 영역으로 데이터 솔루션 시장과 구분된다. 2018년 기준 전체 시장 규모는 약 $1조 8,000억로 집계됐으며, 대륙별 시장 분포로 보면 미국이 전체 정보서비스 시장규모의 절반을 넘는 약 52.2%를 차지하고 있는 것으로 나타났다. 미국의 2018년 정보서비스 시장 규모는 전년 대비 5.8% 성장한 $9,188억 수준이었다. 미국의 뒤를 이어 유럽 및 중동 · 아프리카는 5.6% 성장한 $4,308억로 세계 시장의 약 24.5%를 차지하고 있으며, 아시아 · 태평양은 5.7% 성장한 3,172억 달러로 세계 시장의 약 18.0%를 차지하고 있다. 미국과 유럽 및 중동 · 아프리카, 아시아 · 태평양은 전체 시장의 약 94.7%를 차지하고 있다.

■ 대륙별 데이터 기반 정보서비스 시장 비교(2018)

단위 : $10억, %

	미국	유럽 및 중동 · 아프리카	아시아 · 태평양	기타 아메리카
금액	918.8	430.8	317.2	92.5
전년대비 증가율	5.8	5.6	5.7	3.5

2020년 초 발생한 코로나19의 장기화가 예상됨에 따라 데이터 기반의 정보서비스 시장에도 적지 않은 영향을 미칠 것으로 전망된다. 코로나19 전염병에 따라 시장이 확대되는 영역은 교육 및 트레이닝 솔루션 영역과 헬스케어 정보영역, 제약 정보 솔루션 영역, 법률 및 규제 솔루션 영역이다. 기존에 예상된 2020년 시장 규모보다 각각 9.2%, 4.0%, 10.0%, 3.7% 확대될 것으로 예상됐다.

반면 코로나19에 따라 악영향을 받을 수밖에 없는 영역은 과학, 기술과 의료 정보영역, 시장조사 영역, B2B 미디어 및 기업정보 영역이다. 기존의 예상 시장 규모 대비 각각 2.4%, 9.3%, 10.8% 감소할 것으로 예상됐다. 기업 및 개인정보, 신용정보(company, contact and personal information) 영역과 신용, 금융, 컴플라이언스 리스크 관리 영역에서는 코로나19의 영향이 크지 않아 시장 규모별 변화는 매우 미미할 것으로 나타났다.

코로나19에 따른 2020년 데이터 기반 정보서비스 시장규모 변화(2020)

단위 : $10억, %

	시장규모	코로나19 영향에 따른 시장규모	증가율
교육 · 훈련 솔루션	87.00	95.00	9.2
건강관리 정보	114.00	118.60	4.0
의약품 정보 솔루션	16.00	17.60	10.0
법률 및 규제 솔루션	24.84	25.80	3.7
과학, 기술, 의료정보	27.00	26.35	-2.4
시장조사	43.00	39.00	-9.3
기업 및 개인정보, 신용정보	14.00	13.90	-0.7
미디어 및 비즈니스 정보	45.00	40.15	-10.8
신용, 금융, 컴플라이언스 리스크 관리	108.00	107.90	-0.1

디지털 데이터 시장

유럽 집행위원회에서 발간한 The European Data Market Monitoring Tool Report(2020)에서는 '데이터를 가공함으로써 제품 및 서비스로 재생산되는 것'으로 디지털 데이터 시장범위를 정의했다. 여기에는 이미지 데이터처럼 디지털 기술을 통해 수집, 저장, 가공, 전송되는 멀티미디어 데이터도 포함됐다.

디지털 데이터 시장규모는 데이터 관련 기업의 매출액을 기반으로 산출됐으며, 데이터 기업의 매출은 데이터 관련 제품의 총 가치에 해당한다. 수출을 포함해 해당 국가에 기반을 둔 기업이 생산한 서비스 매출을 기반으로 하고 있다.

2016~2020년 디지털 데이터 시장규모(2020)

단위 : $10억, %

		2016	2017	2018	2019	2020
미국	금액	146.0	166.1	185.3	208.9	238.8
	증가율		13.8	11.6	12.7	14.3
EU	금액	67.2	73.8	81.1	85.1	90.7
	증가율		9.7	10.0	4.9	6.6
일본	금액	28.8	30.2	33.7	37.2	41.8
	증가율		4.7	11.5	10.5	12.4
브라질	금액	6.8	7.9	8.3	8.9	9.5
	증가율		15.7	5.4	7.2	5.9

미국의 디지털 데이터 시장은 세계에서 가장 큰 규모이며, 시장 성장세 또한 2020년 14.3%로 높게 나타났다. 2018년 $1,853억, 2019년에 $2,089억 수준을 기록했으며, 2020년에는 약 $2,388억 규모로 나타나 지속적인 두 자릿수 성장세를 보이고 있다.

미국의 이러한 빠른 성장 속도는 EU보다 두 배 이상의 시장규모를 형성하는 데 영향을 주고 있으며, 세계에서 가장 빠른 성장 속도이다. 또한 EU의 데이터 시장 성장세 미국과 견줄 정도로 빠른 편이었으나, 최근에는 5% 내외로 성장세가 완화되고 있다. 2018년에 $811억 수준을 기록했으며, 2019년에는 4.9% 성장한 $851억, 2020년에 $907억까지 성장했다. 일본의 데이터 시장규모는 2018년에 약 $337억를 기록했으며, 2019년에는 $372억 로 성장했다. 2020년에는 12.4% 성장한 $418억 규모로 추정돼 높은 성장세를 이어가고 있는 것으로 나타났다. 한편 브라질의 데이터 시장규모는 2018년에 약 $83억 수준을 기록했으며, 2019년에 7.2% 성장한 $89억, 2020년에는 $95억까지 성장했다.

2 데이터 기업수

데이터 기업이란 시장에 데이터를 공급하는 기업으로서 데이터의 생산과 전달을 담당하는 곳으로 정의된다. 즉 데이터 관련 제품, 서비스 및 기술에 대한 데이터를 공급하는 기업을 의미한다. 두 자릿수 내외를 기록한 시장 규모의 성장세만큼은 아니지만, 데이터 시장이 성장함에 따라 데이터 관련 기업 수도 증가 추세를 보인다.

2016~2020년 디지털 데이터 기업수(2020)

단위 : 개, %

		2016	2017	2018	2019	2020
미국	기업수	289,556	303,552	309,263	312,215	316,190
	증가율		4.8	1.9	1.0	1.3
EU	기업수	261,450	271,700	283,390	290,000	207,350
	증가율		3.9	4.3	2.3	2.5
일본	기업수	101,612	104,587	105,273	106,983	107,612
	증가율		2.9	0.7	1.6	0.6
브라질	기업수	35,979	36,906	37,605	38,192	38,477
	증가율		2.6	1.9	1.6	0.7

미국, EU, 일본, 브라질의 디지털 데이터 기업 수는 데이터 종사자 수와 마찬가지로 매년 꾸준히 증가하고 있다. 미국의 디지털 데이터 기업 수는 2019년 31만 2,215개에서 2020년에는 31만 6,190개로 1.3% 증가했다. EU의 디지털 데이터 기업 수는 2019년 약 29만 개였으나 이후 꾸준히 증가해 2020년에는 약 29만 7,350개에 이르렀다.

미국과 EU 데이터 시장의 규모 차이는 크지만, 데이터 기업의 수는 큰 차이를 보이지 않았다. 이것은 EU의 디지털 데이터 기업이 상대적으로 다양한 데다 중소기업 중심으로 형성돼 있어 매우 건전한 상태라고 할 수 있다. 미국의 경우 몇몇 소수의 글로벌 대기업이 전체 데이터 사장을 주도하는 양상이며, 대체로 대규모 데이터 기업들로 시장이 형성돼 있다. 일본의 데이터 기업 수는 2019년 약 10만 6,983개였으나 2020년에는 0.6% 증가한 10만 7,612개인 것으로 집계됐다. 장기적인 경제 침체를 겪는 중에도 데이터 기업 수는 꾸준히 증가했다. 이는 일본 기업들의 데이터에 대한 관심과 시장성을 보여주는 수치다. 한편 브라질의 데이터 기업 수는 2019년 약 3만 8,192개였는데, 2020년에는 3만 8,477개로 늘었다. 브라질 경제에서 ICT 시장이 상대적으로 작고, ICT의 보급률 또한 매우 낮기 때문에 기업 수는 적지만 향후 지속적 성장이 기대된다.

③ 데이터 전문인력수

데이터 전문인력은 대용량 데이터를 수집, 저장, 관리, 분석, 해석, 시각화할 수 있는 인력으로 정형 및 비정형 데이터의 사용에 능숙해야 한다. 막대한 양의 데이터를 다루고 새로운 데이터 분야 기술에 능통한 자로 정의된다. EU의 데이터 전문인력은 2019년에 761만 명 수준이었으나 2020년에는 826만 명으로 가장 높은 증가율을 보였다. 미국 또한 1,435만 명이었던 2019년에 비해 2020년에는 1,460만 명 수준으로 지속 증가했다. 데이터 전문 인력이 가장 폭발적으로 성장했던 시기는 2016년과 2017년 사이였다. 이 기간에 미국은 8.8%, 유럽연합은 7.7%, 일본은 8.2%가 증가했다.

2016~2020년 데이터 전문인력수(2020)

단위 : 만 명, %

		2016	2017	2018	2019	2020
미국	인력수	1,273.2	1,385.7	1,410.5	1,435.0	1,459.3
	증가율		8.8	1.8	1.7	1.7
EU	인력수	618.7	666.6	721.5	760.8	826.1
	증가율		7.7	8.2	5.5	8.6

		2016	2017	2018	2019	2020
일본	인력수	374.0	404.5	411.8	423.6	432.4
	증가율		8.2	1.8	2.9	2.1
브라질	인력수	116.0	117.5	120.0	121.1	121.5
	증가율		1.3	2.1	0.9	0.3

EU의 데이터 전문인력의 활동 분야별 구성 비중은 전문서비스(professional services)와 도소매업(retail and wholesale) 분야에서의 비중이 높게 나타나고 있다. 인력 확대의 속도를 의미하는 성장률 측면에서는 정보 및 커뮤니케이션(information &communication) 분야, 전문서비스(professional services)와 건강(health) 분야가 비교적 높게 나타난다.

2016~2020년 EU 분야별 데이터 전문인력수(2020)

단위 : 만 명, %

	2016	2017	2018	2019	2020	2019~2020 증가율
건설	12.6	13.8	15.2	15.6	16.8	8.0
교육	45.9	48.9	53.0	56.6	61.6	8.9
금융	61.5	65.1	70.4	72.8	78.1	7.3
건강	48.8	52.9	57.3	61.0	66.6	9.1
정보 및 커뮤니케이션	68.0	75.0	83.5	88.0	96.7	9.9
채광, 제조	72.5	77.9	83.6	88.3	95.6	8.3
전문서비스	128.1	139.2	151.1	162.1	177.7	9.6
공공행정	38.8	41.7	44.7	46.9	50.7	8.1
도소매업	114.1	121.5	129.0	135.2	145.2	7.4
운송	19.2	20.7	22.1	23.3	25.2	8.2
전력 · 가스 · 수도	9.3	9.9	10.6	11.0	11.8	7.2
계	618.7	666.6	721.5	760.8	826.1	8.6

4 데이터산업의 경제적 효과

직접효과

데이터산업의 경제적 효과는 데이터 시장이 경제 생태계 전체에 미치는 전반적인 영향이 어느 정도인가를 평가하는 분석방법론이다. 디지털 기술이 발달함에 따라 데이터의 수집, 저장, 처리, 배포, 분석, 정교화, 전달 및 활용이 쉬워졌다. 이렇게 데이터의 활용이 쉬워짐에 따라 데이터 산업과 시장이 형성됐고, 이 시장은 직접 또는 간접적으로 경제 전체에 영향을 미쳤다. 데이터의 경제적 효과는 직접 효과와 간접 효과로 나뉜다. 직접효과란 데이터 산업 그 자체에 의해 형성된 효과를 의미한다. 즉 데이터 생산과 관련한 모든 비즈니스 활동으로 형성된 효과다. 정량적인 직접 효과는 판매된 데이터 제품 및 서비스의 수익을 기준으로 측정된다.

미국의 데이터 경제효과 중 직접효과는 2016년에 약 $1,226억를 기록한 이후 지속적으로 증가해 2019년에 $2,000억를 돌파했다. 즉, 데이터에 기반을 둔 제품 및 서비스의 생산에서 파생된 직접적 영향은 EU를 비롯한 일본과 브라질보다 높게 나타났다. 이는 데이터 시장의 규모와 GDP에서의 비중이 상대적으로 높기 때문이다.

직접효과는 데이터 사업 그 자체에 의해 형성되기 때문에, 미국은 데이터 생산에 매우 적극적임을 알 수 있다. 또한 미국의 데이터 직접효과는 유럽연합의 직접 효과의 거의 두 배에 해당하는 수치다. 이는 미국의 데이터산업이 좀 더 발전되어 있고, 경제적인 효과의 확산 속도가 더 빠름을 의미한다.

EU의 데이터 경제적 효과 중 직접효과는 2016년에 약 $605억를 기록한 이후 점차 증가해 2019년에는 약 $851억로 집계됐다. 특히 2016년에서 2017년의 성장세가 22.0%로 매우 두드러졌다. 이는 시장규모의 증가보다 더 높은 성장세를 보임으로써 EU의 데이터 활용이 다른 국가들보다 더욱 긍정적인 영향을 주고 있는 것으로 판단된다. EU의 데이터산업 규모가 지속해서 증가한 것처럼 직접효과 또한 점진적으로 영향력을 높여 나갈 것으로 보인다.

일본의 데이터 경제적 효과 중 직접효과는 2016년에서 2017년 사이 소폭 하락세를 보였다. 하지만 2018년에는 반등에 성공했으며, 2019년에는 8.1% 증가한 $367억 를 기록했다. 브라질의 데이터 경제적 효과 중 직접효과는 2016년에 약 $70억를 기록한 이후 꾸준히 증가해 2018년 $90억를 기록했다. 빠르게 발전하는 브라질의 ICT 산업 덕분에 데이터산업 또한 빠르게 성장하는 것으로 분석된다. 브라질은 경제위기를 심하게 겪었음에도 데이터에 기반을 둔 제품 및 서비스 확산세가 두드러져 데이터산업의 성장 가능성을 보여준다.

2016~2019년 경제적 효과 중 직접효과

단위 : $10억, %

		2016	2017	2018	2019
미국	금액	122.6	166.1	178.9	201.6
	증가율		35.4	7.7	12.7
EU	금액	60.5	73.8	81.1	85.1
	증가율		22.0	10.0	4.9
일본	금액	31.0	30.8	34.0	36.7
	증가율		-0.4	10.2	8.1
브라질	금액	7.0	7.9	8.3	9.0
	증가율		13.6	5.5	8.2

간접효과

데이터의 경제적 효과 중 직접효과가 데이터 생산 활동이 데이터 산업 내에 미치는 영향을 설명하는 것이라면, 간접효과는 타 산업에 미치는 영향을 의미한다. 간접효과는 전방효과와 후방효과로 구분된다. 후방효과란 데이터 산업에 속한 기업이 데이터 기반의 제품 및 서비스 생산활동 과정에서, 타 산업으로부터 자원을 받을 때 자원을 제공해 준 산업에서 발생하는 효과를 말한다.

반면 전방효과는 데이터산업에서 생산된 데이터 기반의 제품 및 서비스를 이용해 타 산업에서 다른 형태의 제품 및 서비스로 가공되는 효과를 말한다. 즉 타 산업에서 데이터를 활용해 제품 및 서비스를 제공함으로써 얻는 수익을 말한다.

전방효과는 세 가지로 구분할 수 있다. 첫째, 생산 및 공급 프로세스 최적화를 늘 수 있다. 이는 데이터에 기반을 두고 프로세스를 통해 생산을 효율화하는 것이다. 둘째, 데이터를 활용해 표적 광고 및 개인 맞춤형 광고를 제공함으로써 마케팅 기술을 향상하는 것이다. 즉 타 산업에서 데이터 분석 결과를 토대로 마케팅함으로써 수익 상승효과가 발생한다는 점이다. 마지막으로 데이터 기반의 조직을 구성할 수 있는 점이다. 즉, 데이터를 활용해 기존 조직의 관리 방식을 개선함으로써 불필요한 자원 소모를 최소화해 조직의 생산성을 높이는 것도 전방효과라 할 수 있다.

데이터산업으로 인한 후방 간접효과는 매우 빠르게 증가하고 있다. 특히 미국의 경우 2016년 약 $82억 규모였으며, 2019년에는 높은 증가세를 보이면서 $107억를 기록했다. 2016년 이후 매년 8%가 넘는 증가율을 보이고 있다.

EU의 후방효과는 2016년에 $31억 규모였으나 2017년 약 20%의 성장률을 보였다. 반면 2018

년에는 규모의 변동이 없는 것으로 나타났다. 하지만 2019년에 19.8% 성장해 $45억를 기록했다. EU는 공공데이터 개방 정책을 통해 민간데이터보다 공공데이터 중심의 데이터산업이 상당한 비중을 차지하고 있다. 산업 내에 1인 기업 및 소규모의 기업들이 많아 건전한 시장 구조의 성과가 본격적으로 나타나기 시작한 것으로 분석된다. 일본의 후방 효과도 빠르게 증가하는 추세다. 2016년에 약 $13억 규모였던 후방 효과는 증가세를 지속하면서 2019년에 약 16억 달러 수준에 도달했다.

2016~2019년 경제적 효과 중 간접 후방효과

단위 : $10억, %

		2016	2017	2018	2019
미국	금액	8.2	8.9	9.9	10.7
	증가율		8.1	11.6	8.3
EU	금액	3.1	3.7	3.7	4.5
	증가율		19.3	0.0	19.8
일본	금액	1.3	1.4	1.5	1.6
	증가율		3.4	8.1	9.3
브라질	금액	0.3	0.4	0.4	0.4
	증가율		15.5	5.4	5.9

5 GDP 대비 데이터 경제적 효과의 비율

앞서 데이터산업의 경제적 효과를 직접효과와 간접 후방효과를 중심으로 살펴보았다. 직접효과와 간접 후방효과 모두 미국이 가장 앞선 것으로 나타났다. 두 효과를 합했을 때 2019년 기준 약 $2,124 수준이었다. 시장 규모와 마찬가지로 경제적 효과 또한 미국은 EU의 두 배 가까운 규모였으나 성장률은 EU가 더 높은 것으로 나타났다.

GDP에서 경제적 효과가 차지하고 있는 비율을 살펴보면 미국은 2017년 1.03%에서 2019년 1.19%로 나타나 약 0.16%p가 증가했다. EU는 2017년 0.48%에서 2019년 0.55%로 상승해 0.07%p의 성장세만 기록했다. 일본의 경우 GDP 대비 비중이 2017년 기준 0.96%였으나 2019년 1.09%로 약 0.13%p 증가해 미국에 견줄 정도의 비율을 보였다. 브라질의 경우 0.23% 수준에 그쳐 GDP 대비 데이터 활용 및 경제적 효과는 다소 낮은 것으로 나타났다.

■ 2017~2019년 GDP 대비 경제적 효과 비율

단위 : %

	2017	2018	2019
미국	1.03	1.11	1.19
EU	0.48	0.53	0.55
일본	0.96	1.08	1.09
브라질	0.17	0.21	0.23

국내 현황

1 시장규모

데이터 산업이란 데이터의 생산 · 수집 · 처리 · 분석 · 유통 · 활용 등을 통해 가치를 창출하는 상품 및 서비스 생산 · 제공 산업으로 정의된다. 국내 데이터산업 시장규모는 2019년 16조 8,693억 원으로 2018년 대비 8.4% 성장하였으며 2015년부터 2019년까지 연간성장률(CAGR) 6.0%를 나타내고 있다. 2017년부터 3년간 연평균성장률은 8.4%로 나타난다.

2019년 데이터 산업은 3개의 대분류와 11개 중분류로 구성된다. 대항목에서 데이터 솔루션은 2조 409억 원, 데이터 구축 · 컨설팅은 6조 4,922억 원, 데이터 서비스는 8조 3,361억 원으로 나타난다. 성장률 측면에서 2018~2019년에 데이터 솔루션은 6.6%, 데이터 구축 · 컨설팅은 5.9%, 데이터 서비스는 10.0% 성장하였다. 비중 측면에서 데이터 서비스, 데이터 구축 · 컨설팅, 데이터 솔루션 순으로 나타나고 있다.

■ 국내 데이터 산업 시장규모

단위 : 억 원, %

	2015	2016	2017	2018	2019(E)	18~19 증감률	CAGR (2015~2019)	CAGR (2017~2019)
데이터 솔루션	14,124	15,720	16,457	18,617	20,400	8.4	6.0	8.4
비중	10.6	11.4	11.5	12.0	12.1			
데이터 구축 · 컨설팅	55,280	55,850	58,894	61,290	64,922	5.9	4.1	5.0
비중	41.4	40.6	41.0	39.4	38.5			
데이터 서비스	64,151	65,977	68,179	75,778	83,361	10.0	6.8	10.6

	2015	2016	2017	2018	2019(E)	18~19 증감률	CAGR (2015~2019)	CAGR (2017~2019)
비중	48.0	48.0	47.5	48.7	49.4			
전체	133,555	137,547	143,530	155,685	168,692	8.4	6.0	8.4
비중	100	100	100	100	100			

데이터 솔루션 시장

데이터 솔루션 분류는 데이터 처리 및 관리 솔루션 개발 공급업을 의미한다. 데이터 수집 솔루션, 데이터베이스관리시스템, 데이터 분석 솔루션, 데이터 관리 솔루션, 데이터 보안 솔루션, 빅데이터 통합 솔루션을 포함해 6개 중분류로 구분된다. 이들은 주로 솔루션 제품을 판매하는 비즈니스를 의미하고 라이선스, 개발 및 커스터마이징, 유지보수 등에서 매출이 발생한다.

2019년 데이터 솔루션 부문의 시장규모 잠정치는 전년 대비 9.6% 성장한 2조 409억 원으로 조사됐다. 2019년도 데이터 솔루션 시장의 부문별 매출액은 DBMS 솔루션이 약 7,500억 원, 데이터 관리 솔루션이 약 5,000억 원으로 가장 높은 비중을 차지하는 것으로 나타났다. 2017년부터 3년간 연평균성장률(CAGR)은 11.4%로 조사됐다.

국내 데이터 솔루션 시장규모

단위 : 억 원, %

	2015	2016	2017	2018	2019(E)	18~19 증감률	CAGR (2015~2019)	CAGR (2017~2019)
데이터 수집	1,115	1,345	1,393	1,622	1,821	12.3	13.0	14.3
비중	7.9	8.6	8.5	8.7	8.9			
DBMS	5,727	6,148	6,121	6,775	7,565	11.7	7.2	11.2
비중	40.5	39.1	37.2	36.4	37.1			
데이터 분석	1,157	1,249	1,325	1,782	1,981	11.2	14.4	22.3
비중	8.2	7.9	8.1	9.6	9.7			
데이터 관리			4,628	4,972	5,074	2.1		4.7
비중	4,699	5,367	28.1	26.7	24.9			
데이터 보안			1,213	1,517	1,794	18.3		21.6
비중	33.3	34.1	7.4	8.1	8.8			
데이터 플랫폼	1,426	1,611	1,776	1,949	2,174	11.5	11.1	10.6
비중	10.1	10.2	10.8	10.5	10.7			
전체	14,124	15,720	16,457	18,617	20,409	9.6	9.6	11.4

데이터 구축 및 컨설팅 시장

2019년 잠정적인 데이터 구축 · 컨설팅 시장 규모는 전체 6조 4,922억 원으로 지난해 대비 5.9% 성장할 것으로 나타났다. 이중 데이터 구축 시장 규모는 6조 2,576억 원으로 전체 데이터 구축 · 컨설팅 시장의 96.4%를 차지했다. 데이터 컨설팅은 2,346억 원인 3.6% 수준이었다. 2017년부터 3년간 연평균성장률(CAGR)은 5.0%로 조사됐다.

데이터 구축 및 컨설팅은 데이터 구축 서비스업과 데이터 컨설팅 서비스업으로 구분된다. 데이터 구축 서비스는 물리적 DB 설계와 구축, 데이터 이행, 데이터 구축 및 가공서비스 등을 포함하고, 데이터 컨설팅 서비스는 데이터 설계 · 품질, DB 성능개선, 데이터 거버넌스, 데이터 분석 및 활용 등의 컨설팅 서비스를 의미한다. 비즈니스 매출은 주로 제품 · 서비스 제공 매출, 용역 및 운영비, 컨설팅 매출 등으로 발생한다.

■ 데이터 구축 · 컨설팅 중분류별 시장규모

단위 : 억 원, %

	2015	2016	2017	2018	2019(E)	18~19 증감률	CAGR (2015 ~2019)	CAGR (2017 ~2019)	CAGR (2010 ~2017)
데이터 구축	54,142	57,571	57,207	58,993	62,576	6.1	3.7	4.6	6.5
비중	97.9	97.8	97.1	96.3	96.4				
데이터 컨설팅	1,138	1,279	1,687	2,297	2,346	2.1	19.8	11.2	11.2
비중	2.1	2.2	2.9	3.7	3.6				
전체	55,280	58,850	58,894	61,290	64,922	5.9	4.1	5.0	6.6
비중	100	100	100	100	100				

데이터 서비스 시장

2019년 데이터 서비스 시장 규모 잠정치는 전년 대비 10.0% 성장한 8조 3,361억 원으로 조사됐다. 2017년부터 3년간 연평균성장률(CAGR)은 10.6%이다.

데이터 서비스는 데이터 판매 및 제공 서비스업을 의미한다. 원천 데이터와 DB를 수요자에게 가공 · 활용 · 분석해 제공하는 비즈니스다. 주로 데이터 이용료 · 수수료 등의 직접매출과 광고료 등의 간접매출로 수익을 창출한다. 세부 분류로 데이터 중개와 판매, 데이터 신디케이션을 포함한 데이터 거래 서비스업, 포털매개 서비스와 목적별 정보검색을 포함한 정보제공 서비스업, 소셜 · 마케팅 · 리스크 · 기타 데이터 분석결과를 제공하는 데이터 분석제공 서비스업을 포함한다.

2019년 세부 부문별로는 데이터 거래 서비스 시장은 4,315억 원, 데이터 분석제공 시장은 4,382억 원, 정보제공 서비스 시장은 7조 4,664억 원으로 나타났다. 이 중 정보제공 서비스의 비중이 데이터 서비스 내 89.6%로 가장 큰 부분을 차지하고 있으나, 최근 3년간 연평균성장률은 데이터 거래 시장이 21.6%로 성장폭이 가장 크게 나타났다.

■ 국내 데이터 서비스 시장규모

단위 : 억 원, %

	2015	2016	2017	2018	2019(E)	18~19 증감률	CAGR (2015~2019)	CAGR (2017~2019)
데이터 거래	2,379	2,594	2,918	4,175	4,315	3.4	16.1	21.6
비중	3.71	3.93	4.28	5.51	5.18			
정보제공	58,171	59,854	61,570	67,580	74,664	6.4	10.1	11.2
비중	90.68	90.72	90.31	89.18	89.57			
데이터 분석제공	3,601	3,529	3,690	4,023	4,382	8.9	5.0	9.0
비중	5.61	5.35	5.41	5.31	5.26			
전체	64,151	65,977	68,178	75,778	83,361	10.0	6.8	10.6
비중	100	100	100	100	100			

② 인력수

부문별 인력수

2019년에 부문별로 데이터 직무인력 현황과 추이를 살펴보면, 데이터 구축 및 컨설팅 분야의 데이터직무 인력 수가 4만 2979명으로 가장 많았다. 반면 전년 대비 데이터직무 인력 비율이 가장 크게 증가한 분야는 데이터 솔루션으로, 2018년 대비 16.7% 증가했다.

■ 국내 데이터 산업 부문별 인력수

단위 : 명

	2015	2016	2017	2018	2019	18~19 증감률	CAGR (2017~2019)
데이터 솔루션	8,866	9,272	10,291	11,541	13,467	7.8	6.1
비중	12.6	12.7	13.3	14.0	15.1		
데이터 구축 · 컨설팅	34,323	35,404	37,516	40,197	42,979	6.9	5.8
비중	48.8	48.3	48.7	48.7	48.3		
데이터 서비스	27,129	28,580	29,298	30,885	32,611	5.6	4.7
비중	38.6	39.0	38.0	37.4	36.6		
전체	70,318	73,256	77,105	82,623	89,057	8.4	8.4
비중	100	100	100	100	100		

직무별 인력수

데이터 아키텍트(Data Architect, DA)는 데이터를 기반으로 IT 정책, 표준화, 구조, 설계 및 이행을 하는 직무이며, 개념적, 논리적, 물리적 데이터 설계를 수행한다. 데이터 개발자(Developer)는 조직업무 기반 IT시스템 구축에서 DB 및 데이터를 이용하여 프로그래밍 하는 직무로 Hadoop, NoSQL, MapReduce 등의 기술을 활용해 빅데이터 처리, LOD 구축 등 데이터 관련 프로그램 개발을 포함한다. 데이터 엔지니어(Data Engineer)는 DBMS, Hadoop, NoSQL 등 DB 및 (빅)데이터 관련 제품에 대한 기술지원자, 제품 개발자, 유지보수 등의 직무이다. 데이터 분석가(Data Analyst)는 정형, 비정형 데이터 등 다양한 데이터를 식별, 관리, 조작, 분석하여 기업 경영의 의사결정에 필요한 자료를 만들어내는 직무이며, 통계, 머신러닝, 텍스트마이닝 기반 데이터 분석, 분석결과 시각화 등을 포함한다. 데이터베이스관리자(Database Administrator, DBA)는 DB관리체계와 자료를 검토, 개선하고 DB의 구성, 변경, 용량, 성능, 가용성, 보안, 장애, 문제관리 등 운영시스템의 관리하는 직무이다. 데이터 과학자(Data Scientist)는 조직 내외부 데이터의 관리/활용/분석 체계를 만들고, 분석을 통해 프로세스 혁신 및 신제품 개발, 마케팅 전략 결정 등의 의사결정을 이끌어내는 직무이다. 데이터 컨설턴트는 성능튜닝, 데이터아키텍처, 문제해결 등을 총칭하는 DB 및 데이터 컨설팅 직무이며, 빅데이터 분석을 토대로 기업이 앞으로 나아갈 방향, 해결책 등을 제시하는 업무를 포함한다. 데이터 기획자는 DB 및 (빅)데이터 관련 제품/서비스 기획, 데이터 활용/분석 등을 위한 데이터 수집관련 기획 등의 업무(데이터 큐레이팅/코디네이팅 등)를 포함한다.

데이터산업 내에서 직무별 비율을 살펴보면, 데이터 개발자가 3만 1330명(35.2%)으로 가장 많은 비중을 차지하였고, 데이터엔지니어 1만 4592명(16.4%), 데이터베이스관리자 1만 2928명(14.5%) 순으로 나타났다. 2019년 일반산업(데이터산업 외 12개 분야인 금융, 제조, 유통・서비스, 교육, 공공, 통신・미디어, 의료, 건설, 물류, 농림・축산광업, 숙박・음식점, 전기・수도・가스 등의 100인 이상 사업체가 포함된 산업)까지 포함한 전 산업의 데이터직무 인력은 총 13만 833명으로, 전년 대비 11.1% 증가했다. 데이터산업을 제외한 일반산업의 데이터직무 인력은 4만 1775명으로 전년도 대비 19.0%로 크게 증가한 것으로 나타났다.

2019년 전 산업의 데이터직무별 인력수

단위 : 명,%

	데이터산업		일반산업		전 산업	
	인력수	비중	인력수	비중	인력수	비중
데이터아키텍처	6,508	7.3	3,852	9.2	10,360	7.9
데이터개발자	31,330	35.2	5,677	13.6	37,007	28.3
데이터엔지니어	14,592	16.4	1,574	3.8	16,165	12.4
데이터분석가	6,571	7.4	5,588	13.4	12,159	9.3
데이터베이스관리자	12,928	14.5	21,716	52.0	34,644	26.5
데이터과학자	1,608	1.8	194	0.5	1,802	1.4
데이터컨설턴트	5,686	6.4	272	0.7	5,958	4.6
데이터기획자	9,836	11.0	2,902	6.9	12,738	9.7
합계	89,059	100	41,775	100	130,833	100

03 CHAPTER 빅데이터와 인공지능 세상

빅데이터 활용과 공공데이터

_ 산업별 빅데이터의 특징

_ 공공데이터 활용

03

CHAPTER

빅데이터 활용과 공공데이터

산업별 빅데이터의 특징

매순간 마다 엄청난 양의 데이터가 기업 및 개인 활동의 부산물로 발생하고 있다. 언뜻 보기에 기업들은 고객, 공급업체, 경영과 관련해 끝없이 쏟아지는 데이터만을 이용하고 있는 것 같지만, 스마트폰, 스마트 에너지 계량기, 자동차, 그리고 산업용 기계와 같은 장비에 장착된 센서도 자료를 기록하고 전달한다. 이러한 데이터 범람에 일조하는 또 다른 부분은 전 세계 수십억 명이 사용하는 SNS, 스마트폰, 그리고 PC와 노트북을 포함하는 다양한 소비자 가전제품이다. 이 모든 활동의 결과는 빅데이터(Big Data)의 등장이다. 따라서 빅데이터는 포장, 저장, 관리, 그리고 분석이라는 기존 데이터베이스 소프트웨어 도구의 역량을 넘어서는 규모의 데이터 셋이고, 혁신, 경쟁력, 생산성을 위한 새로운 프론티어가 되고 있으며, 다른 산업에도 파급을 일으키고 있다.[6]

1990년대에도, 데이터 분야의 전문가들은 이러한 빅데이터가 새로운 기회를 줄 것으로 예상했다. 특히 고객과 함께 해야 하는 기업들은 그들의 의사 결정을 극적으로 향상시키고자 이러한 빅데이터를 활용하기 위한 분석 기술을 파악했다. 하지만 그 당시에는 하드웨어 기술과 소프트웨어 기술의 한계로 분석 영역과 범위, 그리고 적시성을 파악하는 데 어려움이 있었다. 당연히 시장에 미칠 수 있는 영향력을 파악하는 데도 한계를 가지고 있었다. 그러나 이후에 컴퓨팅, 디지털 저장, 네트워크 대역폭의 가격 대비 성능이 급격하게 발전하면서 기술 장벽이 없어졌고, 엄청난 데이터셋의 수집 및 분석에 드는 비용이 낮아지게 됐다. 즉, 수집 가치가 있었던 대규모 데이터 가운데 상당수를 마침내 비용 면에서 효율적으로 저장하고, 집계하고, 걸러낼 수 있게 된 것이다. 더욱 중요한 점은 기업들이 경제적으로 새롭고 심오한 수준의 통찰력을 갖게 되는 심도 깊은 분

6 McKinsey Global Institute(2011), Big data: The Next Frontier for Innovation, Competition, and Productivity.

석을 할 수 있게 되었다는 사실이다.

가치 창출을 위해 빅데이터를 활용할 수 있는 5가지 방법이 있다. 첫째, 투명성의 창출이다. 이것은 관련 자료를 각 부서에서 분석해 기업 경영에 활용할 수 있게 만드는 것이다. 예를 들어, R&D, 엔지니어링, 제조 데이터베이스에 대한 투명성 있는 접근권을 제공하면, 고품질, 저비용, 제품출시기간 단축 등이 가능할 것이다.

둘째, 의미있는 실험의 가능성이다. 오늘날 우리는 저비용의 디지털 방식으로 엄청난 거래 데이터를 수집할 수 있다. 선두 기업들은 데이터 수집을 활용해 더 나은 경영 결정을 가능하게 하는 통제실험(controlled experiments)을 수행할 수 있다. 그렇게 되면 특정 매장, 조립라인, 또는 마케팅 활동에 관한 어떤 정책이나 다른 매개변수를 변경할 수 있고 그러한 한 가지 변화에 대해 통계학적으로 의미 있는 결과를 추적할 수 있다.

셋째, 더 효과적인 고객 세그먼트 활동이다. 빅데이터는 훨씬 정밀하게 맞춤화된 제품이나 서비스로 가장 세밀한 고객 세분화를 가능하다. 이것은 천편일률적인 공공 분야 기관에서도 획기적인 방식이 될 수 있다.

넷째, 보다 낫고 시의적절한 의사결정의 가능성이다. 복잡한 분석은 통계학적으로 의사결정을 향상시키거나 심지어 인간을 대신할 수도 있다. 전개가 빠르고 복잡한 외환 거래에서 시스템이 인간보다 뛰어나다는 점이 이미 입증됐다. 그러나 이것은 시작에 불과하다. 급부상하고 있는 분석 시스템은 개인이 스프레드시트에서 평균 또는 소규모 샘플 세트를 살펴보는 기존 방식보다 엄청나게 개선된 방법으로 방대한 데이터셋 분석할 수 있다. 고객, 직원, 심지어 제품에 장착된 센서로부터 수집한 전체 데이터셋의 실시간 분석은 재고 계획에서 의학 진단에 이르기까지 여러 분야에서 더 빠르고 더 나은 결정을 내릴 수 있도록 할 것이다.

다섯째, 컴퓨터가 지원하는 혁신이 가능하다. 빅데이터는 차세대 비즈니스 모델, 제품, 서비스 개발에 활용될 수 있다. 예를 들어, 현재 판매되는 제품에 설치된 센서는 디자이너들에게 차세대 제품 개선에 대한 통찰력을 제공할 것이다.

빅데이터가 경제 분야에 미칠 영향은 상당히 크다. 첫째, 개인 기업들의 성공은 분명 빅데이터 활용에 뿌리를 둘 것이다. 경쟁력을 유지하고자 하는 모든 기업들은 진지하게 빅데이터 기회를 고려해야 한다. 기존 기업들과 신규 기업들 모두 심도 깊은 정보 분석을 통해 혁신을 이끌고 가치를 포착하고 있다. 보든 산업에서 벌써 이러한 현상이 시작되고 있다는 점을 파악했다.

산업마다 생산 · 저장되는 데이터의 종류를 살펴보면, 대부분의 분야에서 문자 데이터가 많지만, 동영상(communications and media, government, education), 이미지(health care) 등의 데이터 역시 많은 분야에서 제시된다.

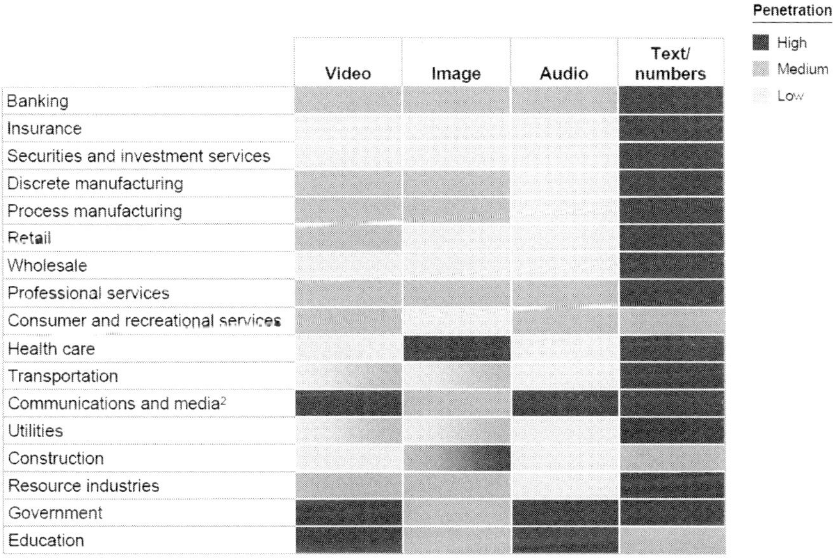

산업별 생산 · 저장되는 데이터

둘째, 빅데이터의 활용은 생산성 증가와 소비자 잉여라는 새로운 물결을 만들어낼 것이다. 활용 가능한 정보 증가는 능률과 효율성을 향상시키고 있다. 이는 과거에 컴퓨팅과 저비용 커뮤니케이션으로 상거래를 가능하게 만든 인터넷 초기 단계의 혜택을 훨씬 뛰어넘는 변화라는 점을 상징한다. 다음 단계에서, 완전히 새로운 기업 설립은 물론 기존 기업들이 중요시하는 고객 행동과 시장 이동을 예측하기 위해 인터넷 규모의 데이터셋이 활용 된다. 그 과정에서, 기업들은 더 적은 비용으로 보다 우수한 제품과 서비스를 생산하는 방법을 밝혀내고 있고, 이러한 생산성 증가는 기업과 소비자 모두에게 누적되는 절감 효과를 이끌어 내고 있다. 예를 들어, 다음과 같다. 빅데이터를 100% 활용하는 소매업체는 아마도 영업 마진이 60% 이상 증가할 것이라고 한다. 마찬가지로, 미국 의료시스템은 더욱 철저한 정보를 활용해 치료 결정을 향상시키면서 매년 $3,000억의 부가 가치를 쉽게 창출할 수 있다. 소비자들은 개인 위치 데이터 서비스를 활용하기만 해도 세계적으로 매년 $6,000만가 넘는 돈을 절약할 수 있다.

셋째, 빅데이터는 모든 업계에 영향을 미치겠지만, 일부 업계는 더 많은 이익을 얻을 것이다.

기회와 도전과제는 분야마다 다르다. 빅데이터로부터 가장 큰 직접적인 이익을 얻을 것으로 확실시되는 부분으로 금융, 보험, 정부는 물론 컴퓨터 및 가전제품 분야와 정보처리 분야가 있다.

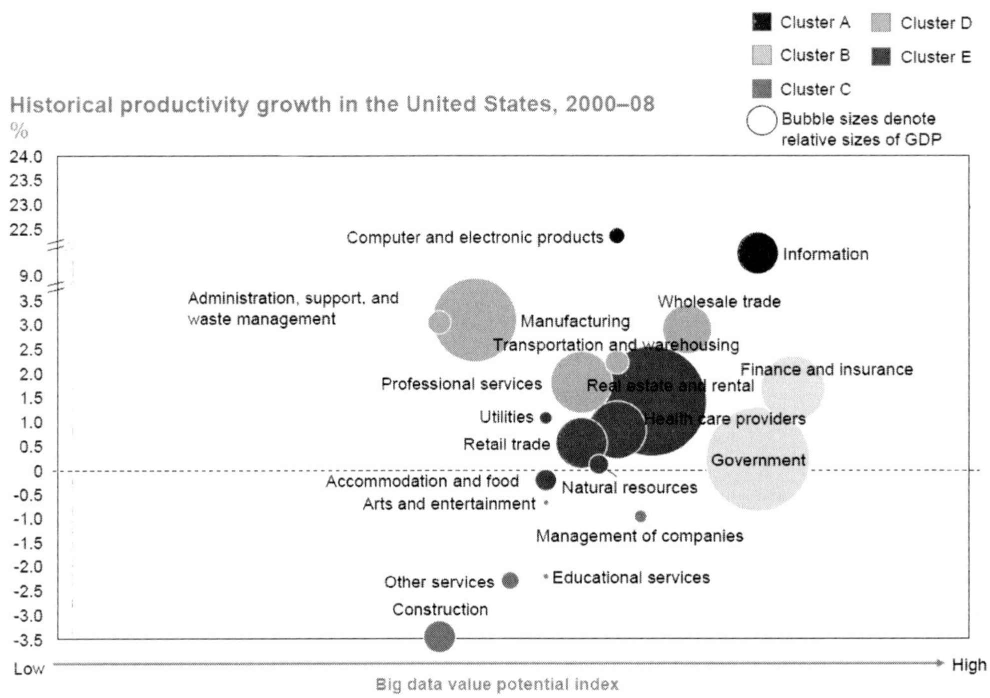

산업별 빅데이터 이용으로 인한 이득 구분

넷째, 빅데이터의 잠재성에 있어 가장 큰 제약은 필요한 인력의 부족이다. 2010년대 후반에는 미국만 해도 효율적인 결정을 내리기 위해 빅데이터 분석을 활용하는데 필요한 노하우가 있는 관리자와 분석가들이 약 150만 명 정도 부족할 것이다. 어쩌면 더 큰 문제는 빅데이터를 활용 가능한 정보로 변환하는데 필요한 심도 깊은 분석 스킬을 갖춘 사람들이 수십만 명이 부족할 것이다. 많은 기업들에게 이런 인력 부족은 빅데이터의 충분한 잠재성을 깨닫는데 상당한 걸림돌이 될 것이다.

다섯째, 빅데이터의 잠재성을 최대한 활용하면 기업과 사회가 기초적인 추정과 우선순위를 다루게 될 것이다. 기업들이 기회를 활용하는 순간, 새로운 원천의 이득에 제약을 가할 수 있는 포괄적인 사회 문제를 다뤄야 할 것이다. 일례로, 세계적으로 많은 사람들은 이런 정보 수집에 짙은 의혹의 시선을 보내면서 데이터 홍수를 자신들의 사생활 침해에 지나지 않는다고 여긴다. 사생활, 보안, 지적 재산권, 심지어 법적 책임과 관련된 정책들이 빅데이터 세상에서 해결되어야 한다.

공공데이터 활용

① 공공데이터 현황

우리나라는 2013년 「공공데이터 제공 및 이용 활성화에 관한 법률」을 제정한 이후 공공데이터를 적극적으로 개방하려고 노력하고 있다. 정부는 이러한 공공데이터 개방을 통해 정책수립과정에 대한 국민들의 이해력 증대와 행정처리의 투명성 및 책임성 강화 등의 효과를 기대하고 있다. 이런 노력 덕분에 우리나라는 2019년 OECD 공공데이터 개방 평가에서 1위를 차지하였고, 현재 우리나라의 데이터 개방 정도는 세계적으로도 매우 높은 수준이라고 할 수 있다.

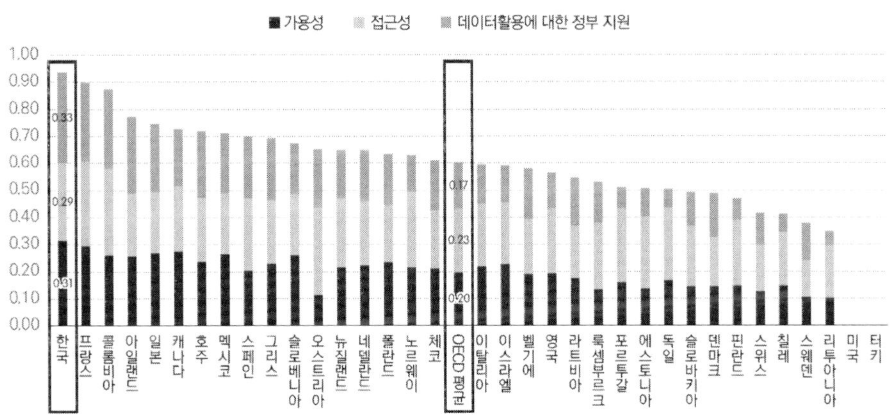

자료 : OECD

OECD 회원국 공공데이터 개방지수

정부는 공공기관이 생성 또는 취득하여 보유하고 있는 공공데이터를 한 곳에서 제공하는 통합창구로 공공데이터포털(https://www.data.go.kr)을 운영하고 있다. 2011년 7월 국가공유자원포털으로 처음 포털을 개방한 이후, 공공데이터포털에서제공하고 있는 데이터 건수는 2013년 5,272건에서 2019년 33,600건으로 약 6.4배 늘어났다. 공공데이터포털에서는 파일데이터, 오픈API, 표준데이터, 시각화 등의 다양한 유형으로 데이터를 제공하고 있으며, 포털에서 제공하지 않고 있는 공공데이터의 경우 공공데이터 제공신청을 통해 제공여부를 심의받은 후 이용할 수 있다.

공공데이터포털 데이터 개방 건수(누적)

	2013	2014	2015	2016	2017	2018	2019
오픈API	554	1,361	1,790	2,143	2,476	3,124	3,330
파일데이터	4,718	11,796	14,122	19,215	22,112	25,276	30,270
합계	5,272	13,157	15,912	21,358	24588	28,400	33,600

공공데이터포털을 통한 데이터 활용 또한 점차 증가하고 있다. 2019년 기준 공공데이터포털의 데이터 다운로드(활용신청) 누적건수는 총 13,141,413건으로 2013년의 13,923건에서 약 943배 증가하였다. 2019년 한 해 동안의 데이터 다운로드 건수도 약 560만 건이나 되어 빠른 속도로 증가하고 있다.

공공데이터포털 데이터 활용 건수(누적)

	2013	2014	2015	2016	2017	2018	2019
오픈API	9,815	33,687	73,846	182,612	309,461	613,125	1,539,100
파일데이터	4,108	119,633	709,927	1,701,638	3,562,523	6,936,054	11,602,313
합계	13,923	153,320	783,773	1,884,250	3,871,984	7,549,179	13,141,413

2 공공분야 활용 사례

공공데이터를 활용한 사례는 다양하게 보고되고 있다.

실시간 국민관심질병 예측 서비스(2016)

2018년 건강보험심사평가원, 기상청, 한국환경공단, 통계청은 치료에서 예방중심, 고령화 사회에 따른 의료비용 절감 및 국민 건강 증진을 위해 실시간 국민관심질병 예측 서비스를 제공하였다. 보건의료 분야 데이터 분석으로 질병을 예측하고 이를 통해 국가 보건의료정책 수립에 기여할 필요가 있고, 국민의 건강정보에 대한 수요 충족할 필요가 있으며 보건의료 빅데이터의 경제, 사회적 가치 극대화할 필요가 있었다.

결과로 건강보험심사평가원 보건의료빅데이터개방시스템 홈페이지(http://opendata.hira.or.kr/) 등을 통하여 GIS 기반의 대국민 건강지도(Health Map) 서비스를 제공하고, 질병관리본부 등 대외기관에 국민관심질병 예측지수 등을 기관과 연계하여 제공하며, 언론매체(방송사, 신문사, 인터넷 포털 등)를 통해 지속적 질병예방 활동을 지원하고 있다.

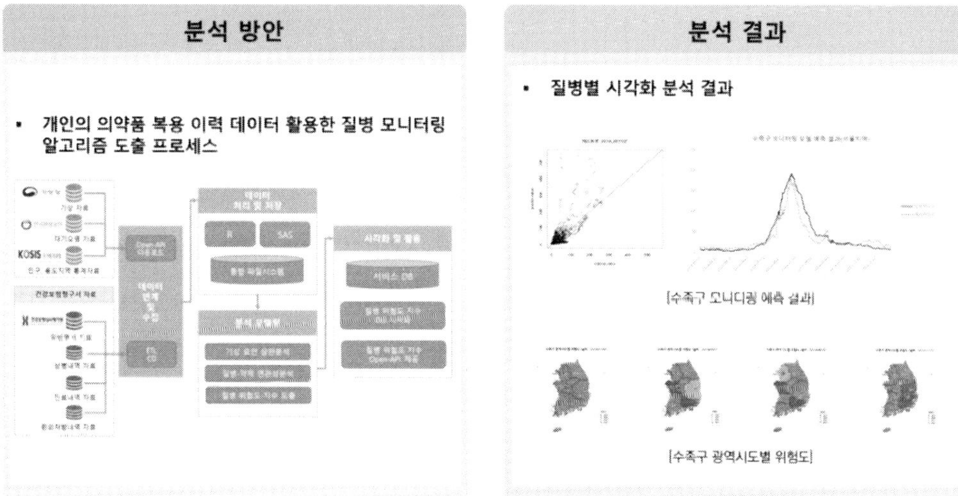

실시간 국민관심질병 예측 서비스

산업재해 원인 및 산재미보고 재정손실 분석(2018)

산업재해 원인 및 산재미보고 재정손실 분석의 목적은 산업재해 발생 직·간접원인 및 산재미보고 의심 사업장, 산재 미신청 재정 손실을 분석하여 산재예방 대응 정책을 마련하는 것이다. 우리 경제의 지속성장을 위한 혁신 성장 추진 정책이며, 지역 경제를 회복하고 발전시키고자 하는 지자체와 중앙부처 간의 협력이 필요하고, 중소기업의 위기 전 적시에 지원이 필요하며, 한정된 인적, 물적 자원을 효과적으로 쓸 수 있는 방안이 필요하였다. 안전보건공단, 근로복지공단, 국민건강보험공단, 통계청, 기상청이 참여하였다.

성과로 실효성 있는 산재 정책추진을 위한 정보제공으로 산재사고사망자 감축 및 산재 미보고 환수금 규모를 추정할 수 있다. 이러한 결과는 사망사고만인율 감소를 위한 정책 홍보 및 교육에 활용되고, 산재 미보고 의심 사업장 도출 및 환급금 추정업무에 활용된다.

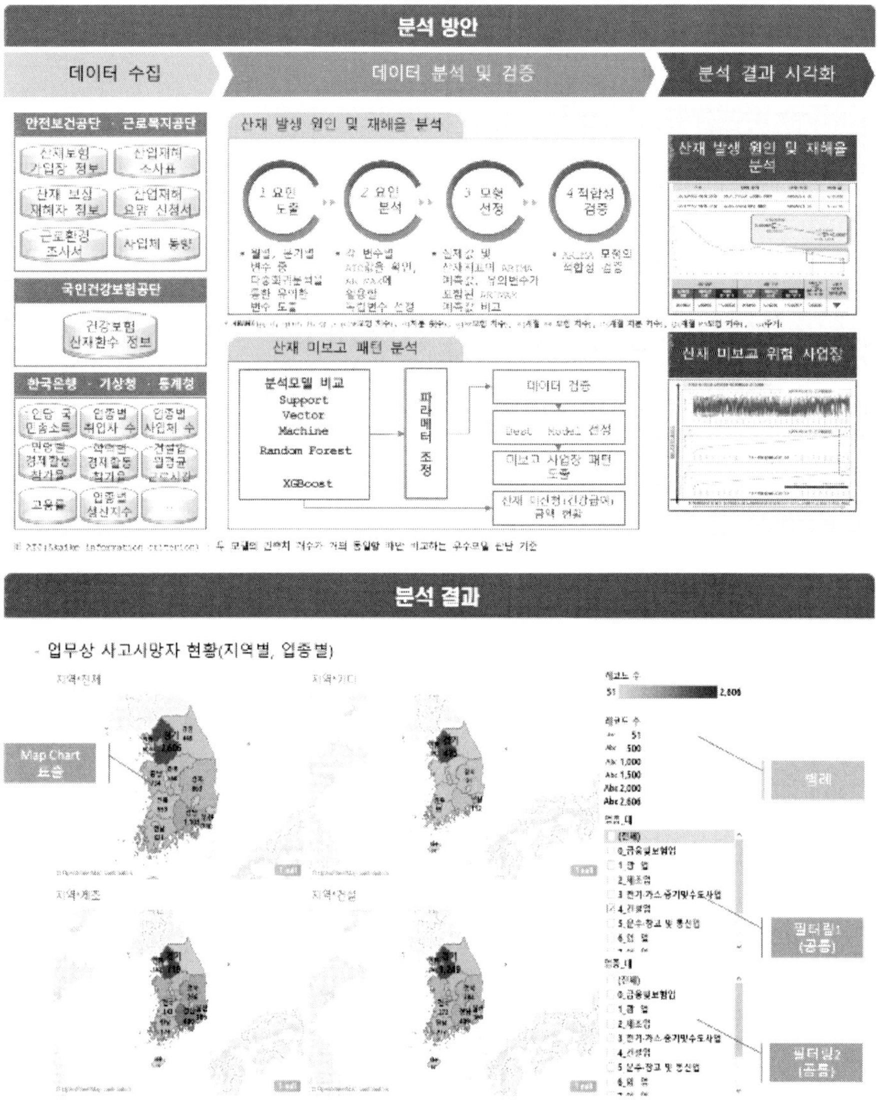

산업재해 원인 및 산재미보고 재정손실 분석

중소기업 도산위기 감지를 통한 실업 예방(2018)

중소기업 도산위기 감지를 통한 실업 예방의 목적은 중소기업 도산위험의 조기 감지를 통하여 선제적 정책지원과 근로자의 실직예방 활동을 통한 안정된 삶을 보장하는 것이다. 우리 경제의 지속성장을 위한 혁신 성장 추진 정책이며, 지역 경제를 회복하고 발전시키고자 하는 지자체와 중앙부처 간의 협력이 필요하고, 중소기업의 위기 전 적시에 지원이 필요하며, 한정된 인적, 물적 자원을 효과적으로 쓸 수 있는 방안이 필요하였다. 김해시, 한국기업데이터, 국민연금이 참여하였다.

성과로 정책지원을 위한 대상 기업의 선정과 관리를 통해 정책의 실효성 증대 및 근로자 실직 예방을 위한 활용 모델을 개발하였다. 이러한 결과는 사업장 도산 방지를 위한 활동의 지원 정보로 과학적이고 객관적 지표로 활용되고, 중소기업 경영 위험도 분석을 통한 정책수립 및 적시·적기에 중소기업 지원 및 안내 대상선정에 활용된다.

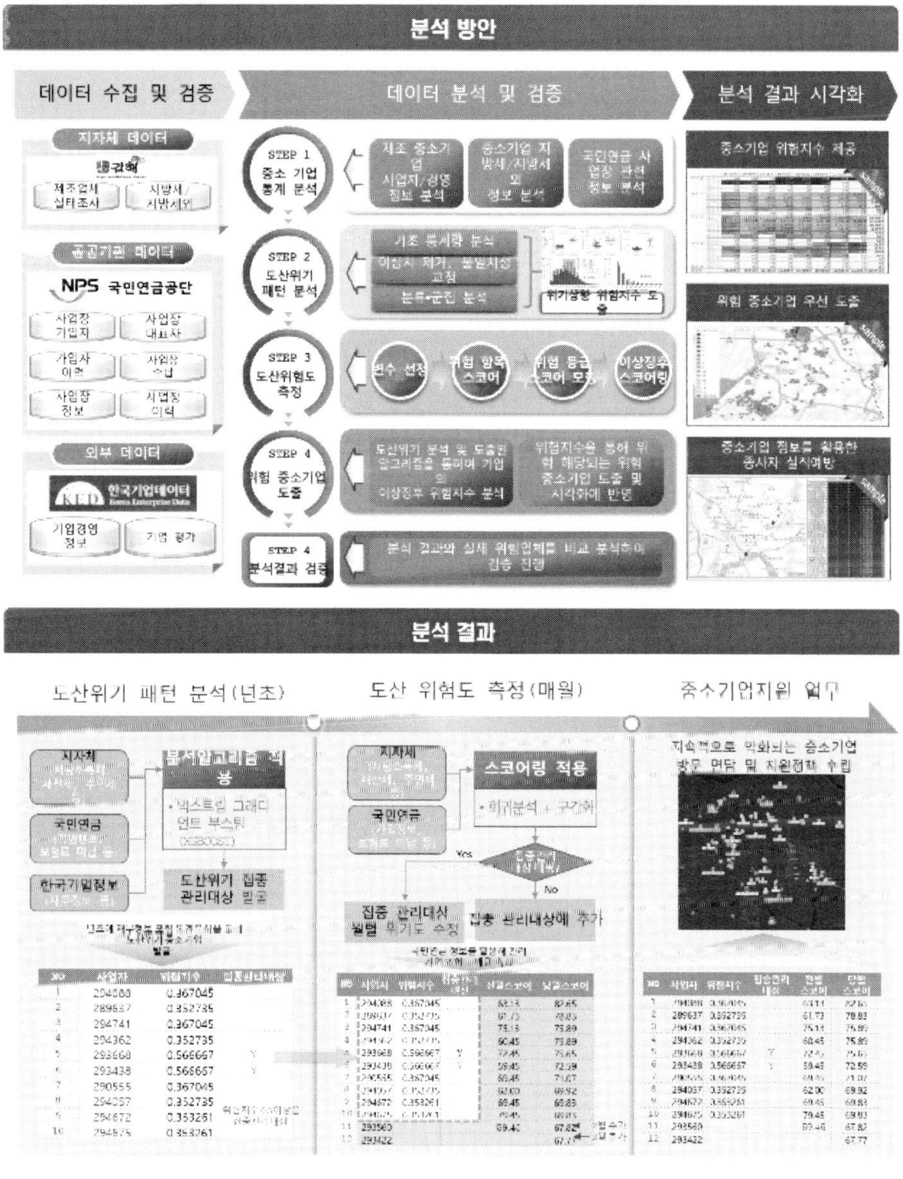

중소기업 도산위기 감지를 통한 실업 예방

이러한 공공분야 빅데이터 분석 사례는 다양하다. 2018년에 이외에도 농업 면세유류 불법유통 감독업무 효율화(농림축산식품교육문화정보원, 농협중앙회, 기상청, 농림축산검역본부 참여), 쌀 생산량 예측 및 소비 패턴 분석(농림축산식품부, 한국농촌경제연구원, 기상청, 대한상공회의소, 농진청, 통계청, 관세청 참여) 등이 있다.

공공분야 빅데이터 분석 사례

연도	사업명	참여기관
2018	빅데이터 기반의 맞춤형 지진대응체계 과학화	포항시청, 행정안전부, 국립재난안전연구원, 공공데이터포털, 기상청, 통신사
	산업재해 원인 및 산재미보고 재정손실 분석	안전보건공단, 근로복지공단, 국민건강보험공단, 통계청, 기상청
	중소기업 도산위기 감지를 통한 실업 예방	김해시, 한국기업데이터, 국민연금
	농업 면세유류 불법유통 감독업무 효율화	농림축산식품교육문화정보원, 농협중앙회, 기상청, 농림축산검역본부
	쌀 생산량 예측 및 소비 패턴 분석	농림축산식품부, 한국농촌경제연구원, 기상청, 대한상공회의소, 농진청, 통계청, 관세청
2017	다발생 환자 탐지 및 예측	건강보험심사평가원
	빅데이터 분석을 통한 병역면탈 의심자 포착	병무청, 법무부, 국민건강보험공단, 국민연금관리공단, 경찰청, 산업인력관리공단
	전기차 충전 인프라 설치 입지 선정	대구광역시, 전기안전기술인협회, 한국재정정보원, 한국자산관리공사, 한국정보화진흥원, KT, 한국전력공사
	광역버스 DTG를 활용한 경부고속도로 운전 위험구간 예측	교통안전공단, 한국도로공사, 경찰청, 기상청
	외국인 밀집화 분석을 통한 기초생활 인프라 개선 모델	법무부, 안산시, 여성가족부, 통계청, BC카드, KT, 경찰청, 경기데이터드림, 공공데이터포털, 행정안전부
2016	실시간 국민관심질병 예측 서비스	건강보험심사평가원, 기상청, 한국환경공단, 통계청
	잠재적 사회취약계층 일자리 창출 및 자립 지원	국민연금공단, 남양주시(워크넷), 남양주시(경기버스정보)
	국민참여형 어린이 안전 및 교통사고 원인분석	이천시, 경기콘텐츠진흥원, 도로교통공단, 경기교육청
	데이터 기반의 공공서비스 품질진단모델 수립	행정자치부
	실업급여 부정수급 방지	한국고용정보원, 근로복지공단, 국세청, 국민연금공단, 건강보험공단, 한국고용정보원
2015	공동주택 관리비 투명성 제고	경기도, 국토교통부, 한국감정원, 한국전력공사, 수도사업소, 대한시설물유지관리협회, 대한전문건설협회
	지자체 갈등 조기인지	행정자치부
	근로감독 사업장 선정 과학화	고용노동부, 근로복지공단, 한국고용정보원, 장애인고용공단, 건강보험공단, 안전보건공단
	지역관광 활성화	이동통신사, 카드사, 전주시, 기상청, 트위터

연도	사업명	참여기관
2014	산불위협예보	산림청
	스마트 재난안전체계 구축	재난안전연구원
	시내버스 운영방안 분석	광주시
	민원 데이터 분석	영천시
	국가법령정보센터 로그분석	법제처
	CCTV 사각지대 분석	경기도

3 민–관 빅데이터 융합

코로나19 대응

정부를 포함한 공공분야에서도 빅데이터는 활용되고 있다. 앞의 표에서 민간과 정부가 같이 하는 사업들이 존재하였다. 이는 2010년대부터 많이 활용되고 있으며, 현재에도 다양하게 활용되고 있다. 예를 들어, 코로나19에 대응하기 위하여 여러 자료를 활용하고 있다. 최신 데이터 처리 기술을 기반으로 코로나19의 확산 가능성을 예측 및 모니터링 하는 방식이 코로나19 감염 확산 통제에 기여한 것으로 평가받으면서, 세계적으로 정부와 민간 양측에서 접촉 추적 프로그램을 도입하였다. 이에 따라 코로나19 바이러스의 확산 현황 파악 및 확진자 접촉 가능성 통지를 목적으로 개인의 건강 데이터를 처리하고 위치 데이터를 이용하는 등 개인정보 활용이 증가하고 있다. 물론 개인정보까지 부적절하게 수집 및 공유될 수 있다는 우려가 제기되고 있으나, 빅데이터를 활용하고 있다.

코로나19 감염 정보 제공 및 확산 추세 예측

모바일 현황 보고서 작성

애플과 구글은 사람들의 이동에 따른 코로나19 확산 가능성 예측 및 사회적 거리두기 효과 측정 등을 위해 위치 데이터 등을 기반으로 이동 현황 보고서를 제공하고 있다.[7] 사용자들의 휴대전화 단말기를 통해 수집된 위치 데이터를 취합한 후 구글맵(Google Map)과 애플맵(Apple Map) 등 각사의 지도 서비스와 결합하여 이동 현황을 분석하고 있다. 개인정보보호를 위해 개인별 위치 데이터와 개인식별정보를 제공하지 않는 것이 원칙으로, 사용자의 위치 정보 및 이동 데

7 한국인터넷진흥원(2020), 코로나 19 대응을 위한 데이터 활용 현황 및 사례.

이터를 ID와 연결시키거나 사용자가 방문했던 지역 이력에 대해 저장을 금지하고 있다. 구글은 소매 및 유흥시설, 식료품점 및 약국, 공원, 환승역, 업무지구, 주거지 등 범주에 따라 사람들의 이동이 어떻게 변화하고 있는지를 항목별로 분석해 각 지역별 이동 현황을 제공하고, 애플은 지도 서비스에서 길 찾기를 위해 요청된 쿼리(query) 내역을 분석하는 방식으로 애플맵 서비스를 이용한 사람들의 동선 정보를 확보하고 있으며, 이러한 길찾기 데이터 모음은 이후 전 세계에서 운전, 도보 또는 대중교통으로 이동하는 인구 규모가 어떻게 변화하고 있는지 비교하는 작업을 통해 분석하고 있다.

애플은 자체적으로 운영하는 코로나19 추적 앱과 웹 사이트에서 사용자가 미국 질병통제예방센터(U.S. Centers for Disease Control and Prevention)와 개인정보를 공유할 수 있도록 지원하고 있으며, 이를 통해 방역 당국이 수 많은 개인들의 이동 데이터를 활용할 수 있는 기회를 제공한다. 질병통제예방센터는 사회적 거리 두기, 이동 제한, 자가 격리 조치 등 코로나19 확산 방지를 위해 도입한 정책들이 사람들의 이동을 얼마나 효과적으로 감소시키는지 확인하기 위해 데이터 분석결과를 활용한다. 또한, 앱이나 웹을 통해 이동성 데이터를 이용하는 개인 사용자는 자신의 연령, 건강상태, 증상, 잠재적 노출 위험, 위치 정보 등을 익명으로 공유할 수 있으며, 질병통제예방센터에 제공된 비식별 데이터를 코로나19 방역을 위한 자료로 활용할 수 있도록 협조하고 있다. 총계 처리된 데이터를 기반으로 코로나19와 관련된 잠재적 위험 요소와 감염 노출 가능성 등에 대한 최신 정보를 제공할 수 있도록 지원한다.

Our World in data

영국의 비영리단체 Our World in Data는 2020년부터 전 세계 국가들의 코로나19 진단 및 감염 확산 추세와 관련한 데이터베이스를 구축하고, 유엔, 백악관, 세계보건기구(WHO), 감염병 전문 연구자와 학계 전문가들이 활용할 수 있는 데이터 시각화(data visualization) 서비스를 제공하고 있다. 2011년 영국 옥스포드 대학의 사회 사학자이자 개발 경제학자인 Max Roser가 시작한 Our World in Data(OWID)는 빈곤, 질병, 기아, 기후 변화, 전쟁, 불평등과 같은 대규모 글로벌 문제를 중점적으로 다루는 온라인 과학 출판 프로젝트로, 이러한 과업의 일환으로 2020년 코로나19 현황 데이터를 제공하고 있다. 이 사이트에서 코로나19 관련 기존 연구 자료를 집계하고 관련 데이터를 통합하여 독자들이 해당 데이터와 초기 연구 결과를 더 쉽게 이해할 수 있도록 다양한 시각화 자료를 공개한다.

사이트 이용자들은 국가별 사망률과 확진자의 증가 추세, 백신 접종현황 등을 다양한 시각화 자료를 통해 확인할 수 있으며, 이를 통해 사망률이 증가하거나 감소한 국가 및 지역의 현황, 인구 대비 사망자 비율 등을 일목요연하게 파악이 가능하다. 이 같은 데이터 및 데이터 도구를 통해 공중 보건 관리 담당자, 정책 입안자, 기타 연구자들이 코로나19의 위험성을 연령, 동반 질환, 국가별 의료 수준, 각종 위험 요인 등과 연결하여 추정할 수 있는 기반을 제공한다. 한편, Our World in Data의 모든 데이터는 오픈소스 및 다운로드 가능한 형식을 통해 무료로 공개하고 있다.

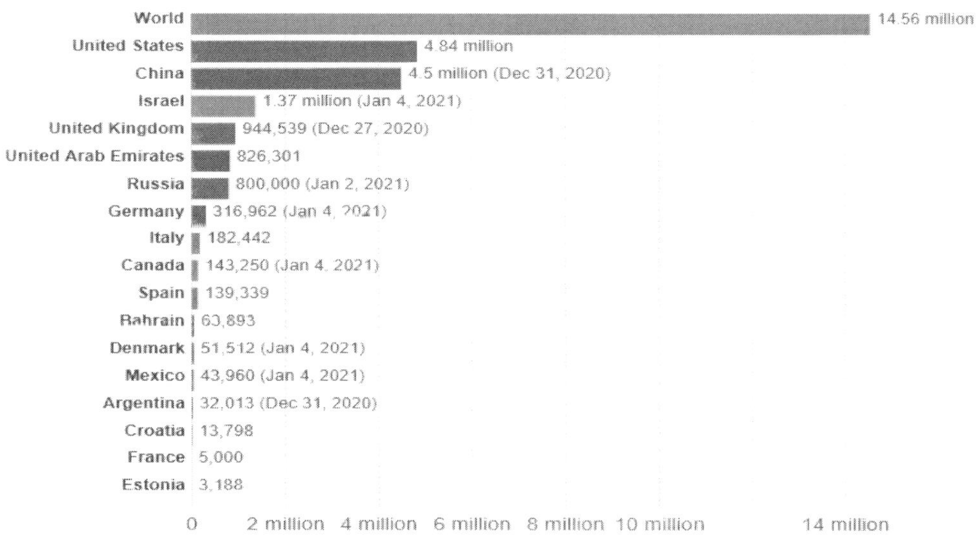

주 : 1도즈로 계산되었으며, 백신 접종자 수와 다를 수 있음

백신 접종현황

BlueDot

캐나다 토론토에 기반을 둔 기술 스타트업 BlueDot은 인공지능, 머신러닝, 빅데이터 기반의 자체 플랫폼에서 코로나19의 지역별 발생 및 확산 추세를 추적 및 예측하고 민간과 정부 분야의 고객들에게 해당 정보를 제공한다. BlueDot은 공중 보건 및 의료 분야의 전문 지식6과 고급 데이터 분석 기술을 결합하여 대규모 감염증의 발생 및 확산을 추적하고 글로벌 조기 경보 시스템을 구축하고, 세계에서 150종 이상의 질병 및 증후군에 대한 데이터를 15분 단위로 자동 검색한다. 이를 통해 수집되는 데이터에는 질병통제센터 또는 세계보건기구(WTO) 등이 발표한 공식 데이터를 포함한다. 이와 함께 연간 40억 명에 달하는 항공기 탑승객들의 이동 현황, 인간 · 동물 · 곤충 개체 수 변동 데이터, 위성을 통해 확보한 기상 데이터, 65개 언어로 된 10만 건 이상의 온라인 기사, SNS의 포스트, 지역 보건의료 인력이나 기자들로부터 확보한 정보 등 비정형 데이터를 분석하여 반영하고 있다. 인구수, 지리적 위치, 바이러스의 유전적 특성, 감염 방식, 잠복기, 기존 감염병의

확산 양상에 대한 데이터를 종합하여 특정 지역에 감염병이 나타날 가능성을 분석한다.

해외유입 감염병 차단

메르스, 지카바이러스와 같은 해외 감염병의 국내 유입 위험이 높아짐에 따라 과학기술정보통신부(전 미래창조과학부)와 질병관리본부는 KT가 가진 통신 데이터를 활용하여 해외감염병 예방을 위한 민・관 빅데이터 융합사업을 추진하였다. 과학기술정보통신부는 질병관리본부와 함께 KT가 제안한 로밍 빅데이터를 활용한 해외유입 감염병 차단 서비스를 2016년 빅데이터 선도 시범사업으로 선정하였으며, 같은 해 11월 16일부터 스마트 검역 정보시스템 고도화 사업을 시범적으로 운영하였다.[8] 이와 같은 사업시행이 가능했던 이유는 2015년에 「감염병의 예방 및 관리에 관한 법률」 개정으로 제76조의2(정보제공요청 등) 조항이 신설됨에 따라 해당 조항에 근거하여 KT가입자의 해외 로밍데이터를 해외감염병 예방에 활용할 수 있게 되었기 때문이다.

스마트 검역정보시스템 고도화 사업은 해외 로밍데이터를 활용해 감염병 오염국가에서 국내로 입국하는 사람을 확인한 후 감염병 잠복기간 동안 모니터링하는 검역정보화 사업이다. 먼저 통신사 고객이 감염병 오염국가에 방문하여 로밍을 하면, KT에서는 감염병 오염국가 방문정보를 질병관리본부에 제공하고 고객에게 감염병 신고안내 문자를 전송한다. 감염병 오염국가를 방문한 고객이 국내 도착 시 질병관리본부에 입국자 정보가 전송되고 KT에서는 고객에게 입국시 자진신고 안내 문자를 발송한다. 또한 고객이 감염병 증상이 발현하여 의료기관에 방문하게 되면 건강보험심사평가원과 국민건강보험공단에서는 질병관리본부가 보유한 오염국가 방문이력 정보를 해당 의료기관으로 전달하여 진료 시에 해당 내용을 조회할 수 있도록 했다. 이를 통해 통신사 고객은 오염국가를 방문하거나 귀국시에 관련 감염병 안내 문자를 받아볼 수 있으며, 질병관리본부에서는 오염국가 방문자 통계를 검역 정책 수립 및 해외유입 감염병 대응방안 마련을 위한 자료로 활용할 수 있다. 또한, 의료기관에서는 환자의 감염병 오염국가 방문 이력 정보를 확인하여 진료에 활용할 수 있다.

---

8 박선우(2018), 빅데이터 시대와 데이터 융합, 정보통신방송정책, 30(1), 1-24.

자료 : 미래창조과학부(2016)

스마트 검역정보시스템 고도화 사업

이와 같은 스마트 검역시스템의 목표 중 하나는 기존에 오염국가 방문여부를 확인할 수 없었던 오염국가 방문 후 청정국가 경유 귀국자들을 로밍데이터를 활용하여 구분해 냄으로서 적절한 검역서비스를 제공하는 것이었다. 시범사업 기간동안 매일 약 5,000명 정도의 감염병 오염국가 방문자와 귀국자가 발생하였으며, 특히 시범사업의 목표였던 오염국가 방문 후 청정국가 경유 귀국자를 매일 200명 정도씩 찾아 추가적인 검역서비스를 제공할 수 있었다.

2017년 4월부터는 서비스 대상이 KT 뿐만 아니라 LGU+, SKT로 확대 적용되어 휴대전화를 사용하는 전 국민을 대상으로 감염병 안내 문자 서비스가 제공하고 있다. 이를 통해 우리나라는 세계 최초로 통신 로밍 데이터를 활용한 감염병 확산 방지 모델을 성공적으로 구축한 사례로 평가받고 있다.

서울시 심야버스노선 개발

서울시에서는 빅데이터 분석을 통해 실제로 시민이 필요로 하는 심야버스노선을 개발하고 2013년부터 해당 노선을 운행하는 일명 올빼미버스 서비스를 시행하고 있다. 우리나라 수도인 서울에서는 낮 시간대 못지 않게 야간 시간의 경제활동 역시 활발하게 이루어지고 있으나 심야에 이용할 수 있는 교통편은 거의 택시로만 한정되어 있는 상황이었다. 야간 교통서비스의 수요대비 공급 미달 상황과 그로 인한 교통서비스 수준의 악화(택시 승차거부, 비용부담), 안전 문제 등으로 인해 시민들의 야간 경제활동은 많은 제약을 받고 있었다. 이러한 문제를 해결하기 위해 서울시에는 공공 심야전용버스를 개발하려는 계획을 세웠다. 이런 심야전용버스 서비스가 성공적으로 시행되기 위해서는 심야버스의 경로별 수요를 파악하여 최적의 운행노선도를 개발하는

CHAPTER 03 빅데이터 활용과 공공데이터

것이 무엇보다 중요했다.

서울시는 심야버스노선 개발을 위해 KT와 업무협약(MOU)을 맺고 휴대전화 통화이력 데이터에서 추출한 개인위치정보를 활용하기로 했다. KT는 공익사업을 위한 민 · 관 데이터 협력이라는 큰 틀 하에서, 개인정보보호를 위해 개인 신변과 관련된 데이터 항목을 제외한 통화기록 정보를 서울시에 제공하였다.

서울시는 우선 2013년 3월 한 달 동안의 KT 통화데이터 30억 건을 분석하여 심야시간(0~5시)대의 유동인구 밀집지역을 파악하였다. 여기에 500만 건에 달하는 시민들의 심야택시 승하차 데이터를 결합하여 최적의 심야버스노선을 구축하였다. 3개월(4.19~7.31) 동안 시내버스 2개 노선을 시범운행한 결과 총 22만 명(일평균 2,100명)이 심야전용버스를 이용한 것으로 나타났다. 그리하여 같은 해 9월부터는 본격적인 심야전용버스 서비스를 시작하였고 이후 2016년 11월에는 운행지역을 확대하고 운행차량의 증차를 통해 시민들의 편의를 제고하였다. 2016년 12월 한 달 동안의 심야전용버스 일평균 승객은 9,883명으로 2013년 시범운행 때보다 약 5배 정도 증가하였다. 노선별로는 N61(1,865명), N13(1,395명), N26(1,235명) 순으로 가장 많은 승객이 이용한 것으로 집계되었다. 요일별로는 금요일에서 토요일로 넘어가는 새벽 시간대의 이용승객수가 가장 많았으며, 월평균 이용 승객수는 금요일(12,378명), 토요일(10,741명), 목요일(10,342명) 순으로 나타났다. 뿐만 아니라 심야전용버스 증차후 택시 승차거부 신고건수도 2015년 12월 823건에서 2016년 12월 774건으로 전년 동기 대비 6%(49건)가 줄어들었다.

한국교통연구원의 ViewT 플랫폼

교통량과 관련된 정보는 도로정책을 수립하는 데 있어 핵심지표로 활용되고 있으며 해당 데이터의 정확성에 따라 도로정책의 효과도 크게 달라질 수 있다. 그러나 교통량 정보는 고속도로 이외의 도로에서는 매우 제한적으로 수집되고 있으며 일부 지자체에서는 아예 수집하지 않는 경우도 있어 실제로 활용하기에는 많은 어려움이 존재했다. 국토교통부와 한국교통연구원은 이와 같은 교통 데이터의 한계점을 극복하고자 공공부문의 교통량 빅데이터와 민간의 내비게이션 빅데이터를 융합하여 교통량 자료가 수집되지 않는 도로의 교통량까지도 추정할 수 있는 기술을 개발하였다. 민간의 내비게이션 자료는 현대엠엔소프트에서 제공하는 2015년 1년치 내비게이션 데이터 87억 건이 활용되었다. 민간의 내비게이션 자료는 네비게이션 이용의 대중화로 방대한 양의 빅데이터가 수집되고 있으나 「개인정보보호법」에 따라 외부 제공이 제한되고 있으므로 주로 교통소통정보 도출에 한되어 활용되고 있다.

한국교통연구원은 일부 구간에서만 관측되던 공공의 관측교통량 자료와 전국 단위로 수집되는 민간의 내비게이션 자료를 융합하여 전국의 미관측 도로의 교통량을 추정할 수 있는 ViewT 1.0을 서비스하기 시작하였다. 기존 현장조사를 통한 전국도로대비 교통량 수집량은 고작 3%에 불과하였으나 한국교통연구원이 개발한 민 · 관 빅데이터 융합기술을 활용하면 전국도로의 95%까지 교통량을 확인할 수 있게 되었다. 공공의 관측교통량 자료와 민간의 내비게이션 자료는 서로 매우 밀접하게 연관되어 있으면서도 각자의 한계를 보완해줄 수 있는 빅데이터라고 할 수 있다. 내비게이션 자료는 전국을 대상으로 수집되기 때문에 데이터 수집범위 측면에서의 장점이 있으며, 관측교통량 자료는 내비게이션 표본 데이터를 전수화 하는데 있어 기준역할을 하므로 두 자료는 교통량 추정에 있어 상호보완의 관계라고 할 수 있다. 그 결과 두 데이터를 융합하여 미관측 도로의 교통량 추정 알고리즘 기술을 개발할 수 있었던 것이다. View T 1.0을 통해 분석한 우리나라에서 교통량이 제일 많은 도로는 평일 일평균 161,741대의 교통량이 발생한 강남대로(한남IC→한남대교)로 나타났다. 이 외에도 특성도시나 특정도로의 일일 차량대수나 시간대별 교통량 등의 분석도 가능하다.ViewT 1.0에서 제공하는 분석기능에는 일반 시민들이 전국의 교통량을 파악하는데에 도움이 될 뿐만 아니라 지금까지 교통량 자료를 수집하지 않았던 지자체들이 해당 지역의 교통현황을 파악하는데 활용할 수 있는 여러 자료들이 포함되어 있다.

여기서 언급된 사례들 외에도 민 · 관 데이터 융합을 위한 다양한 시도들은 계속해서 이루어지고 있다. 먼저 서울시에서는 영세 소상공인들의 골목상권 창업에 도움이 되는 우리마을가게라는 상권분석서비스를 제공하고 있다. 해당 서비스를 통해 서울시는 시가 보유한 공공데이터에 BC카드, KB카드, 나이스 지니데이타, KT, 오픈메이트 등의 민간데이터를 결합하여 서울시내 골목상권의 소비지출 동향을 분석하고 그 결과를 제공한다. 제주시에서는 전국 최초로 지역 거점형 민 · 관 융합 데이터 서비스 표준모델과 포털 구축을 추진하였다. 해당 사업은 제주도가 공공데이터포털을 통해 공개하고 있는 교통, 관광 관련 공공데이터에 카카오가 보유한 생활기반 데이터를 융합하여 통합 플랫폼을 구축하는 방식으로 진행된다. 또 다른 예로 안산시에서는 민 · 관 빅데이터 융합을 통한 선제적 범죄 예방 지원 서비스 개발의 일환으로 오픈메이트와의 협업을 통해 신규 CCTV 설치장소 위치를 도출하는 사업을 진행하였다. 민간기업인 SK텔레콤 역시 지자체 및 공공기관과 총 80여 건에 달하는 데이터 협업 프로젝트를 진행하며 민 · 관 빅데이터 융합분석 활성화에 기여하고 있다.

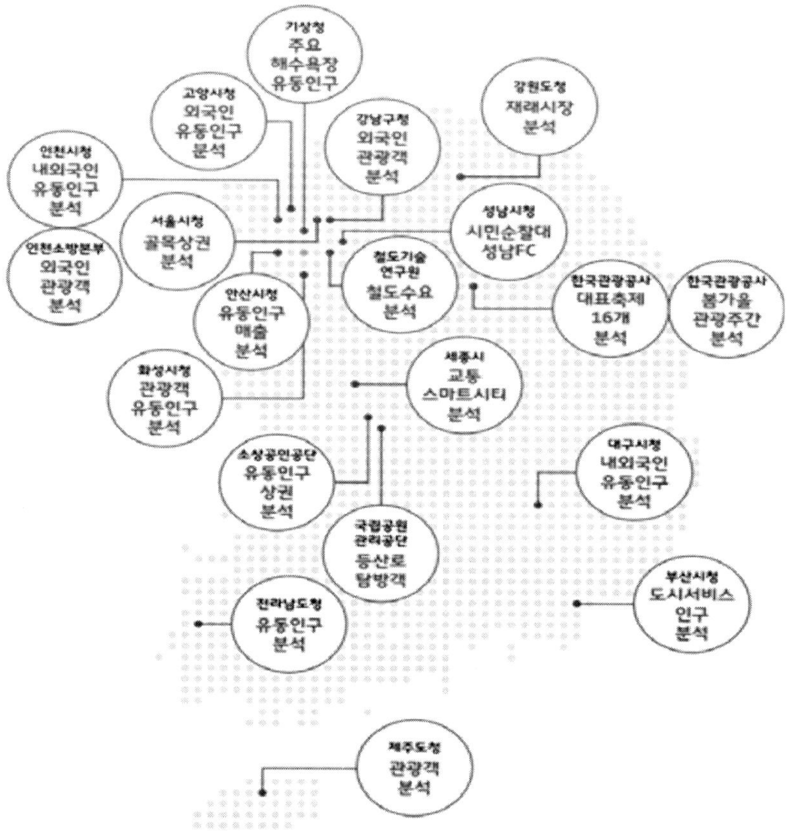

자료 : SKT 빅데이터 허브

SKT · 지자체 · 공공기관 데이터 협업

04 CHAPTER 빅데이터와 인공지능 세상

산업별 빅데이터 활용과 비즈니스

__ 금융

__ 헬스케어

__ 제조

__ 통신

__ 광고

__ 교육

__ 유통 · 물류

CHAPTER 04

산업별 빅데이터 활용과 비즈니스

금융

최근 금융서비스는 데이터 기반의 의사결정과 고객 중심의 맞춤형 디지털 전환을 가속화 하고 있다. 특히 금융 비즈니스 영역은 핀테크, 빅테크 기업이 등장하고 이종 산업간의 융합이 확대되면서 간편결제, 오픈뱅킹, API, 인공지능, 클라우드 등 신기술과의 결합이 활발하게 이루어지고 있다. 금융 데이터 오픈, 혁신금융서비스 같은 정부 정책을 근간으로 해 오픈된 금융 데이터 기반의 새로운 금융서비스가 등장했다. 또한 데이터 기반의 AI 금융은 AI 뱅킹서비스, 카드 딥러닝 이상금융거래탐지시스템(FDS), 보험영역을 망라해 인공 지능 플랫폼 도입 및 서비스형 AI 모듈을 활용해 디지털 전환이 활발하게 진행되고 있다.

금융데이터는 다음과 같은 특징을 가진다. 은행은 고객의 자산, 리스크 정보에 높은 수준의 정보를 가지고 있고, 페이먼트사는 자산과 리스크 데이터에 강점을 가지고 있지만, 온라인 선호도나 산업에 대한 정보는 거의 없다

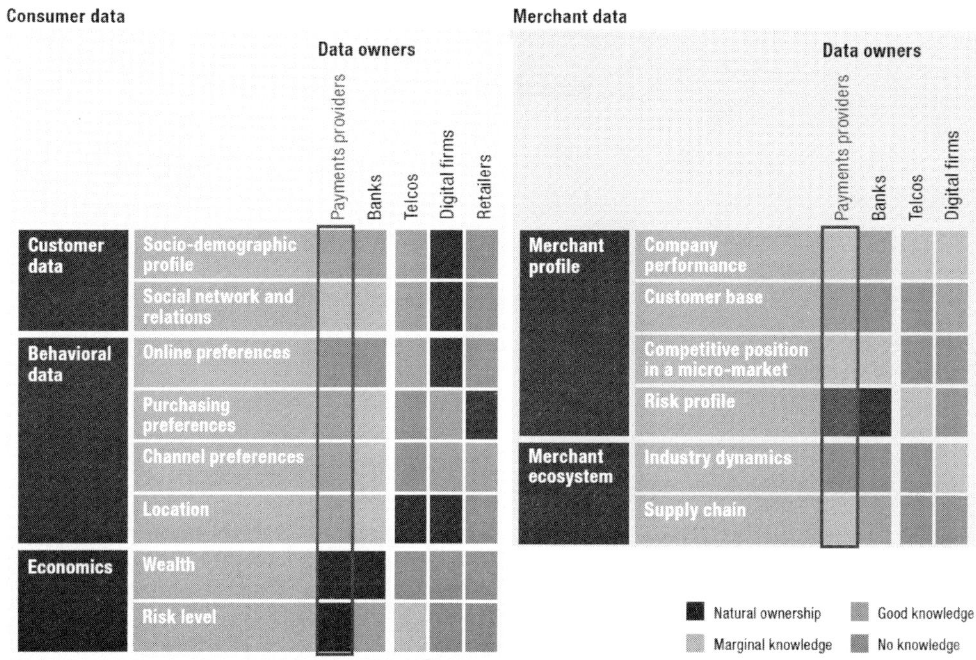

자료 : McKinsey(2017)

금융데이터의 특징

1 금융시장의 정책 변화

디지털 금융의 발전

4차 산업혁명의 흐름과 더불어 코로나19의 예기치 못한 확산은 금융 분야의 디지털 전환이 속도를 내는 데 큰역할을 했다. 디지털 금융은 데이터와 기술, 실물 경제의 융합을 가속화하는 핵심 산업으로 부각되고 있다. 최근 모바일 환경과 ICT를 기반으로 전자결제, 송금, 중개, 대출 등의 서비스를 통합한 새로운 금융 플랫폼이 등장하고 있다.[9]

디지털 금융 혁신은 기술을 기반으로 한 핀테크 기업 및 빅테크 기업이 금융 산업에 적극 진출하면서 기존 금융기관 중심의 산업 생태계를 변화시키고 있다. 국내 핀테크 기업은 2019년 기준으로 지급결제, 자산관리, 보안 등 다양한 분야에서 300개가 넘게 존재한다. 그 중 유니콘 기업은 토스(Toss) 1곳으로 나타났고, 대부분은 초기 단계의 스타트업이다.

9 한국데이터산업진흥원(2020), 2020 데이터산업 백서.

반면 네이버, 카카오 같은 빅테크 기업은 기존의 브랜드 인지도와 고객층, 기술력을 바탕으로 간편결제, 인터넷전문은행 등을 시작으로 빠르게 고객층을 확보하며 성장성과 확장성을 보여주고 있다.

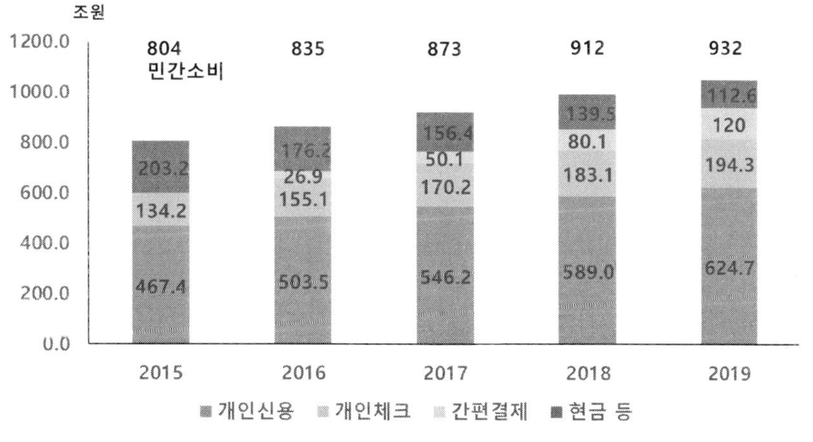

자료 : 김상봉(2020)

지급수단별 결제 규모

활성화를 위한 정부 정책

데이터 3법과 마이데이터 사업 본격화

글로벌 디지털 금융 흐름에 따라 국내에서도 경쟁과 혁신을 촉진하기 위해 법 · 제도를 정비하고 있다. 2020년 국내 데이터 3법 시행과 마이데이터 사업 추진으로 데이터 개방과 신규 산업을 위한 육성 환경이 마련됐고, 디지털 금융거래와 데이터 개방이 강화되고 있다.

데이터 3법과 전자금융거래법 개정으로 인해 각 금융기관 내부에 있던 정보를 고객 동의하에 타 기관으로부터 수집 · 통합해 하나의 플랫폼에서 제공하는 것이 가능해졌고, 금융권 및 핀테크 기업의 플랫폼 경쟁이 심화되고 있다. 해당 사업을 위해서는 금융위원회의 본인신용정보 관리업 허가가 필요하다. 운영 중인 서비스에 대해서는 2021년 2월 전까지 허가를 마쳐야 하며 금융 당국은 사전 신청서를 제출한 기업 중에서 2021년 상반기까지 우선적으로 심사할 계획이다.

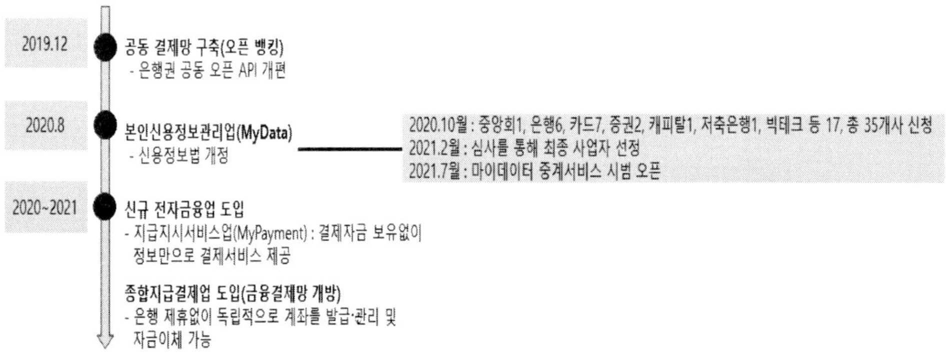

전자금융거래법 개정에 따른 로드맵

금융데이터거래소 출범

2020년 5월 금융보안원 주축으로 출범한 금융데이터거래소는 금융 데이터 활성화를 위해 공급자와 수요자를 연결해주는 중개시스템을 구축했다. 해당 거래소에 참여 중인 84개 기업은 금융 데이터 및 API를 등록하고, 수요자 요청에 따라 맞춤 데이터를 제공한다. 데이터 거래 체결 이후엔 거래소 내 분석 환경을 제공해 공급자의 데이터 권리를 보호하고, 수요자에게는 합리적인 가격으로 데이터를 제공한다. 또한 안전한 데이터 유통환경을 위해 이중 보안체계로 운영되고 있다.

해당 거래소의 출범 이후 참여 기관 및 등록 데이터가 빠르게 증가하며 높은 관심을 받고 있다. 최근에는 유통업의 씨유와 네이버가 참여하면서 금융 데이터뿐만 아니라 비금융 데이터 중개가 이루어짐으로써 금융 데이터와 결합한 고부가가치 데이터 생산이 기대된다.

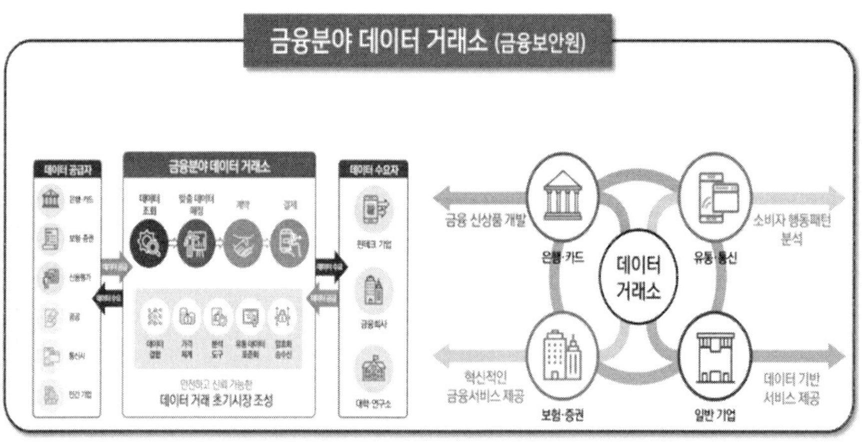

금융분야 데이터 거래소

금융 빅데이터 개방시스템 활성화

2019년 6월부터 한국신용정보원은 금융 빅데이터 개방시스템을 개시해 일반신용정보, 기술신용정보, 보험신용정보를 3차에 걸쳐 차례로 공개했다. 해당 플랫폼을 활용해 이용자에게 금융 신용정보 DB와 원격분석 환경을 제공함으로써 금융업권 간의 데이터 격차를 해소하고자 했다. 분석용 DB는 신용정보원에 등록된 전체 정보 중 표본 추출 후 비식별 조치를 거쳐 표본 DB 형태로 제공되는데, 세 번에 걸쳐 금융 빅데이터를 활용할 핀테크 기업을 선정한 뒤 DB를 제공하며 금융서비스 고도화를 지원하고 있다.

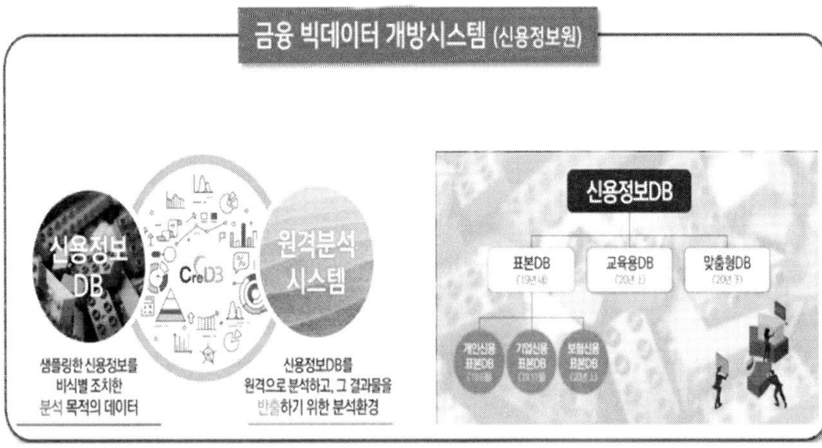

금융 빅데이터 개방시스템

2 금융 데이터 융합을 위한 기술환경 변화

표준 API와 클라우드 컴퓨팅

마이데이터 사업으로 기업 간 데이터 이동이 활발해지면서 표준 API(Application Programming Interface)를 이용한 데이터 송수신이 주목받고 있다. 기존의 스크린 스크래핑 방식은 기업이 사용자의 인증 정보를 제공받아 화면에 보여 지는 정보를 추출하는 형식이었다. 표준 API의 경우 기업이 직접 데이터에 접근해 필요한 정보만을 수집함으로써 과도한 개인정보 수집과 보안 위험에 대한 부담이 줄어든다. 표준 API 방식은 표준화한 형식으로 데이터를 관리하고 수집해 상호 운용성을 증대시키고 프로그램 개발을 용이하게 한다. 다수의 기업과 공공기관이 데이터를 공유하기 위해 표준 API를 개방하고 금융서비스에 표준 API 방식을 이용해 데이터 가공 결과에 대한 응답을 빠르게 적용하면서 AI 금융 모델에 대한 실시간 예측모델 도입이 쉬워졌다.

기업이 소유하는 빅데이터가 점차 방대해지면서 이를 저장・처리・분석하기 위한 비용이 증가했으며, 이를 해결할 대안으로 클라우드로 전환이 가속화되고 있다. 클라우드 컴퓨팅은 서버 등의 IT인프라, 애플리케이션, 개발도구를 직접 소유하지 않고 인터넷 상의 서버를 이용해 필요한 만큼의 IT 자원에 대해 합리적 비용을 지불하고 이용하는 서비스이다.

이를 이용해 IT 기반 시설 구축과 유지비용 감소 그리고 신기술을 개발하는데 필요한 IT 자원의 유동적 이용이 가능하다. 이에 따라 KB금융그룹은 하이브리드- 멀티 클라우드 전략을 세워 2024년까지 그룹 공동 클라우드 구축하는 계획을 발표했고, 농협은행은 2017년부터 클라우드를 도입해 점진적으로 기존 전산시스템을 클라우드로 전환하고 있다. 하나금융그룹은 2018년 금융권 최초로 그룹 공용 프라이빗 클라우드 시스템을 오픈한 뒤 지속적인 고도화 작업을 진행 중이다.

최근 전자금융감독 규정 개정에 따라 클라우드 도입이 가능한 정보가 비중요 정보에서 개인신용정보, 고유식별정보를 포함한 중요 정보로 확대되었으나 중요 정보를 클라우드에서 다룰 경우 금융감독원에 보고해야 하는 의무가 따른다.10 클라우드 이용 시 발생할 수 있는 장애나 재해 시 복구를 위해 클라우드 제공 기업은 서버 분산과 백업 등을 통해 이에 대비해야 한다.

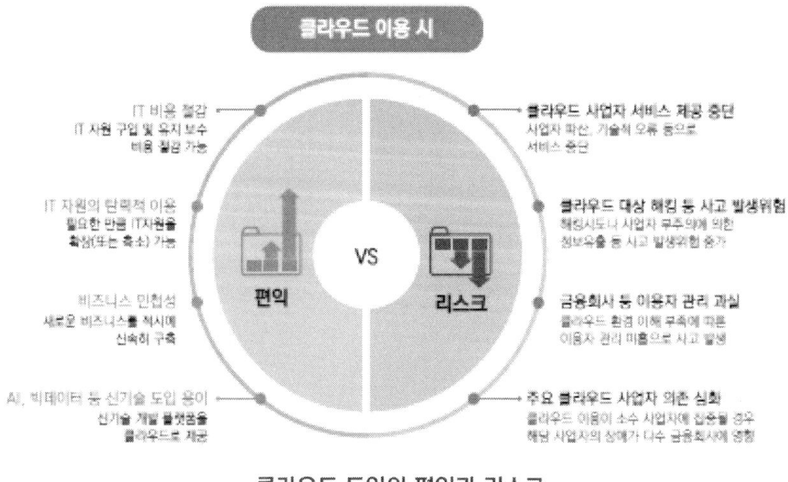

클라우드 도입의 편익과 리스크

인공지능을 활용한 데이터 융합

최근 쇼핑, 유통, IT처럼 실생활과 밀접한 분야에서 소비 및 행동 트렌드 파악을 기반으로 한 고객별 세분화한 맞춤 서비스가 각광받고 있다. 금융 분야의 AI 서비스 도입은 영업활동 전반에서 변화를 가져오고 금융의 본질적인 신용 및 운용에 대한 비용 구조를 개선한다. 고객을 상대하는 앞단에서는 챗봇을 도입하고 상담 자동화를 실시해 업무를 경감시키고, 맞춤형 상품 추천이 가능해 고객 편의성 및 만족도를 높일 수 있다. AI를 활용한 신용평가, 여신심사, 보험 인수 과정의 고도화는 비즈니스 모델 혁신을 가져오고 있다. 이뿐만 아니라 내부의 단순, 반복적인 업무를 자동화함으로써 업무 효율성을 개선시킨다.

AI 신기술을 앞세운 빅테크 기업들은 기존 서비스와 간편결제 서비스를 접목해 금융시장에 진출하기 시작했다. 대표적으로 아마존페이, 애플페이, 구글페이, 알리페이 등이 있다. 통신과 금융 데이터를 융합해 소상공인에게 양질의 금융서비스를 제공하는 방식도 나타나고 있다.

2020년에 금융 데이터에 AI를 적용하는 사례가 늘어나고 있다. 특히 금융의 프론트 서비스에 해당하는 챗봇, 로보어드바이저에 적용되던 AI가 미들·백 서비스로 확대되며 실질적인 AI 금융을 도입한 성과가 나타날 전망이다. 최근엔 이상거래탐지, 자금세탁방지, 머신러닝 로보틱 프로세스 자동화 등 업무탐지 부분과 자동화 부분으로 확대됐다. 나아가 금융의 핵심 업무인 신용평가, 기업위험도 예측, 여신서비스 자동화, 디지털 전략까지 확대되며 금융AI 활성화가 진행되고 있다. 이 같은 상황과 더불어 금융위원회는 인공지능 워킹그룹을 운영해 금융분야 인공지능(AI) 활성화 방안을 2020년 말까지 마련할 계획이라고 밝혔다.

인공지능 기반 금융서비스 종류

	활용 사례
front office service	챗봇, AI 스피커, 로보어드바이저, 스마트 ATM 등
middle office service	Regtech, 자금세탁방지(AML), 이상거래탐지시스템(FDS), 약관자동 비교 분석 등
back office service	AI 기반 신용평가, 로보틱 프로세스 자동화(RPA), 기업리스크관리, 여신서비스 자동화 등

3 데이터 활용과 금융업 비즈니스 사례

적극적인 데이터 개방과 정책 변화로 금융업계는 초개인화된 금융상품 및 서비스 제공이 가능해지고 있다. 금융과 비금융 데이터의 결합이 활발해지는 추세로 이종 산업 간의 경계가 불분명해지는 빅블러(Big Blur) 현상이 가속화되고 있다.

은행업

은행의 오픈뱅킹 서비스는 은행의 핵심 금융기능을 표준화해 다른 사업자에 개방하는 은행권 공동 인프라를 구축해 고객이 하나의 앱에서 금융정보 조회와 은행 업무를 하는 것을 가능하게 한다. 오픈뱅킹 서비스는 2019년 10월 말 시범 도입된 뒤 동해 12월 전면 시행됐으며 각 은행은 차별화된 서비스와 편리한 UI를 내세워 고객을 선점하기 위해 노력하며 대부분의 시중은행에서 우리원(WON) 뱅킹(우리은행), 쏠(SOL)뱅킹(신한은행), 스타뱅킹(KB국민은행), 하나 원큐뱅킹(하나은행) 등의 오픈뱅킹 앱을 선보였다.

카드사

카드사는 고객의 구매 이력이라는 활용성이 높은 정보를 바탕으로 데이터 상품 등록과 이종 산업 간의 데이터 거래가 활발한 업종이다. 카드사는 금융정보 이력이 부족한 금융이력부족자(thin filer)의 공과금, 세금, 통신비 납부 등 다양한 카드 사용 내역을 추가적인 신용평가 데이터로 활용해 대출 상품의 문턱을 낮추고 있다. 신한카드와 KB국민카드는 개인사업자 신용평가 서비스 마이크레딧과 크레딧트리를 차례로 출시했다.

카드사는 이상거래탐지(FDS) 업무에 머신러닝을 활용하는 수준까지 끌어올렸다. 이는 방대한 양의 고객의 카드 이용 패턴을 학습하고 부정사용 징후를 탐지하는 것으로, 카드사와 핀테크 기업 간에 활발한 협업이 이뤄지고 있다. 그 예로 우리카드는 에이젠글로벌과 함께 딥러닝 기반 이상금융거래탐지시스템(FDS) 구축 사업을 추진하고 자동화한 AI 솔루션 아바커스를 활용해 이상거래 탐지율을 높이고 새로운 사고 패턴의 재학습이 가능한 모델을 구축했다.

금융투자업

기존의 금융투자업은 고액 자산가들을 대상으로 투자자문과 일임 등의 서비스를 제공했다. 하지만 고객의 금융 정보는 물론 투자 성향에 대한 정보를 수집하고 분석하는 것이 가능해지면서 일반 고객을 대상으로 한 자산관리 및 투자 상품 추천 등이 가능해졌다. 실제 신한금융투자는 신한카드 등 계열사 간 정보를 교류해 해외주식구매와 추천 모델을 개발했다. KB증권은 엔씨소프트, 디셈버앤컴퍼니 자산운용과 간편투자 증권사 출범을 계획하고, 로보어드바이저와 인공지능 프라이빗뱅커(PB)를 활용해 자산운용 및 자산관리 자문 서비스를 제공할 계획이다.

보험업

2019년 7월 금융당국은 보험사의 건강관리 서비스 부수업무를 허용했다. 헬스케어 서비스는 고객의 건강 데이터를 분석해 차별화된 건강관리 서비스를 제공하고, 고객의 목표달성 여부에 따라 성해진 보상 혹은 보험료 할인 혜택을 제공한다. 그 예로 교보생명은 앱 케어(Kare)를 선보여 고객의 신체정보에 따른 맞춤형 건강증진 솔루션을 제공한다. 10여 개 질환의 위험도 예측과 건강관리 방안, 건강검진 데이터 트래킹 등의 서비스가 이에 해당한다. 인슈어테크는 기존 보험 산업에 데이터 분석과 인공지능 기술을 활용해 혁신적인 서비스를 제공하는 것으로, 캐롯손해보험은 주행거리만큼 보험료를 계산하는 퍼마일 자동차보험을 출시해 저렴한 보험료를 제공하고 있다.

핀테크 기업

에이젠글로벌은 오픈된 개인신용정보를 활용해 Credit을 시각적으로 지도화한 크레딧투맵(Credit to Map)을 완성했다. 또한 기업의 신용데이터를 지역, 업종, 등급 등 차주의 속성별 대출 규모와 AI 기반의 분석을 통해 기업의 빅데이터 분석에 활용했다. 이같은 데이터 분석 및 AI 적용은 금융서비스 초개인화의 근거를 마련할 수 있다. 향후 보험신용정보를 활용해 생애주기별 보험의 평균 가입율과 종목 등을 분석해 보험 상품 추천에 활용될 것이다.

통신업의 금융업 진출도 활발히 이루어지고 있다. SK텔레콤은 하나금융그룹과 손잡고 핀테크 업체 핀크(Finnq)를 선보였다. 핀크 앱을 이용해 오픈뱅킹 기반의 편리한 금융서비스를 제공하고, 고객의 휴대폰 이용 정보를 바탕으로 한 비금융정보 신용평가서비스인 T스코어를 제공한다. 이 같은 T스코어는 기존에 신용평가에서 불이익을 받은 씬파일러의 신용평가 등급을 개선시킴으로써 금융 소외계층을 포용하는데 기여했다.

■ 금융업권별 데이터 활용과 서비스 예시

업권	활용 데이터 분석	주요 서비스 목적	서비스 예시
은행	계좌거래 내역, 대출잔액, 금리 · 이자 등 다양한 금융자산 분석	저축, 재테크 방안 안내 등을 통한 자산형성 지원	- 오픈뱅킹:대부분 은행은 타 금융사 계좌 정보와 자사 은행의 정보를 함께 제공
카드	카드사용 일시, 결제내역, 카드대출 이용 등 소비패턴 분석	다양한 카드사용 혜택 제공 및 합리적인 소비습관 형성 지원	- 자산조회 및 소비 컨설팅 서비스 • 현대카드: 소비케어서비스 운영 • 우리카드:핀테크 앱인 브로콜리와 제휴해 자산관리서비스 제공 • 신한카드:토털 소비관리 신규 추가 • KB국민카드:리브메이트를 기반으로 개인사업자 특화 신용평가 서비스인 크레딧 트리 운영 - 고객구매 이력의 활용도 높은 정보를 바탕으로 데이터 상품화, 이종산업 간 데이터 거래 추진
금융투자	투자종목, 투자금액, 자산규모 등의 투자정보를 분석해 투자패턴 제공	세제 혜택, 투자습관 개선 등 다양한 포트폴리오 제공	- 투자자문 및 일임업 : 고액 자산가에서 일반 고객으로 대상 확대
보험	보험료 납입내역, 보험기간, 보장내역 등 보험정보를 이용해 노후예측 및 건강 분석	연금관리를 통한 노후설계와 저비용 건강관리 서비스 제공	- 헬스케어:앱을 이용해 맞춤형 건강습관을 제시하고, 목표달성 시 다양한 혜택 제공 • SK텔레콤:AIA Vitality와 제휴해 걷기 목표달성이나 헬시푸드 구매시 통신비 할인 등 혜택 제공
핀테크	은행, 카드, 증권, 보험 등 여러 금융업권의 금융상품 및 정보를 비교 · 분석	맞춤형 금융상품 추천 및 정보권리 행사 대행	- 뱅크샐러드:카드, 은행, 투자, 대출, 연금 등 종합적 자산조회 및 소비컨설팅, 금융상품 추천 앱 운영
융복합	금융과 통신, 유통 등 데이터와 융복합	통신 · 유통 정보기반 금융상품 등 고부가가치 혁신 서비스 제공	- 금융정보이력이 부족한 이용자의 공과금, 세금, 통신비, 카드이력 등을 조회한 신용평가

4 기업 사례 : 금융 빅데이터 개방시스템(CreDB) 서비스

서비스 소개

서비스 정의

금융 빅데이터 개방시스템(Financial Bigdata Open System, CreDB)은 한국신용정보원(Korea Credit Information Services)에서 제공하는 서비스로, 다양한 금융 및 신용 정보를 가공하여 분석용 데이터와 분석 시스템 제공을 통해, 금융업권에서 필요로 하는 통계 작성 및 빅데이터 분석을 지원하고, 사회, 경제, 복지, 산업 등의 다양한 분야의 정책 및 학술 연구를 지원하기 위한 금융권 혁신 서비스이다.

이용자는 CreDB를 통해 금융정보 DB 제공받음으로, 금융업권의 데이터 격차(data divide)를 해소하고 금융산업 발전에 기여할 수 있고, 한국신용정보원은 CreDB를 통해 이용자가 안전하고 편리하게 금융 데이터를 분석할 수 있도록 신용정보 주체를 식별할 수 없는 정보보호 조치가 적용된 가상의 분석환경(원격분석시스템) 및 분석목적의 데이터(CreDB)를 제공한다.

| 연혁

- 2016.01 한국 신용정보원 출범(Korea Credit Information Services)
- 2017.06 서비스 수요조사 및 구축연구 수행
- 2017.11 개인신용정보 표본DB 프로토타입 개발
- 2017.12 비식별정보 제공심의위원회 구성 및 운영
- 2018.05 표본DB 시범서비스 실시
- 2018.07 과학기술정보통신부 빅데이터 센터 구축사업 선정
- 2018.12 개인 · 기업 신용정보 표본DB 개발 및 원격분석시스템 · 서비스 포털 개발
- 2019.06 금융 빅데이터 개방시스템 (CreDB) 개시

주요 서비스 내용

한국신용정보원은 일반신용정보, 기술신용정보, 보험신용정보등의 집중된 정보를 활용하여 금융회사 및 금융소비자에게 분석 결과를 제공하고, 비식별조치 전문기관으로서 적정성 평가 및 정보집합물 결합 지원업무를 수행한다.

| 일반신용정보

일반신용정보란 개인이나 법인이 금융기관과 대출, 신용카드 개설 · 할부금융 등의 금융거래를 할 때 신용정보주체의 신용도 및 신용거래 능력 등을 판단하는데 필요한 정보로서 신용거래정보, 신용도 판단정보, 공공정보 등을 말한다.

- 종류
  - 신용거래정보 : 금융기관이 개인 또는 법인과 신용 거래한 내용을 파악할 수 있는 정보
  - 신용도 판단정보 : 개인 또는 법인의 연체나 부도 등 신용상태에 대한 정보
  - 공공정보 : 세금체납정보, 채무불이행자 정보 등 금융기관 이외의 기관으로부터 제공받은 신용관련 정보

- 집중 · 제공 : 금융기관 및 공공기관으로부터 대출, 연체, 신용카드 개설, 세금체납, 파산면책 등의 일반신용정보를 집중하여, 이를 다시 금융기관 및 신용조회회사 등에 제공한다.
- 활용 : 금융회사가 대출자의 채무상환능력을 평가하고 신용조회 회사가 개인신용등급을 산정할 때 평가 자료로 활용한다.

▌기술신용정보

기술신용정보란 기업 및 법인의 신용을 판단하기 위해 해당 기업 및 법인의 기술을 종합적으로 평가하고 신용정보와 해당 기술에 관한 정보를 활용하여 만들어진 정보를 말한다.

- 종류
  - 신용거래정보 : 기업 및 법인의 기술신용평가에 기반한 기술 신용공여현황 정보
  - 신용도판단정보 : 기술신용대출 잔액이 있는 기업 및 법인의 연체 및 부도 정보
  - 신용거래능력판단정보 : 기업 및 법인의 신용거래능력을 판단할 수 있는 기술신용평가 결과 정보
- 집중 · 제공 : 은행, 기술신용평가회사(TCB)로부터 기술과 관련한 기술성 · 시장성 · 사업성 등을 종합적으로 평가한 결과 및 이에 근거한 기술신용대출잔액, 연체 등의 기술신용정보를 집중하여 이를 다시 은행, 기술신용평가회사에 제공한다
- 활용 : 담보력은 부족하지만 우수한 아이디어와 기술력을 보유하고 있는 기업들이 금융기관으로부터 자금을 지원받는데 평가자료로 활용된다.

▌보험신용정보

보험신용정보란 보험계약체결, 보험금 청구 · 지급 등 보험 상거래와 관련하여 보험사기방지 등을 목적으로 신용정보주체의 거래내용 등을 판단할 때 필요한 정보로서 보험계약 현황, 보험금 청구 · 지급 현황 등을 말한다.

- 종류
  - 신용거래정보 : 보험계약 체결에 관한 정보 및 보험금의 청구,지급에 관한 정보
- 집중 · 제공 : 생명보험회사, 손해보험회사, 공제 및 체신관서로부터 보험계약체결 및 보험금 청구 · 지급 등의 보험신용정보를 집중하여 이를 다시 생명보험회사, 손해보험회사, 공제사 및 체신관서에 제공한다.
- 활용 : 보험회사가 보험사기를 예방하고, 금융소비자가 동일한 보장의 보험 중복가입을 방지하는데 활용한다.

주요 시스템

CreDB는 한국신용정보원에 집중되는 신용정보를 표본추출한 뒤 비식별 조치하여 통계작성 및 학술 연구 목적으로 이용자에게 제공하기 위한 분석용 DB이다(마케팅 활용 불가능). 2019년 6월에 개시한 표본DB(개인신용 DB, 기업신용 DB,보험신용 DB) 서비스를 시작으로, 교육용 DB와 맞춤형DB 등 순차적으로 확대할 예정이다.

표본 DB

개인신용, 기업신용, 보험신용 등 민간의 수요가 많은 항목에 대해 샘플링 후 비식별 처리한 DB로 '19.6월 서비스 개시했으며, 원본 DB중 사전에 성의한 제공항목에 대해 전체 모수를 기준으로 표분 추출하여 분석하였다.

일반신용 DB

신용정보원 일반신용정보 DB에 등록된 4,000만 명의 5%의 표본 (약 200만 명)에 대한 대출, 연체 및 카드개설정보 등 26개 항목으로 구성, 향후 순차적으로 속성 확대(대출금리, 상환방식, 카드실적 등) 예정이다.

기술신용정보 DB

신용정보원 기업신용공여 대상기업체 DB에 등록된 개인 사업자 및 법인사업자 약 560만 명의 20% 표본 (약 110만개)에 대한 대출, 연체(부도), 기술신용 정보 등 24개 항목으로 구성되어 있다.(2020년 5월 현재)

보험신용 DB

양질의 보험정보를 보유하고 있는 보험개발원과 신용정보원이 협업하여 구축하여 생명.장기.손해 보험에 대한 표본 DB를 개발 완료하여 공개를 계획 중이다.

맞춤형 DB

개별 이용자의 요구사항과 분석 목적에 따라 맞는 정보를 추출하여 맞춤형으로 가공하는 데이터로 2020년 하반기 시범 서비스 예정이다. 이용기관이 선택한 항목, 조건 등에 따라 샘플링 비율을 표본 DB 보다 확대함으로써 빅데이터 분석의 실효성 제고를 목표로 하고 있다.

교육형 DB

데이터 전문가 양성을 위한 교육용 DB 구축 → 대학 등 교육기관과 MOU 체결 후 교육 목적으로 제공할 예정이다. 실제 데이터는 아니나 원본 데이터의 통계적 특성을 보유한 가상의 재현데이터(Synthetic data) → 표본DB · 맞춤형DB와 달리 외부에 직접 제공하여 지식 및 기술 습득을 위한 교육목적으로 활용된다.

금융 빅데이터 개방시스템 구조

신용정보원에 집중된 정보를 비식별 조치하여 학계, 연구소 등의 교육기관과, 금융회사, 핀테크 기업 등이 활용할 수 있는 CreDB를 구축하고 이용자는 원격분석 시스템을 통해 직접 CreDB를 분석하고 그 결과물을 반출하여 활용할 수 있도록 한다. 이때 DB 자체의 반출은 허용되고 있지 않다.

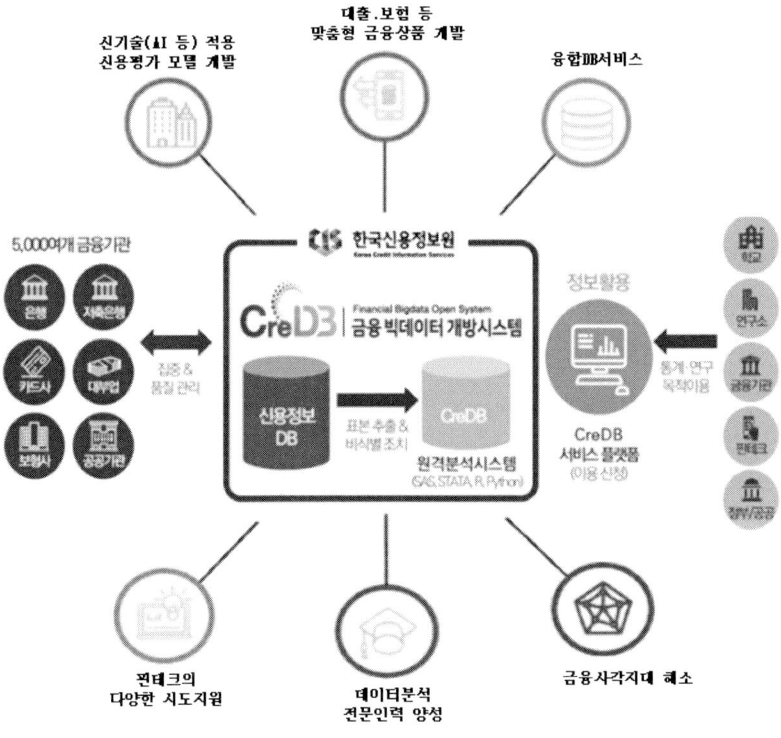

자료 : 금융위원회(2019)

금융빅데이터 개방 시스템 구조도

이용 신청 서비스 절차

이용자는 '원격분석 시스템'을 통해 직접 CreDB를 분석하고 그 결과물을 반출하여 활용할 수 있다.

원격 분석 시스템

이용자가 원격지에서 접속하여 가상PC환경 하에서 다양한 분석도구(SAS, STATA, R, Python)를 이용하여 CreDB를 안전하고 편리하게 분석할 수 있는 시스템이다.

❙ 이용자

신용정보 표본DB를 통계작성 및 연구 목적으로 사용하고자 하는 기관 및 이용자 (19세 이상 국내 거주 대한민국 국적자)

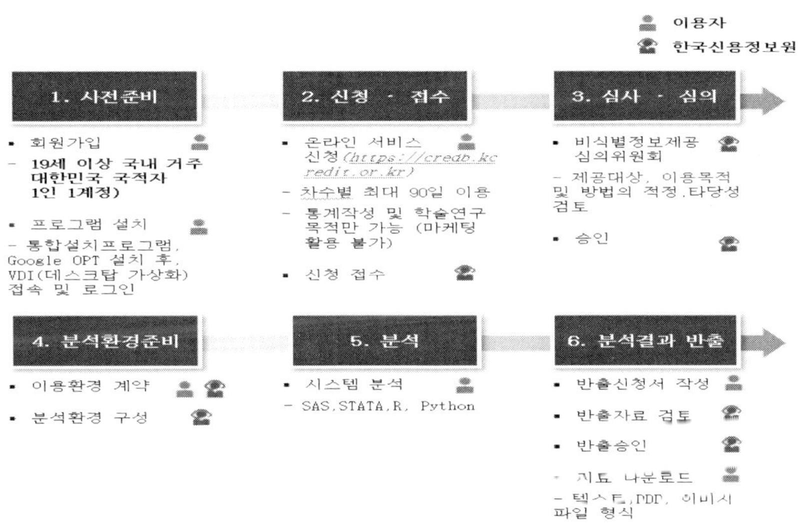

자료 : 금융빅데이터 개방시스템 웹사이트(2020)

금융빅데이터 개방 시스템 서비스 절차

❙ 이용환경

- (이용기간 및 비용) 승인된 이용자는 90일간 무상으로 원격분석시스템을 통해 개인신용정보 또는 기업신용정보 표본DB 분석 가능
- (원격분석시스템) 가상의 분석 환경으로 이용자에게 100GB의 데이터 저장 공간을 제공
  - 현재는 40개의 이용계정을 제공하나 향후 관련 기반 확충 예정

CHAPTER 04 산업별 빅데이터 활용과 비즈니스

- (분석 소프트웨어) 이용자는 SAS, R, STATA 등의 통계 분석 프로그램과 딥러닝 분석이 가능한 Python과 텐서플로우 등을 이용 가능하다. 원격으로 분석하고 결과만 반출가능(반출 승인 필요)

5 기업 사례 : 신한카드 상품개발

2016년 기준, 신한카드는 업계 최대 22%의 시장점유율을 통한 고객, 가맹점 등 소비관련 빅데이터를 보유하고 있다.

신한카드 빅데이터 현황(2016)

회원수	2,200만 명
가맹점수	270만 가맹점
월평균 승인건수	2억 건
모바일앱 회원수	580만 명
월평균 상담센터 콜수	300만 콜
월평균 온라인 방문회원수	640만 명
데이터양	93테라바이트/1.6조 건

이러한 빅데이터를 기반으로 글로벌 Best Practice를 조사하여 빅데이터 활용을 먼저 시작할 수 있는 부문을 다음과 같이 4개를 선정하였다.

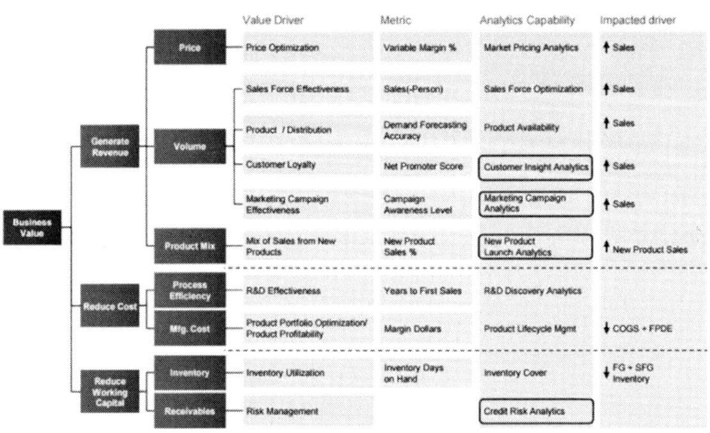

신한카드 빅데이터 활용

이러한 4개 영역에서 18개 과제를 도출하고, 중장기 로드맵을 수립하여 15개 과제를 1차 모형으로 개발하였다. 다른 세부과제도 있으나, 여기에서 상품개발에 대한 내용을 알아보자.

4대 영역, 18대 세부 과제

고객 소비패턴 분석을 기반으로 Code9을 솔루션화하여 고객 소비 데이터 기반 상품개발 체계를 구축하였다.

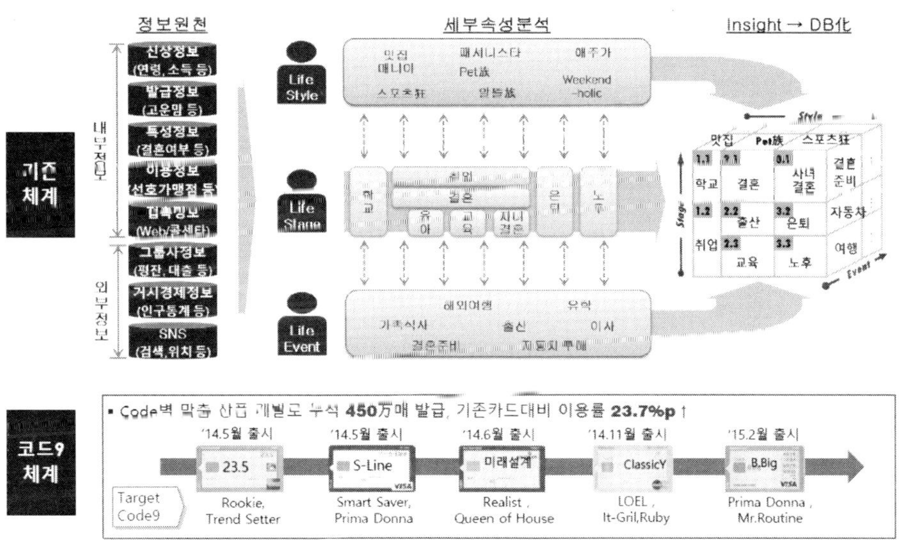

기존 상품체계와 코드9 상품체계

또한, 빅데이터를 통해 검색어 간의 연관성을 분석하는 Topic 알고리즘 기반으로 소비 업종 간 연관성 분석 알고리즘을 개발하여 신한카드 미이용 고객 중 예상 소비군으로 추정되는 고객 대상 타켓마케팅 대상을 확대하였다.

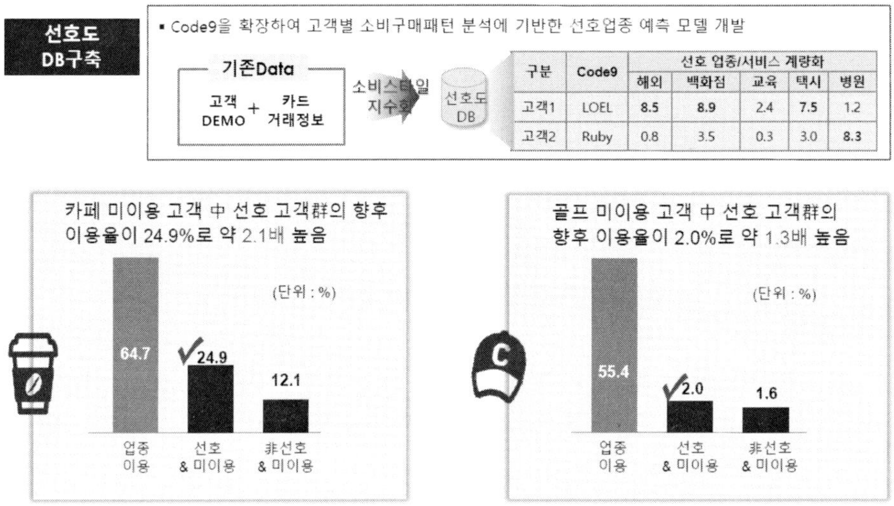

코드9의 확장과 연관성 분석 알고리즘의 적용

구매사이트

SNS 언급량

	쇼핑 사이트	문서수	비중
1	Amazon	23,772	44%
2	(각종) 공홈	6,384	12%
3	I-hub	5,598	10%
4	이베이	4,233	8%
5	6pm	3,742	7%
6	비타트라	2,251	4%
7	타오바오	2,159	4%
8	아소스	1,312	2%
9	조씨네 뉴발란스	1,025	2%
10	라쿠텐	1,016	2%

이용건수 순위

이용건수	쇼핑몰
1	✓i-hub
2	각종 공홈
3	✓Amazon
4	타오바오
5	몬스터짐
6	6PM
7	샵밥
8	비타트라

언급량은 아마존이 가장 높음
이용건수는 아이허브가 가장 많음
: 한국인 Shopper의 이용 편의성을 위해 한국어 지원, 화면구성, 배송 등 한국인 취향에 맞춤으로 아이허브 이용이 상대적으로 많음

구매경로

SNS 언급량

	구매 국가	문서수	비중
1	미국	16,287	58%
2	독일	3,474	12%
3	일본	3,393	12%
4	중국	2,484	9%
5	영국	801	3%

국가별 매출 순위 (당사 Data)

이용건수	구매국가	전년 동기 대비 성장율
1	미국	110%
2	일본	✓200%
3	중국	✓260%
4	독일	✓216%

중국 해외직구의 언급량은 적으나 실제 매출 상승폭은 가장 높음
: 저가 중심의 중국 해외 직구에 대한 SNS상의 자랑을 위한 공유는 안하지만 상품 구매 니즈는 상당히 높은 것으로 분석됨

SNS와 정형 데이터 분석 적용

또한, SNS데이터와 정형 데이터 분석을 통해 고객의 니즈를 파악한다. 해외 직구 관련 신한카드 매출자료와 소셜 네트워크 상의 분석자료의 상호 비교 및 분석을 통해 새로운 관점의 구매주체, 채널, 경로에 대한 입체적 분석이 가능해졌다. 소셜 데이터만으로 한계가 있으므로, 구매 및 행동 데이터와 연계 분석하여 정교한 예측이 가능해졌다.

예를 들어, 트렌드 분석을 통해 고객 니즈를 파악할 수도 있다. 당시 인기 드라마가 사회에 미치는 영향이 다시 소비형태에 어떠한 영향을 미치는 지를 분석하여, 향후 유사한 인기 드라마 방영 시에 관련 기업들이 소비 트렌드 변화에 대해 사전 예측과 대응이 가능하다.

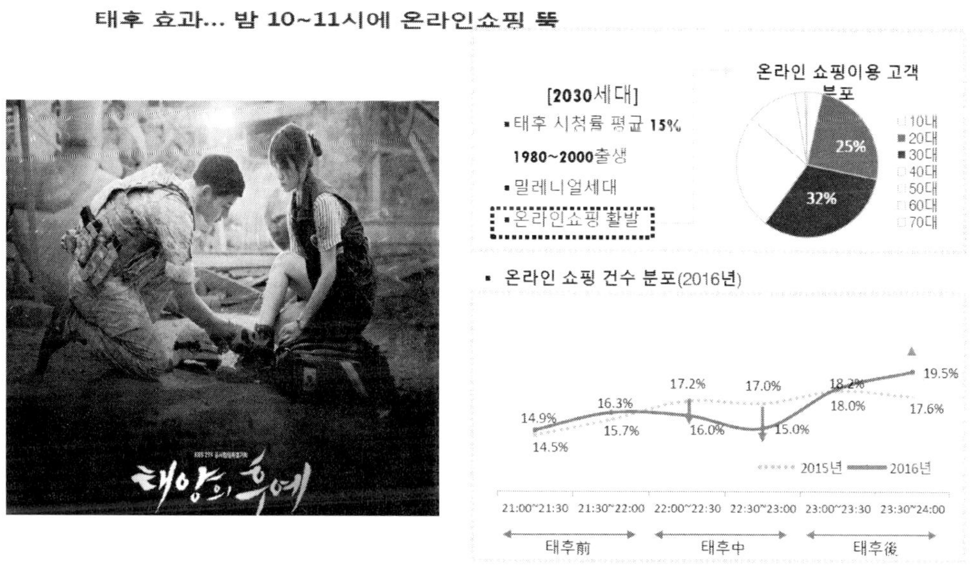

트렌드 분석을 통한 고객 니즈 파악

헬스케어

코로나19 전염병에서 촉발된 비대면 사회로의 진입은 데이터를 활용한 헬스케어 산업에 대한 관심을 증폭시켰다. 다양한 분석 도구를 바탕으로 헬스케어 데이터에 대한 수집 · 이해 · 활용 방식이 확대되고 있으며, 이종 산업 간 데이터를 융합해 개인화된 맞춤형 헬스케어 사업이 시도되고 있다.

CHAPTER 04 산업별 빅데이터 활용과 비즈니스

① 시장규모

글로벌 시장조사기관 그랜드뷰리서치(Grand View Research, 2019)의 전망에 따르면, 글로벌 디지털 헬스케어 시장은 2019년 $1,145억에서 2025년 $5,092억으로 폭발적인 성장이 예상된다. 이 중 2019년 기준 전체 시장의 절반 이상을 북미 지역이 차지하며, 국내 시장은 전체의 1.4%인 2조 원 수준으로 추정된다.

② 헬스케어 분야의 데이터 활용

과거 헬스케어 데이터는 병원에서 환자를 진료하고 치료하는 과정에서 생성돼 의료기관이 보관하는 의료 정보 및 이에 수반되는 약 처방과 의료보험에 반영되는 정보들로 보는 협의의 개념이었다. 그러나 최근에 제약, 의료기기, 보험, 금융, 생활 습관 등 건강활동에 수반되거나 사회경제, 주변환경 등 건강에 영향을 미치는 여러 분야의 데이터를 포괄한다. 의료기관 외부에서 생성되는 데이터는 의료 및 유전체 등 서비스 제공 영역의 내부 데이터보다 매우 클 뿐만 아니라 건강에 미치는 영향도 크다는 분석이 있다.

비즈니스에서 많이 활용되는 데이터는 다음과 같다. 현재는 인공지능(Artificial Intelligence, AI) 학습용 빅데이터, 임상시험 데이터를 적극적으로 수집, 정리, 관리하고 사업에 활용하는 추세다. 인공지능은 방대한 데이터를 활용하는 데 있어 자체 알고리즘을 이용해 학습한다. 따라서 헬스케어 분야에 활용할 수 있는 인공지능은 헬스케어 빅데이터를 통해 학습되고 있다.

■ 헬스케어 분야에서 많이 활용되는 데이터 원천

	종류	원천
임상연구 및 진료데이터	전자의무기록, 전자건강기록, 처방 정보, 의료 영상 기록, 시술 기록 등 의약품 · 의료기기 임상시험 데이터를 포함한 연구 데이터	자격 및 보험료 관련 데이터, 진료내역, 건강검진 결과, 사망 정보 등 공공기관에서 수집, 보관, 관리하는 데이터
유전체를 포함한 오믹스 데이터	유전체, 전사체, 단백체, 후성 유전체 등 다양한 분자 수준에서 생성된 데이터	의료기관, 연구기관, 검사 기관, 분석기관
개인 건강데이터 및 라이프로그	웨어러블기기, 모니터링 시스템, 사물인터넷, 모바일 애플리케이션에서 수집된 데이터로, 개인의 일상활동에 관한 모든 데이터	개인건강기록(PHR), 웨어러블 기기, 스마트폰 등
공공기관에서 청구하는 청구데이터	자격 및 보험료 관련 데이터, 진료내역, 건강검진 결과, 사망 정보 등 공공기관에서 수집, 보관, 관리하는 데이터	건강보험공단, 통계청, 건강보험심사평가원 등

임상 연구 및 진료 데이터

임상데이터는 의사, 간호사, 약사, 물리치료사, 의무기록사, 행정 담당자 등 의료기관 관련자가 사람을 대상으로 한 진료 과정 중에 생성하는 인구 통계학적 정보, 진단, 치료, 처방, 실험실 검사, 생체 모니터링, 입원 기록, 간호기록 및 영상, 진료비 등의 데이터를 의미한다. 진단 기술이 발전함에 따라 인간이 입력하지 않고 의료장비로부터 직접 생산돼 저장되는 데이터의 양이 점점 늘어나고 있다. 전자문서 형태인 전자의무기록과 처방전달 시스템에 기록되며 엑스레이나 MRI 같은 영상 데이터는 영상저장전송시스템(PACS)에 저장돼 관리된다.

임상진료 데이터 활용 사례

	사업	내용
구글헬스와 자회사 베릴리(Varily)	의료영상 빅데이터로 학습시킨 인공지능을 이용한 질병 진단	- 구글헬스는 2016년에 당뇨병의 증상인 망막증과황빈부종의 영상 빅데이터를 AI에게 학습시켜 이를 토대로 당뇨성 망막병증을 정확하게 진단할 수 있는 딥러닝 기반의 인공지능을 발표함. 이후 발전을 거듭해 구글헬스의 인공지능은 망막 안저사진(Retinal Fundus Photographs)을 판독해 최고 수준의 인간 안과의사와 대등한 수준의 진단 정확성을 확보 - 구글헬스는 2019년에 인도의 아라빈드 안과 병원에서 본격적인 임상 실험 개시. 인도는 안과 의사가 10만 명이 부족하고 당뇨병을 앓는 7200만 명 가운데 600만 명 이상이 당뇨성 안과 질환으로 판정 - 구글헬스의 이 알고리즘은 유럽연합 의료기기 표준 인증을 획득
ICON plc, Medpace Inc, Syneos Health 등 글로벌 CRO 기업	빅데이터를 활용한 임상주기 단축과 비용절감	- 글로벌 CRO 업체들과 디지털 솔루션 제공 업체들이 함께 실사용증거(Real World Evidence)의 임상 빅데이터를 효율적으로 사용해 임상 비용을 줄이고, 임상 주기를 단축하고자 'Align Clinical CRO'를 구축 - 축적된 정형 및 비정형 데이터를 활용해 각 임상에 최적화된 환자들 빠르게 모집하고, 후보약물을 빠르게 발굴하며 이를 통해 임상이 진행되지 못한 희귀질병에 대한 임상과 신약개발이 가능할 것으로 기대

유전체를 포함한 오믹스 데이터

오믹스(Omics) 데이터는 인체로부터 수집된 인체구성물의 DNA/RNA 시퀀스 정보 및 미세결실검사(microarray) 분석 정보를 의미한다. 최근에는 국내 병원에서도 암유전체를 분석한 맞춤형 의료 서비스가 본격적으로 시작되고 유전체분석 전문 기업들이 등장해 사업화가 활발하게 진행되고 있다. 차세대 유전체분석기술(Next Generation Sequencing, NGS)에 기반을 둔 암유전체 패널 검사 서비스는 지금까지 알려진 유전자 변이 수십 개를 하나의 패널로 구성해 유전성 질환과 비유전성 암의 필수 유전자를 대상으로 각 질병을 일으키는 유전자 돌연변이를 찾아내고, 돌연변이에 따른 표적 치료제를 추천해준다. 유전체분석 전문 기관에서 수탁하고 여기에서 제시된 유전체분석 리포트를 기반으로 환자 치료를 시행하는 방식이다.

유전 데이터는 정밀의학 분야에서도 활발하게 사용된다. 한 개인의 유전체 서열을 명확히 파악해 개인별로 특정 질병으로 이환될 확률, 약물 효과, 건강 관련 데이터(생활습관, 식사, 운동, 거주 환경 등)와의 연계성 등을 예측하고 면밀하게 분석해 개인 맞춤형 최적의 의료 서비스를 제공한다. 이외에도 신약 개발, 약물 재창출, 소비자 직접 의뢰 방식(Direct-to-Consumer, DTC) 유전자 검사에 대한 사업화 영역에서 유전체 빅데이터가 활발하게 활용되고 있다.

유전체 포함 데이터 활용 사례

	사업	내용
닥터노아 바이오테크	유전체 데이터와 인공지능을 활용한 희귀질환 타깃 약물 재창출	- 희귀질환 치료제 중 복합체를 예측할 수 있는 플랫폼 'ARK' 개발 - 의약학 문헌 정보 및 유전체 데이터, 인공지능을 이용해 환자의 특성에 맞는 최적의 약물 조합을 예측해주는 시스템 - 기존에 승인된 약물 혹은 임상에서 실패한 약물을 2~3개 조합해(약물 재창출 기법) 새로운 기능을 갖는 복합체로 재탄생
신테카바이오	차세대 유전체분석기술(NGS)로 개인 유전체 데이터 분석을 통한 정밀의학	- 개인 유전체 데이터 분석으로 컴퓨터 기반 가상 임상시험, 환자 맞춤형 치료 및 약물 재창출 등을 개발하는 유전체 헬스케어 빅데이터 기업 - 핵심기술은 특정 질환을 앓는 환자들의 유전체 빅데이터를 이용해 특정 약물에 효과가 있는 군과 그렇지 않은 군, 또는 부작용이 있는 군을 찾아내는 '개인유전체맵 플랫폼' 임
메디젠 휴먼 케어	유전체 패널검사를 통한 질병 위험도 분석	- 자체보유한 질병패널검사 시스템으로 남성 암 17종, 여성 암 19종 등 다양한 질병에 대한 위험도를 분석할 수 있는 유전체 검사 진행 - 유전체분석 결과 및 생체지표 검사를 바탕으로 전문의, 전문 영양사 및 유전학 전문가의 자문을 이용해 개인 맞춤 솔루션 제공, 정기적으로 검사

개인 건강 데이터 및 라이프로그

개인 건강 데이터(Personal Health Record, PHR)는 병원에서 진료가 이루어지는 동안 지속적으로 수집·제공되는 개인의 일상 헬스케어 데이터이며 개인의 기록, 웨어러블기기, 스마트폰 등을 통해 수집된다. 이는 유전 데이터 및 의료 데이터, 건강검진 데이터와 합쳐져 상호 상관 관계 분석을 통해 개인 맞춤 의료(Personalized Medicine), 정밀 의료(Precision Medicine)의 중요한 한 축을 이룬다.

■ 개인 건강 데이터 활용 사례

	사업	내용
모바일 닥터	'열나요'앱 서비스	- 부모가 입력하는 아이들의 체중, 증상, 해열제 복용, 진단명, 예방접종 여부 및 체온 등의 데이터를 분석해 영유아 체온 관리를 위한 새로운 의학지식과 다양한 서비스를 제공 - 체온기록 400만 건, 해열제 입력 100만 건, 진단명 5만 건 및 예방접종기록 5만 건에 해당하는 헬스케어 빅데이터 보유 - 최근에는 이와 같은 데이터를 이용해 머신러닝 기반의 독감 스크리닝 프로그램을 개발중
웰트	벨트형 헬스케어 디바이스로 측정된 PHR 빅데이터를 활용한 헬스케어 솔루션 · 서비스 개발	- 환자에 의해 생산되는 건강 데이터 중 주로 디바이스에서 생산되는 라이프로그를 기반으로 허리둘레, 활동량, 식습관 등을 모니터링해 독창적인 맞춤형 비만관리를 위한 웰니스 솔루션을 확보
메디블록	블록체인 기술을 이용한 개인건강 기록 플랫폼 개발	- 핵심 기술은 블록체인 기술을 이용해 이를 바탕으로 개인건강기록 플랫폼을 만들고 분권화된 저장소에 데이터를 저장하며 플랫폼 참여자에게 가상화폐로 보상을 주는 것 - 플랫폼을 이용해 개인 사용사는 헬스케어 빅데이터를 만들어내고 연구자나 기업은 사용자로부터 헬스케어 빅데이터를 안정적으로 획득

공공기관에서 발생하는 청구 데이터

청구 데이터는 국민건강보험공단, 건강보험심사평가원, 보험사 등에서 발생하는 데이터를 말한다. 보험급여가 책정된 항목의 질병에서는 시계열별로 처치, 시술, 검사 등의 진료 내역, 진단명, 보험자 지급 비용, 환자부담금, 환자 인구통계학적 특성, 요양기관 정보 등 다양한 정보를 얻을 수 있다. 그러나 비급여 항목에 대한 데이터는 확보하기 어렵다는 단점이 있다.

■ 〈표 4.8〉 청구 데이터 활용 사례

	사업	내용
코아제타	청구 데이터를 분석해 제약사에 제공	- 청구 데이터인 건강보험심사평가원의 빅데이터 를 기반으로 의약품의 사용 패턴과 특징을 분석 · 시각화해 제약사에게 서비스 제공 - 이를 위해 PBD(PharmaBigData)라는 의약품 분석 및 시각화를 위한 서비스 개발
미국 누나(NUNA) 헬스케어	메디케이드 데이터 관리 분석 플랫폼 제공	- 미국 정부 의료 프로그램인 메디케이드와 연관된 데이터 분석 표준화 플랫폼 구축 - 미국 전역에 걸쳐 7300만 명이 넘는 빈곤층, 장애인 · 어린이 데이터를 관리하는 메디 케이드에 대한 최초의 표준화된 데이터플랫폼 제공 - 메디케이드 대상자들 치료 등의 청구 데이터 정보를 이용해 클라우드 컴퓨팅 데이터베이스를 구축하고 고객들에게 자료 제공

③ 디지털 헬스케어 데이터와 다른 데이터의 융합 비즈니스

국내 기업의 주목할 만한 몇 가지 사례를 소개한다.

디지털 헬스케어 데이터와 타산업 융합 비즈니스 사례

	분야	내용
KB손해보험	금융 · 건강정보	- 보험업계 최초 빅데이터 자문 및 판매 서비스 부수 업무 자격 획득. 고객 건강정보를 바탕으로 종합건강관리 서비스를 제공하는 헬스케어 사업과 여러 기관에 산재한 금융정보를 통합 관리하게 해주는 마이데이터 사업 추진
삼성생명	금융 · 건강정보	- 업계 두 번째로 빅데이터 자문 및 판매 서비스 부수 업무 자격 취득. 삼성생명은 고객 건강정보를 기반으로 종합 건강관리서비스를 제공하는 헬스케어 사업을 강화하고 흩어진 고객 금융거래 정보 등을 일괄수집해 제공하는 마이데이터 사업 등을 추진 예정
GC녹십자헬스케어 · 에이블애널리틱스	빅데이터 · 건강정보	- GC녹십자헬스케어는 누적된 빅데이터를 기반으로 최근 인수한 빅데이터 분석 전문 컨설팅 기업인 에이블애널리틱스의 데이터 분석 역량을 활용해 차별화된 개인 맞춤형 건강관리 솔루션 제공 계획 - 2020년 하반기 비만도 및 대사증후군 고객 세분화 모델, 검진센터 추천 모델, 건강검진 맞춤 및 검사항목 추천 모델 등을 추진
SK건설	건설 · 헬스케어	- 체성분 분석 세계 1위 기업인 인바디와 홈 IoHT 랩(Home Internet of Health Things LAB)을 오픈 - 홈 IoHT 랩은 기존 세대별 조명, 가스밸브, 가전제품 등을 원격으로 제어하는 IoT 기술에 건강(Health) 기능을 결합한 IoHT 기술이 구현됐으며 실내 공기질을 측정해 최적으로 유지하는 SK건설의 지능형 환기시스템도 적용 - 고객은 랩을 통해 체성분, 운동 능력 분석 등 현재 건강상태를 진단받고, 개인별 맞춤 운동 프로그램과 식단 정보를 제공 받음. 생체 징후 원격 모니터링과 각종 건강 교육 서비스가 가능한 인프라도 구축돼 원격진료 시대를 대비한 토털 헬스케어를 체험 공간으로 구성
유비케어	제약사 · 보험 · 헬스케어	- 헬스케어 데이터 분석 · 유통 플랫폼 UBIST Data Bank 출시 - 보유한 의료 · 헬스케어 빅데이터를 기반으로 광범위한 의약품정보, 처방정보, 환자 데이터 등과 융복합하고 다각적으로 분석해 다양한 콘텐츠를 생산 및 공급 - 의약품 원외처방 시장 전망 및 마케팅 분석 콘텐츠/의약품 처방 패턴 분석 콘텐츠/의약품 이상사례 분석 콘텐츠 - 보험업군 대상의 질환 패턴 변화 분석과 의약품 특허 만료에 따른 시장 전망 등의 신규 콘텐츠 출시 계획
아리아케어 · 풀무원 푸드머스	식품 · 유통 · 건강정보	- 시니어 플랫폼 기업 아리아케어가 풀무원푸드머스와 시니어 세대 만성질환 개선을 위한 맞춤식사 케어테크 솔루션인 푸드케어 서비스 제공 - 푸드케어 서비스는 2020년 10월부터 노인장기요양보험 수급자를 대상으로 푸드케어 꾸러미를 무료로 공급하는 사회공헌형 시범 사업으로 시작 - 시범사업 방식은 아리아케어 플랫폼 고객 중 100여 가구를 선정해 어르신들

		의 건강 상태와 음식 기호, 식생활 환경 변화 추이 등을 조사하고 이를 기반으로 풀무원 연구진들에 의해 개발된 맞춤형 고령친화식단이 제공될 예정 - 기간내 수집된 사용자들의 빅데이터는 가톨릭의대 빅데이터센터와 스마트 헬스케어센터 연구진들과 협업해 향후 시니어를 위한 맞춤형 고령친화식품 연구 개발에 활용될 예정 - 두 기업은 방문요양 서비스로 점차 확대하고 빅데이터 분석을 통한 시니어 맞춤형 케어 제품 공동 연구, 푸드케어 제품 공급 및 유통 협력 등 계획
바디프렌즈 · 메디플럭스 · 세종병원 · 메디컬에이아이	제약사 · 보험 · 헬스케어	- 심전도 빅데이터를 이용한 AI 분석을 통해 빈혈 진단 성공 - 7만 건 이상의 심전도 데이터와 나이, 성별 등의 데이터를 AI 기술로 분석해 높은 수준의 정확도로 빈혈 진단과 수치까지 파악할 수 있음을 밝혀냈으며 빈혈 외 중대한 심장 관련 질환 등 다른 질환에 대해서도 예측과 진단을 할 수 있는 연구를 진행중

④ 기업 사례

금융 빅데이터 개방 시스템(CreDB) 관련 사례는 아니지만, 정부가 동일한 맥락에서 시작한 바이오 · 헬스 분야에 대한 정부의 개방 시스템 구축에 대한 사례를 살펴 보자.

건강보험공단 심사평가원(HIRA, Health Insurance Review & Assessment Service)은 「공공데이터의 제공 및 이용 활성화에 관한 법률」에 근거하여 지난 2014년부터 보건의료 빅데이터 개방시스템(Healthcare Bigdata HUB)을 구축하였다. 전국민 진료정보를 다양한 통계와 빅데이터 분석 서비스를 통해 제공 중이며, 보건의료 분야 연구 · 개발 등에 활용하고 있다. 보건의료 빅데이터 개방시스템 홈페이지에서 제공하는 공공데이터는 누구나 이용 가능하고, 영리 목적의 이용을 포함한 자유로운 활용이 보장된다.

공공데이터(데이터셋, Open API), 의료 빅데이터(보건의료 빅데이터센터, 원격통계분석시스템), 의료통계정보(진료.질병, 의약품, 치료재료, 의료자원 정보) 제공 서비스를 이용할 수 있다.

내부 원천데이터를 망분리하고, 개인정보 비식별화 조치가 완료된 별도의 데이터베이스를 구축하여 민간 활용을 지원하고 보건의료 빅데이터센터 또는 원격 분석계정을 활용하여 이용자가 직접 맞춤형 데이터셋을 분석할 수 있는 환경을 제공한다.

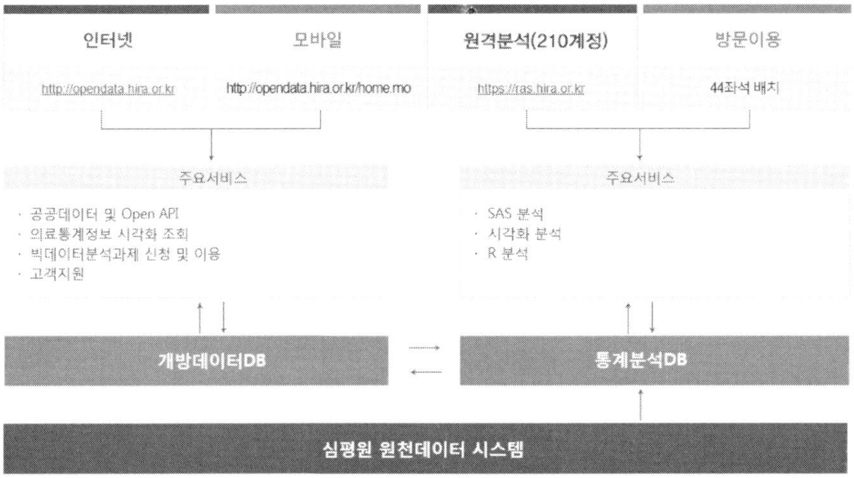

자료 : 보건의료 빅데이터 개방시스템 웹사이트(2020)

보건의료 빅데이터 개방시스템 서비스 구성

금융 빅데이터 개방 시스템 서비스 개시한 정부는 바이오 · 헬스 분야를 국민생명과 건강을 보장하기 위한 핵심산업으로 보고 차세대 선도 산업으로 육성할 계획을 가지고, 최대 100만 명 규모의 국가 바이오 빅데이터를 구축한 후 정부 연구 개발 투자에 2025년까지 연간 4조원 이상을 투입할 예정이다.

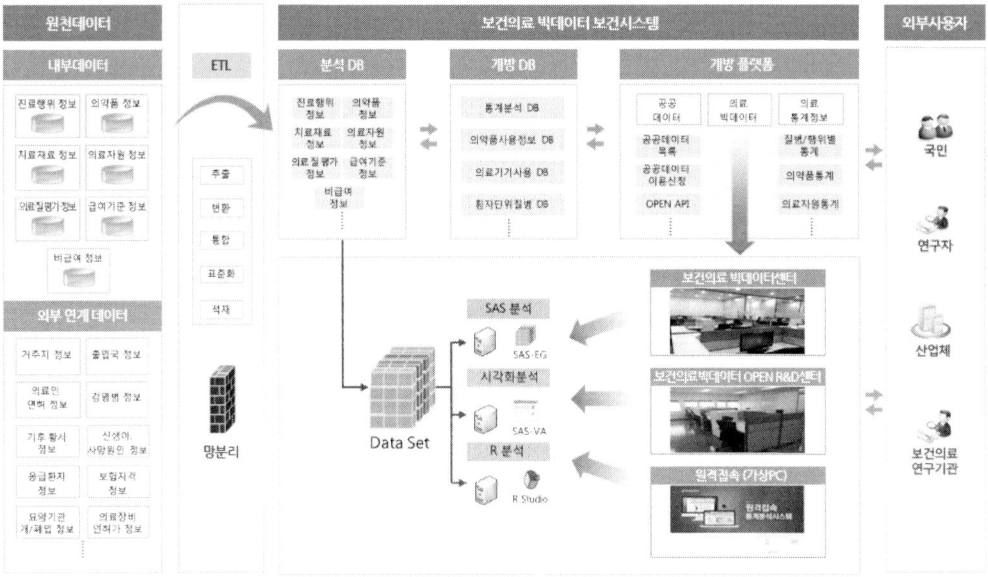

자료 : 보건의료 빅데이터 개방시스템 웹사이트(2020)

보건의료 빅데이터 개방 시스템 구조도

제조

1 시장규모

인공지능(AI) 기술을 소비재가 아닌 제조업 같은 산업에 적용하는 것을 산업 인공지능(Industrial AI)이라고 한다. 2015~2017년 사이에 제조업에서 사물 인터넷(IoT), 빅데이터 기술을 통해 광대한 데이터가 축적되면서 AI 기술을 도입하려는 시도가 본격화됐다. 24시간, 365일 쉬지 않고 생산이 이뤄지는 공정에서는 산업 분야에 따라 하루에도 테라바이트 이상의 방대한 데이터가 생산장비, 설비, 공정, 제품에서 만들어진다. 제조기업은 이런 빅데이터를 머신러닝(Machine learning), 딥러닝(Deep learning) 기술로 분석하려는 다양한 시도를 하고 있다.

최근 제조업에 AI를 도입하려는 수요는 계속 증가하고 있다. 아직은 시장 초기 단계라 정확한 시장 크기를 추정하기는 어렵다. 하지만 AI 도입 프로젝트를 수행하는 기업이 예전에는 매출 10조 원 규모의 제조 대기업 위주였다면, 지금은 매출 1조 원 미만의 중소기업까지 제조 공정에 AI를 도입하려는 시도가 늘고 있다. 시장조사 자료를 따르면 글로벌 제조 분석 시장은 2020년 기준 $550만로 추정되며, 2027년까지 연평균성장률(CAGR) 18.7%로 성장해 $1,820만 규모에 이를 것으로 전망된다. 한국 시장은 2020년 $50만에서 2025년까지 $150만 규모로 성장할 것으로 추정된다.

초기 AI를 도입하려는 수요는 반도체, 자동차, 철강 관련 기업에서 많았다. 정유 산업이나 화학 산업과 달리 이들 산업은 공정, 원재료, 제품이 자주 바뀌고 복잡도가 높아 제조 이슈를 해결하는 데 AI 도입을 검토했다. 반도체 산업은 3~5년마다 신규 공장을 건설하고, 3년마다 신규 장비를 도입해 신규 라인을 증설하고 있다. 이렇게 변화가 많은 경우에 아무리 뛰어난 엔지니어라도 새로운 변화를 지속적으로 수용해 최적의 수율을 달성하기 어렵다. 이런 부분에서 빅데이터, AI 기술 도입에 대한 수요가 발생한다.

제조기업 시장규모 단위 : $10억

	2020	2021	2022	2023	2024	2025
글로벌 제조 분석 시장	5.50	6.53	7.75	9.20	10.92	12.96
국내 제조 분석 시장	0.5	0.7	0.9	1.0	1.2	1.5

자료 : Markets and Markets(2017)

② 주요 기업 동향과 문제점

동향

아직 시장 초기이기 때문에 다양한 시도를 하는 스타트업이 꾸준히 등장하고 있다. 시장 지배 기술이 나타나거나 성숙된 단계가 아니므로 다양한 연구개발 노력이 필요하다. 마이크로소프트, 액센츄어, 아마존웹서비스, 휴렛팩커드 엔터프라이즈 같은 IT 서비스 대기업은 AI 기술 개발 외에도 인수합병(M&A)을 통해 기술력 높은 스타트업을 계속 인수하고 있다.

구글은 B2C 비즈니스에서 시장 지배력이 높아 AI 기술을 기존 사업에 적용하는 데 집중하고 있다. 직접 산업 인공지능 시장에 진입하고 있지는 않지만, 구글 클라우드와 안드로이드 플랫폼에 AI 적용을 시도하고 있다. 아직 초기 단계지만, 로봇팔 제조사에 구글 클라우드를 서서비스로서의 플랫폼(PaaS), 서비스로서의 소프트웨어(SaaS) 플랫폼으로 제공하며, 로봇팔에 이상이 생기면 안드로이드 폰에서 모니터링하고 오류를 파악하게 하는 시도를 하고 있다. AI 기술 개발기업은 고복잡도 산업 vs. 상품(commodity) 산업, 범용 제품 vs. 맞춤화(customization) AI 서비스로 차별화해 자리를 잡아가고 있다.

예를 들어, C3.ai와 업테이크사는 사물인터넷(IoT) 시기부터 개발해온 솔루션과 자체 데이터 플랫폼을 이용해 발전, 화학, 철도 같은 인프라 산업에서 사업을 전개하고 있다. 반면 액센츄어는 제품보다 데이터 분석 컨설팅으로 사업을 하고 있다. 일본 AI 기업인 Preferred Networks(PFN)는 제품 개발보다 일본 내 대기업과 장기 R&D 계약을 맺고 데이터 분석 서비스를 제공하고 있다.

IT 서비스 대기업의 스타트업 인수 현황

IT 서비스 대기업	마이크로소프트	엑센츄어	아마존웹서비스	휴렛팩커드엔터프라이즈
인수된 스타트업	Bonds.ai(강화학습)	Clarity Insight (AI 컨설팅서비스)	Angel.ai(자연어처리)	MapR(데이터플랫폼)
목적 · 내용	클라우드 서비스 애저 경쟁력 강화	인공지능 컨설팅 강화	자연어 처리 인력 확보	데이터처리분석 플랫폼 강화

문제점

AI 기술의 성공사례는 B2C 산업에 AI를 도입한 예가 대표적이다. 구글 포토는 AI의 딥러닝 기술을 이용해 사진 분류를 사용자 지정 없이 스스로 할 수 있다. 네이버 파파고는 딥러닝 기술을 도입해 번역 품질을 크게 향상시켰다. 하지만 제조업에 AI가 실제 현장까지 적용돼 성공한 사례는 많지 않다. 이유는 제조업에 AI를 도입하는 것이 B2C 산업에 도입하는 일보다 어렵기 때문이다. 맥킨지 컨설팅이 실시한 조사 자료에 따르면, AI를 도입하는 3개 기업 중 2개 기업이 AI 기술을 테스트하는 파일럿 단계까지 진행하고 실제 생산라인에 도입하는 것을 미루는 것으로 나타났다.

그 이유는 제조업과 B2C가 사용하는 데이터와 AI 기술 도입 목적, 응용분야가 다르기 때문이다. B2C에서는 AI를 인간이 하는 작업을 대체하는 용도로 많이 활용한다. 제조업에서는 사람이 하기 어려운 일, 예를 들면 오랜 경력의 엔지니어라도 하기 어려운 공정 최적화, 장비 고장 예측 분야 등에 AI를 도입하려고 한다.

제조업 데이터의 직관적 분석이 어렵다는 것을 설명하고 있다. 펭귄 그림을 보면, 대다수 펭귄과 다른 하나의 펭귄을 가운데 부분에서 쉽게 찾을 수 있다. 펭귄 그림 옆의 그래프는 제조업에서 흔히 사용되는 온도, 압력, 전류 센서에서 나오는 센서값 그래프이다.

일반 사람은 그래프에서 데이터 정상패턴과 다른 이상값을 찾기 어렵다. 왜냐하면 이 그래프를 해석하기 위해서는 전문지식이 필요하기 때문이다. 이런 데이터를 분석하는 능력을 얻기 위해서는 시간과 노력이 많이 소요된다. 산업 전문지식을 갖춰야 하고 데이터를 전처리해 분석하기 쉬운 형태로 변환시킬 줄 알아야 하기 때문이다.

공정과 제품의 복잡도가 지속적으로 증가하기 때문에 분석하고자 하는 문제의 난이도도 높아지고 있다. 무엇보다도 아직도 제조업 데이터를 분석할 데이터분석가가 부족하다. AI 스타트업이 많은 미국 실리콘밸리에서조차 데이터분석가들은 상대적으로 재미있고 빠른 해석을 얻을 수 있는 B2C 분야에 분포해 있다.

소비자 기반(B2C) AI와 제조업 특화(B2B) AI 비교

	소비자 기반 AI	제조업 특화 AI
목적	- 인간의 지능을 모방해 인간이 할 수 있는 일을 대체	인간의 인지 · 분석 능력 범위보다 복잡한 업무를 대체
데이터	- 직관적 해석이 가능한 데이터 • 이미지, 동영상, 텍스트, 음성 • 고객 프로필 & 행동	- 제조 공정 중 생성되는 데이터(비직관적 데이터) • 센서에 의한 측정 값 • 작업자에 의한 설비 설정 값 • 품질 계측 값 • 고장, 유지 · 보수, 수리 등의 업무일지
응용	- 개인화 광고, 개인화 콘텐츠 · 상품 추천 • 영상처리 기반 의료 진단 • 기계번역, 비디오 감시 시스템, 자율주행	- 제조업에서 • 장비고장 예측, 원인인자 분석 • 공정 최적화, 제품 품질 관리 • 전기 설계 해석(Electrical Design Analysis

자료 : 마키나락스

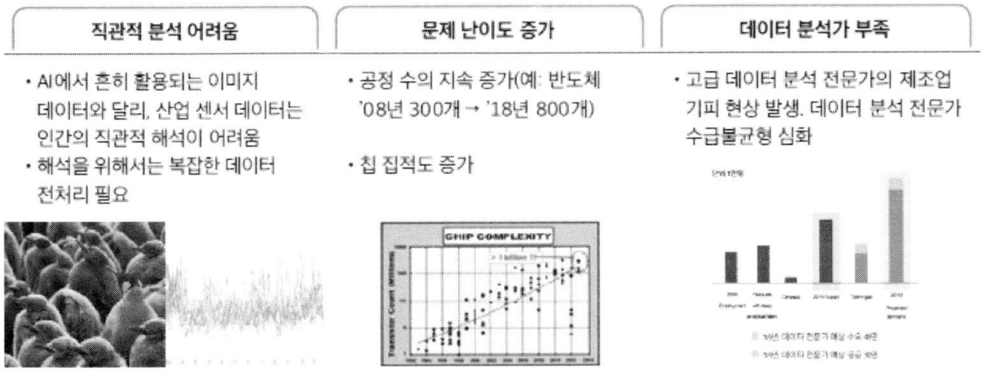

자료 : 마키나락스

제조 데이터 분석의 어려움

아래 그림은 AI를 도입하고 구축하는 과정에서 극복해야 할 어려움을 정리한 것이다.

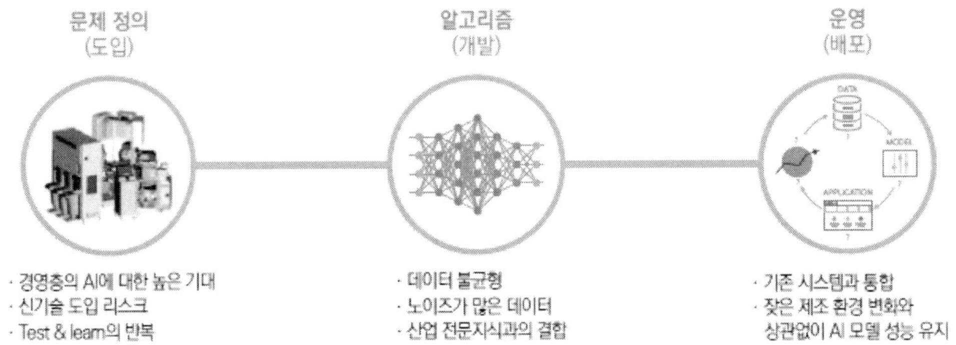

제조업의 AI 도입 및 구축 과정에서 어려움

AI 도입 단계

경영진은 알파고 같은 B2C에서의 성공사례를 기반으로 AI 도입 효과에 대해 기대가 크다. AI 기술은 계속 발전하고 있고, AI가 적용된 제조업은 시장 초기이기 때문에 신기술 도입 위험이 존재한다. 대부분 초기 도입 고객은 Test & learn을 목적으로 소규모 R&D 프로젝트만 테스트하려는 경향을 보인다.

AI 개발 단계

데이터 불균형

데이터 분석을 위해서는 정상 데이터와 비정상 데이터가 모두 필요하지만, 제조업에서는 비정상 데이터가 드물다. 비정상 데이터가 많다는 것은 생산장비의 셧다운(Shut down)이 많거나 제품 이상이 많다는 의미다. 그런 기업은 생존할 수 없으므로 현재 잘 운영되는 기업에서 비정상 데이터는 적을 수밖에 없다. 이렇듯 데이터 불균형은 분석을 어렵게 만드는 원인 중 하나다.

데이터 노이즈

제조업 데이터는 대부분 센서에서 생성된다. 예를 들면 200억 원 대의 복잡한 반도체 장비에는 온도, 진공, 진동, 전압 등 각종 센서가 100개 이상 달려있다. 이런 다양한 센서에서 하루에도 수 기가바이트 분량의 막대한 데이터가 만들어진다. 문제는 이런 데이터가 항상 정확하게 생성되지 않는다는 점이다. 통신 네트워크의 오류, 외부 환경(센서에 영향을 줄 만큼 높거나 낮은 온도 등), 센서 자체 오류 등으로 데이터가 정확하게 수집돼 저장되지 않는다. 그래서 부정확한 데이터가 섞여 있고 이것을 데이터 노이즈라고 한다. 이런 데이터 노이즈는 분석의 어려움을 가중시킨다.

AI 운영 단계

기존 시스템과 통합

새로운 AI 시스템을 기존 제조 관련 시스템과 통합하는 것은 늘 위험을 동반한다. 제조 시스템은 수율, 환경 안전과 직결돼 있으므로 가장 보수적이면서 안전한 방법으로 통합해야 한다. 아마존웹서비스, 마이크로소프트 애저 같은 클라우드 서비스나 시스템과 결합하면 시스템 운영이 수월해진다. 하지만 제조업체는 B2C 수준보다 높은 보안 요구 때문에 클라우드 도입에 적극적이지 않다.

잦은 제조 환경 변화와 모델 성능 저하

제조업의 제조 환경은 계속 바뀐다. 예를 들어 자동차 생산라인은 자동차 모델이 부분 변경되거나 신규 모델이 출시되면 변경된다. 차체가 달라지기 때문에 로봇팔의 동작이 변화하고 공정이 달라진다. 이렇게 환경이 바뀌면 데이터가 달라지고 모델이 바뀌므로 모델 성능이 지속적으로 유지되기 어렵다.

③ 제조업에서 AI 적용 분야

제조업에서 AI 적용 분야는 제조 관련 분야뿐 아니라 회계, 인사관리 등 일반 관리 분야에도 다양하게 도입되고 있지만, 제조 관련 분야를 집중적으로 살펴본다.

제조업에서 AI 기술 주요 적용 분야

분야	적용 AI 기술 예시	내용
주요 생산장비 예지 정비	딥러닝, 평생학습	- 장비에 부착된 센서에서 나오는 데이터나 공정 등 생산 환경에서 나오는 데이터를 분석해 장비의 예기치 못한 셧다운(Shut down) 혹은 이상징후의 발생을 예측하고 계획되지 않은 셧다운(Unplanned Shut down)을 최소화함
제품 표면 불량 검사	머신비전	- 생산 과정 중에 있는 반제품 · 주요 부품 · 제품의 품질 검사를 공정 장비와 테스트 장비의 측정 데이터를 분석해 과거의 무작위 샘플링(Random sampling) 검사 기법을 대체함
공정 최적화	강화학습	- 품질 최적화를 위해, 공정 수행에 필요한 원 · 부재료 투입양 최적화, 생산설비 최적 제어값 등을 추천함
생산 안전환경	머신러닝	- 공장 작업 환경, 외부 환경에서 나오는 데이터를 분석해 안전사고를 예방함
일반 업무관리	자연어 처리	- 챗봇, RPA(Robotics Process Automation) 등을 도입해 정형화된 업무를 AI가 수행하고, 인간은 비정형화한 업무를 수행함

제품 표면 불량 검사 분야

우리나라에서 다른 분야보다 먼저 도입돼 의미 있는 성과를 보여주는 분야는 제품 불량 검사다. 머신비전(machine vision) 기술이 사용되며, 주로 제품 표면을 검사해 사람이 놓치기 쉬운 미세 스크래치 등 표면 불량을 찾아낸다. 2016년부터 본격 도입됐고, 현재는 자동차부품 · 패션 · 가구 업계 등 제품 표면 검사가 필요한 기업에서 도입하고 있다.

현재 머신비전협회에 등록한 기술 · 서비스 기업은 400여 개가 넘는다. 이 분야 주요 기업인 수아랩은 설립한 지 6년 만에 글로벌 비전검사 기업인 코그넥스(Cognex)에 약 2,300억 원에 인수돼 스타트업 엑시트(Exit)의 새로운 기록을 남겼다.

생산장비 예지정비 분야

PdM(Predictive Maintenance)으로도 불린다. 이런 발상은 오래전부터 존재했고 GE, 지멘스 등 장비 제조사와 장비를 사용하는 대기업이 많이 시도하는 영역이지만 괄목할 만한 성공사례가 나오지 않는 영역이기도 하다. 주요 원인 중 하나는 장비 제조사와 장비 사용기업 간 데이터 협업이 필요한데, 제조업 특성상 생산 데이터의 기밀성 때문에 협업이 쉽지 않은 탓이다.

생산장비 데이터는 장비에 부착된 센서에서 생성되고, 해당 센서 체계를 잘 아는 주체는 장비 제조 기업이다. 이중 어떤 데이터는 암호화돼 있어 장비 제조사만 해석할 수 있다. 반면 데이터 분석에 필요한 장비 정상 운영 데이터와 비정상 운영 데이터는 장비사용 기업이 갖고 있다. PdM 개발을 위해서는 장비 제조사와 사용기업의 데이터와 역량이 모두 필요하다.

하지만 장비 사용기업과 장비 제조사 간에 협업이 잘 이뤄지지 않는다. 장비 사용기업은 생산 수율의 노출 등을 이유로 생산 데이터를 장비 제조사에 공개하는 것을 반대하는 경우가 발생하고, 장비 제조사도 장비의 센서 노하우 공개를 꺼리는 경우가 발생한다.

공정최적화 분야

알파고에 적용된 강화학습 같은 계열의 기술을 활용해 생산장비를 운영할 때, 최적 운영값을 추천하거나 조립 공정에 사용되는 로봇팔의 최적의 움직임을 설정하는데 적용된다. 아직 초기 단계이며 실험적으로 테스트하고 있다.

생산안전환경 분야

IoT 기술 도입 때부터 다양한 시도가 있었던 영역이며, AI 기술과 결합돼 더욱 다양한 분야에 적용되고 있다.

4 제조업에 AI 주요 도입 사례

제조업은 생산 관련해 신기술 적용에 적극적인 조기 수용자(early adopter)이지만, 생산 공정에 실제 적용하는 데에는 가장 보수적이다. 즉 생산성 향상 가능성이 있는 기술에 대해서는 R&D 프로젝트를 통해 다양하게 시험하지만, 실제 생산 공정에 적용할 때에는 검증을 반복하며 완벽한 기술을 적용하려고 한다. 왜냐하면 새로운 기술 적용이 생산수율과 안전에 영향을 주기 때문이다.

시장은 대부분 테스트 및 학습(Test & learn) 단계이고, 대부분 개념 정립(Proof of Concept, PoC), 파일럿(Pilot) 단계로 기술 검증 성격의 프로젝트가 대부분이다. 하지만 디지털 전환이 지속되면서 제조업의 다양한 분야에서 기술 채택이 일어나고 있다.

제조업 AI 적용사례

분야	요구사항	이슈	사용데이터	기대효과
설비 예지 정지	웨이퍼 생산 장비의 예기치 못한 고장 발생 예측	장비가 복잡하고 다양한 레시피 때문에, 모든 고장유형을 사전에 알 수 없음	장비에 부착된 100개 이상의 센서 데이터	고장 전 12~48 시간 전에 알람
	로봇팔의 예기치 못한 고장 예측	도장 작업에 사용되는 로봇팔이 제품 모델에 따라 동작하면서, 예방정비로도 잡지 못하는 예기치 못한 고장 발생	로봇팔의 각 축마다 부착된 모터의 전류값, 인코더 값(각도 정), 진동 센서값 등	로봇팔 고장 발생 4~6일 전 예측
공정 최적화	로봇팔을 활용한 용접 공정에서 불량 발생	다양한 자동차 모델을 단일 용접 설비에서 생산하기 때문에, 모델별 초기 설정값이 안 맞는 경우 발생	로봇팔 제어 운영 값, 용접 품질 정상, 레이블링 값	과다/과소 용접 사이의 최적 용접 설비 제어 값 추천
	로봇팔 모션 최적화	제품 모델이 변경될 때마다 로봇팔 동선이 변경돼야 하는데, 옆의 로봇팔과의 동선을 고려해 최적의 모션을 설정해야 함	로봇팔 움직임 값, 조립 대상 제품 데이터 (크기, 부품, 조립 포인트 등)	기존의 시행 착오 방식보다 모션 설정 속도가 빨라지고 정확도가 향상됨. 비용과 시간 절감
	화학산업 보일러 클로깅(막힘) 예측	Reboiler 공정에서 제품 생산과정에서 발생한 찌꺼기 때문에 클로깅 현상 발생	압력, 유량, 온도 등	클로깅 시점을 사전에 예측해 생산설비 운전 방식을 변경하고 클로깅 발생 시점을 늦춤
	전기자동차 배터리룸 최적 온도 유지	배터리 성능에 큰 영향을 주는 배터리룸 온도 최적유지를 위해 냉각팬, 에어플로우의 자동 조정 필요	쿨링팬 속도, 외부 온도	배터리 성능 최적화, 배터리 수명 향상
	정밀화학 반응기 자동 운전	정해진 표준운전 조건이 있지만, 외부 환경에 따라 수동 조작이 필요함. 이 부분에서 인간에 의한 에러 발생함	반응기(Reactor)에서 발생하는 센서값(용존산소량, 압력값 등), 외부 온도, 습도 등	휴먼에러 최소화로 수율 향상 및 안정화
제품 표면 검사	자동차 부품 표면에 발생한 미세 스크래치, 자국 등 검사	제품 검수 과정에서 몇 mm 수준의 미세한 스크래치는 발견되지 못하는 경우 발생	제품 표면 촬영한 이미지	불량제품 출하율 감소, 검사 인건비 감소
신재생 에너지	태양광 발전량 예측	태양광 발전량의 정확한 예측이 가능해지면, 전력계통 운영비용 절감(태양광 발전량이 부족하면, 전력 계통 운영을 위해 현물가격으로 다른 발전원 전력을 구매해야 함)	기상 예보, 관측데이터, 실제 발전량 값	발전회사는 정확한 예측에 대한 추가 정산금 확보 가능, 계통 운영기업은 비용 절감
	ESS 이상탐지	최근 발생한 ESS 화재 사고 같은 심각한 상황에 대한 예측 필요	ESS 배터리에서 발생한 전류, 전압값, 배터리 온도 값, ESS 운영데이터	사고 예방을 통한 ESS 운영 효율 증가

⑤ 기업 사례

커넥티드카-UBI(Usage-Based Insurance) 자동차보험은 금융업과 제조업이 만난 사례이다. 현대차 블루링크 · 제네시스 서비스 및 기아차 UVO 서비스 이용자를 대상으로 하는 운전습관연계(UBI) 자동차보험이다. 기존 「커넥티드카 할인 특약」의 7% 보험료 할인 혜택에 더해 안전하게 운전하는 고객에게는 보험료 5%를 추가로 할인해 주는 상품으로, 안전운전 여부는 블루링크 · 제네시스 및 UVO 장치를 활용하여 급가속/급감속/급출발/운행시간대를 고려해 판정하고, 블루링크 · 제네시스 및 UVO 서비스 내 안전운전습관에 기록된 점수가 70점 이상인 경우 보험료 할인혜택을 적용 받을 수 있다. UBI(Usage-Based Insurance, 운전습관연계 보험)는 운전자의 운행습관에 따라 보험료를 차등화한 보험상품이다. 이는 현대해상과 현대 · 기아차의 빅데이터 분석을 통해 개발한 상품으로, 고객에게 보험료 할인 혜택 제공과 더불어 안전운전을 장려하는 상품이다.

개발배경

국 · 내외적으로 커넥티드카는 급속도로 대중화 되고 있다.

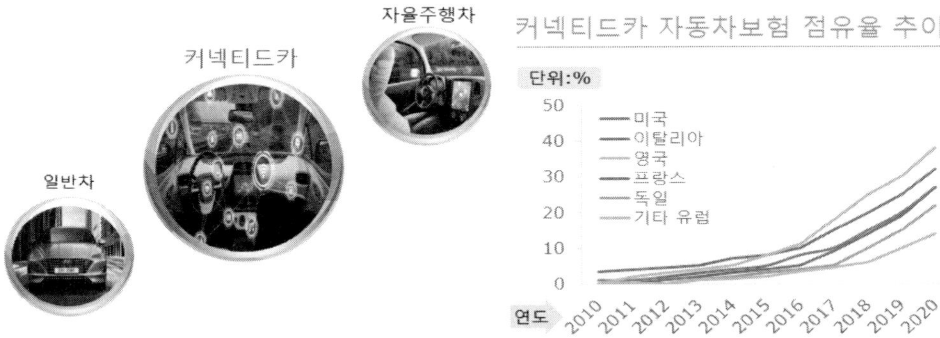

자료 : SAS Institute

커넥티드카 발전과정과 자동차 보험 점유율

상품 대상은 커넥티드카 할인 특약에 가입된 차량이며, 2019년 3월 26일 계약부터 적용된다.

상 품 명	「커넥티드카-UBI」 (정식명칭 : 커넥티드카 안전운전 할인 특약)
가입 대상	현대·기아차 블루링크 장착 및 무선통신 서비스 개통 - 「커넥티드카 할인 특약」 가입된 차량
할인율 및 기준	안전운전점수 70점 이상 : 5% 할인 - 최근 90일내 주행거리 1,000km 이상
안전운전 factor	급가속 / 급출발 / 급감속 / 운행시간대
가입 방법	전산 시스템 활용 안전운전점수 자동 체크(양 사간 전용 전산망 구축) 보험기간 중 특약 가입 가능(조건 충족 시)
판 매 일	2019. 3. 26 책임개시 계약건 부터

상품내용 요약

제조사와 보험사의 빅데이터 결합 상품이라고 볼 수 있다.

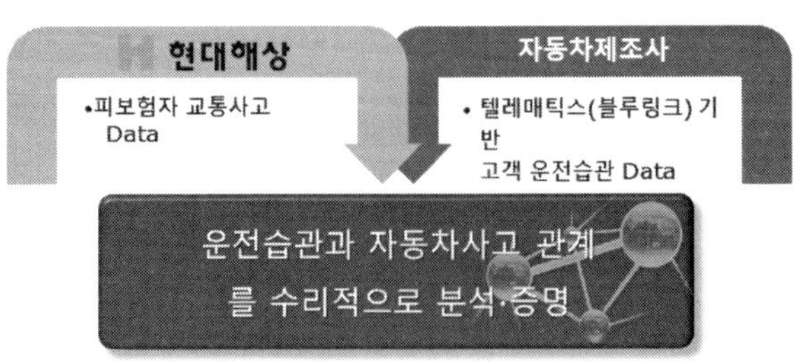

보험사와 제조사의 빅데이터 결합

이러한 프로세스를 요약하면 다음과 같다.

커넥티드카-UBI 프로세스 요약

통신

1 시장규모

국내외 통신시장은 기술 세대변화에 따른 진화를 지속하는 중이다. 2020년에 2G 서비스는 역사 속으로 사라졌고 세계 최초로 5G 서비스를 시작했다. 이렇게 통신 서비스에 대한 수용도가 높아지면서 가입자와 트래픽이 급격히 증가하고 있다.

통신 분야에서 트래픽이란 통신망에서 전송되는 데이터 양을 의미한다. 모바일 트래픽(Mobile traffic)은 무선통신에서 전파를 이용해 전송되는 정보량이라 할 수 있으며 이러한 트래픽은 개인화된 데이터의 흐름이라고 할 수 있다.

Omdia에 따르면 국내 통신가입자는 2025년까지 89%의 가입율(subscription rate)을 보일 것으로 전망된다. 현재 3만 원대를 유지하는 유저당 평균매출(Average Revenue Per User, ARPU)는 2만 5,000원대로 감소할 것으로 예측하고 있다. 현재 통신시장은 새로운 비즈니스의 전환과 모색이 필요한 시점이며, 전환을 위한 핵심 기제로 데이터의 가치가 새롭게 부각되고 있다.

CHAPTER 04 산업별 빅데이터 활용과 비즈니스

단위 : TB/년도, 로그스케일

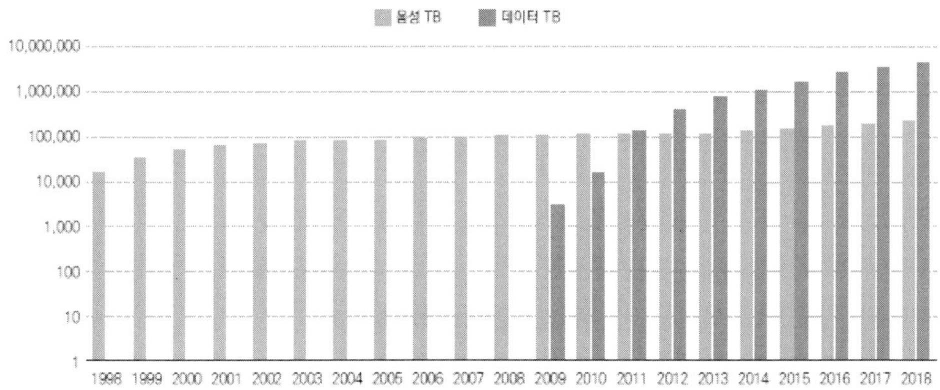

모바일 트래픽 추이

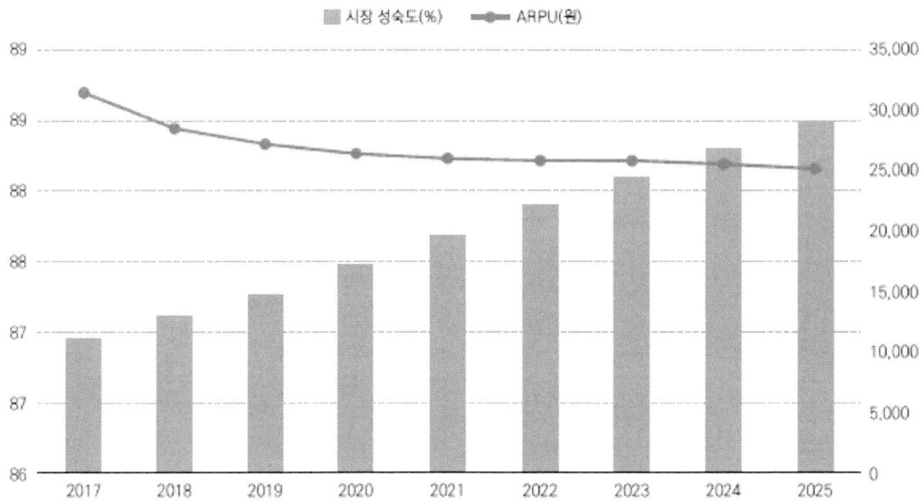

국내 이동통신 가입자 및 ARPU 전망

2020년 통신시장에 큰 변화를 가져온 주요 변인을 네 가지 꼽을 수 있다. 우선 국제적 관점에서의 두 가지는 전 세계적으로 코로나19 확산과 디지털 전환의 가속화다. 통신사업자들은 포스트 코로나 시대 5G(5세대) 이동통신의 역할을 강조하고 나서고 있다. 이는 막대한 인프라 투자를 새로운 수익원으로 연결시키기 위한 설득으로 보인다. 코로나19 사태 당시 5G, AI, 클라우드, 빅데이터 기반으로 개발된 애플리케이션 덕분에 사람들은 가정에서 사회적 거리두기를 할 수 있었다는 것이다.

이처럼 디지털 전환은 2020년에 실제적인 전환기를 맞았다. 기술 혁신을 통해 기업과 사회의 혁신이 비롯되는 실제 사례가 코로나19가 가져온 삶의 방식 변화를 통해 구현됐다. 온라인 수업과 원격진료, 재택근무와 비대면 멀티 스트리밍 공연 등 개인과 집단의 삶의 방식이 완전히 바뀌고 있다. 그 바탕에는 통신과 통신활동으로부터 생성된 트래픽(데이터의 흐름)이 있다.

국내에서는 통신 데이터 비즈니스 영역에 가장 큰 변화를 가져온 사건은 데이터 3법의 통과다. 개정된 법안에 따르면, 통계 작성, 과학적 연구, 공익적 기록 보존 등을 위해 정보 주체의 동의 없이 가명정보 사용이 가능하다. 또한, 제3자에게 가명정보의 제공 및 이종 데이터 간의 결합이 가능해졌다. 또한, 신용정보보호법에 따라 본인신용정보 관리업 및 비금융전문 CB, 개인사업자 CB 등 새로운 사업 영역이 등장하게 됐다. 여기에 정부의 디지털뉴딜 정책이다. 디지털뉴딜 정책은 코로나19로 최악의 경기 침체와 일자리 충격 등 어려움에 직면한 상황에서 위기를 극복하고 코로나19 이후 글로벌 경제를 선도하기 위해 마련된 국가발전 전략으로, 정부는 3대 프로젝트와 10대 중점 추진과제를 담아 그 추진방향을 발표했다. 한국판 뉴딜의 핵심은 데이터 댐으로 꼽을 수 있다. 인공지능 학습용 데이터 수집·가공에서부터 의료, 교육, 제조 분야까지 새로운 비즈니스 기회를 데이터 분야에서 찾겠다는 것이다. 아울러 인공지능의 고도화도 데이터 댐으로 달성한다는 계획이다. 이러한 국내 동향에 맞추어 통신 사업자들은 디지털 뉴딜 TF를 발족하거나, O2O 마케팅 플랫폼과 언택트 보안 솔루션 등 비대면 사업 강화 계획을 발표하는 등 정부 시책에 부응하기 위한 다양한 전략을 수립, 실행하고 있다.

2 데이터 비스니스 현황

현재 통신사가 처한 환경은 정체기에 가깝다. 세계 이동통신 보급률이 104%에 달해 정체기에 진입했고, 경쟁이 심화되면서 유저당 평균매출액(ARPU)도 하락 추세에 직면하고 있다. 이동통신 기술이 보편화됨에 따라 통신품질의 격차가 해소되고 있으며, 경쟁기업들의 모방이 가능함에 따라 서비스 차별화도 불가능한 형편이다.

따라서 각국의 통신사들은 비즈니스 차별화를 위해 노력을 다하고 있다. 미국 4위 이동통신 사업자인 T 모바일은 기존과 차별화되는 Un-carrier 캠페인 및 탈통신사 전략 등을 통해 3위 사업자인 스프린트를 추월했다. 기존 사업자들이 약정제도를 통해 보조금을 지급하며 가입자를 유치한 반면에 T 모바일은 저렴한 요금제 출시, 단말기 업그레이드 프로그램, 무제한 동영상과 음악

스트리밍 서비스 등을 제공했다. 이후 선발 사업자인 AT&T, 버라이존, 스프린트가 유사한 전략을 도입하면서 소모적인 보조금 경쟁보다 파격적인 서비스를 통한 경쟁이 격화되고 있는 상황이다. 또한 타 산업과의 인수합병을 통해 시너지 창출을 도모하는 움직임도 발생하고 있다. AT&T는 미디어업체 인수를 통해 콘텐츠 사업을 강화했으며, 버라이존도 디지털 미디어, 광고, 사물인터넷 기업의 인수를 확대하는 중이다. AT&T는 DirecTV(디지털 위성방송) 및 타임워너(CNN, HBO, 워너브라더스 등 보유) 등을 인수하며 방송 콘텐츠를 확장(비중 37%)하고 있다.

스페인의 텔레포니카(Telefonica)는 위성방송사업자인 Canal Plus를 인수했으며, 프랑스 케이블사업자 Numeri-cable은 통신기업인 SFR을 인수했다. 프랑스의 Orange는 금융기관 Groupama Banque를 인수하는 등 비즈니스 간 융복합이 다양하게 일어나고 있다.

국내에서도 KT스카이라이프가 현대 HCN을 인수했고, SKT와 LG유플러스의 경우도 유료방송 시장의 인수합병을 지속적으로 모색 중이다. 또한 SKT는 한화손해보험, 현대자동차 등과 캐롯손해보험을 설립하고 데이터 기반의 특화 보험을 출시 중이다. SKT는 모바일 광고대행사 인크로스 지분을 인수하고 고객특화 혜택을 제공하는 T-deal 서비스를 출시했다.

이동통신사, 미디어, 방송, 금융서비스 간 융합은 최근 통신 비즈니스 영역의 보편적 움직임이다. 그런데 이런 합종연횡의 움직임 근간에는 데이터가 있다. 다양한 사업 영역에서 발생된 가입자의 데이터를 수집하고 개인화된 관점의 분석을 통해 새로운 인사이트를 도출할 수 있다. 지금까지 데이터 이용과 활용이 분절된 해당 산업의 카테고리 안에서 이루어졌다면, 이제부터는 개인을 중심으로 한 데이터의 횡적 연결을 통해 말 그대로 360도의 라이프로그 데이터 획득이 가능한 것으로 변모하게 됐다.

통신 사업자들의 기존 비즈니스 핵심이 네트워크였다면 앞으로 다가올 미래 시장의 핵심은 데이터다. 특히 5G 환경으로 변화될 서비스에서 발생되고 수집되는 데이터는 통신회사가 바라보는 미래 가치다.

국내에서 개정 발의된 「독점 규제 및 공정거래에 관한 법률 개정안」에 따르면 현재는 금융업으로 분류돼 설립할 수 없는 기업형 벤처캐피탈(CVC)을 허용하게 함으로써 대기업의 스타트업 기업에 대한 투자와 그에 따른 지분 소유가 가능해진다.

국내 CVC 설립허가를 전제로 앞으로 미래가치가 높은 스타트업의 발굴은 데이터를 얼마나 잘 활용해 혁신적인 서비스를 발굴 가능한가의 역량으로 평가받을 것이다. 특히나 통신사가 제공하는 다양한 데이터를 기반으로 서비스를 제공한다면 기존 더미 파이프(dummy pipe)화를 방지하면서도 가치 있는 기업을 발굴해 동반 성장을 위한 비즈니스 생태계 모델 설계가 가능하다. 일본의 소프트뱅크는 로봇, AI 등 미래 산업에 대해 장기적 관점으로 투자 중이며, 기업형 벤처캐피털(CVC)을 통한 스타트업 기업 투자를 진행 중이다. 또한 버라이존이 설립한 CVC의 투자 포트폴리오를 보면, 기존 통신사업에 25%, 통신 연관사업에 약 40%, 그 외 새로운 사업에 약 35%를 투자 중인 것으로 알려져 있다.

스타트업은 자본 확보를 통해 기업 성장에 대한 동력을 확보할 수 있으며, 글로벌 기업으로부터의 투자유치 등으로 시장에 신뢰감을 줄 수 있는 장점이 있다. 반면 통신사는 스타트업 기업의 혁신성을 활용함으로써 급변하는 환경에서 빠른 적용이 필요한 데이터 기반 신규 사업으로의 진출이 가능해질 것이다.

3 빅데이터 활용 비스니스 사례

통신사의 데이터 기반 적용 사례는 매우 다양한데, 특히 2020년에 코로나19 상황에서 통신사의 데이터를 활용한 다양한 서비스들이 선보여졌다.

KT는 과학기술정보통신부와 함께 코로나19 확산예측 모델을 개발하는 연구기관과 코로나19 확산예측 연구 얼라이언스를 구축했다. 해당 연구는 감염병 해외유입 위험도 예측과 국내 확산 지역 예측의 두 가지 주제로 진행됐다. 이번 연구는 여러 연구기관이 참여해 국내 감염병 확산 연구에 기여했다는 평가를 받았다.

SKT는 경북경찰청과 함께 SKT의 공간통계 데이터를 활용해 인구 밀집도가 높은 지역을 실시간으로 확인하고 위험도가 높은 지역을 대상으로 실시간 핀 포인트 순찰을 실시함으로써 코로나19 확산을 방지하고 주민의 체감안전도를 높이고 있다. 그리고 유통소비 빅데이터 플랫폼을 통해 전국의 주요 시군구 단위 재택지수, 여행지수를 제공해 코로나19 상황에 대한 모니터링에 기여하고 있다. 또한 수도권 지하철 객실 한 칸 단위별 혼잡도를 제공해 시민들이 혼잡한 시간과 노선을 피해 코로나19 감염 위험도를 낮출 수 있도록 도움을 제공하고 있다.

이처럼 코로나19를 계기로 통신사의 빅데이터 연구와 활용이 탄력을 받게 됐다. 확진자 추적 과정에서 일부 확인한 빅데이터의 힘을 전염병 예측과 확산 방지까지 활용할 수 있는 사례가 만들어진 것이다. 코로나19가 그간 온갖 규제로 억눌린 한국 데이터산업과 경제를 활성화하는 계기가 됐다. 향후 다양한 감염병 발생 시 현재의 연구 및 서비스를 바탕으로 더욱 고도화된 서비스가 가능해질 것이다.

통신사의 데이터 활용방식은 아직까지는 실질적 재무성과 창출보다는 기업 운영 프로세스 향상 등 비금전적 효과(soft benefits)에 주력하는 모습이다. 인공지능이나 빅데이터 분석이 기업의 재정적 수익 향상을 위한 도구로 널리 활용되고 있으나, 실제 효과에 대해서는 여러 가지 의견이 상충되는 상황이다. 특히 통신사는 대규모 가입자 기반의 비즈니스 특성상 개인정보 등 데이터의 대외 사업화에 따라 발생 가능한 위험에 대해 자유롭지 못한 상황이며, 기간통신 사업자로서의 데이터 활용이 마치 공공재처럼 시장 내 이해되는 분위기가 있어 데이터 비즈니스화에 적극적이기 어려운 상황이다. 기업들의 투자는 일반적으로 기술 도입이 가져오는 직접적인 수익 효과를 기반으로 이루어지는데, 아직까지 빅데이터 분석 관련 기술은 수익에 직접적인 영향을 미치는 정도는 아니므로 해당 사업 및 기술에의 투자가 적극적인 상황은 아니다.

이러한 가운데에서도 빅데이터 및 인공지능 기반 도구들이 성과 향상 효과를 창출하고 환경 변화에 민첩하게 적응할 수 있도록 지원하는 등 금전적 이점만으로는 평가할 수 없는 다양한 이점을 제공한다는 평가가 제기돼 주목할 만하다.

이와 같은 사례는 단순히 수익 증대나 비용 절감 등과 같은 재정적 효과보다는 고객 만족 및 인재 채용 프로세스를 향상시키고, 기업에서 운영 중인 장비의 고장 시기나 공급망을 예측하는 등의 부수적인 비금전적 효과를 가져오는 것으로 평가되고 있다.

특히 자연어 처리(Natural Language Processing, NLP) 기술을 활용해 고객이 서비스 담당자와 상담하는 동안 실시간으로 고객의 감정을 감지하도록 하거나 더 많은 고객 정보를 획득하기 위한 데이터 활용 등의 노력은 고객 측면에서는 서비스 만족도 향상을 가능하게 할 수 있다.

이러한 데이터 활용 노력은 수익으로 정량화돼 평가할 수는 없지만 바이럴 마케팅이나 소셜 미디어를 통한 브랜드 가치나 기업 평판 향상에 도움을 줄 수 있다. 또한 인재 채용 프로세스에서도 인공지능 및 자연어 처리를 통해 이력서의 키워드를 식별하고 소셜 미디어 분석을 통해 후보자를 선별하는 방식으로 구직자 채용 과정을 개선한 사례가 있다. 이러한 과정을 통해 혁신과 신규 수익 창출이 가능한 제품에 의존하는 기술 산업 분야에서는 역량 있는 인재의 채용 과정 역시 차별화 요소로 작용할 수 있다. 기지국 장비의 수명 주기 예측을 위해 센서와 같은 장비의 고장 시기를 예측하기도 하는데 이를 통해 고장 전에 유지 보수 작업이 가능하므로 관리주기에 효율성을 꾀할 수도 있을 것이다.

④ 기업 사례

한화생명은 2016년 중금리 연구를 위하여 4백만 고객의 고객등급 21개 항목 정보를 SKT의 고객 연체정보 등의 21개 항목과 결합을 시도하였다.

구분							
한화생명	직업	신용대출건수	최초대출날짜	최초연체날짜	총신용대출금액	총상환금액	신용대출연체율
한화생명	최근1년 신용대출연체율	30일이내 신용대출연체율	최초신용등급	최근신용등급	보험료연체율	최근1년 보험료연체율	실효해지건수
한화생명	기납입보험료	월납입보험료	직업기반 추정소득금액	가구단위 추정소득금액	평균약관대출율	약관대출금액	자동이체 실패월수
B 통신사	나이	성별	사용개월수	멤버십등급	월평균통화시간	월평균통화빈도	ARPU
B 통신사	결합상품가입여부	단말기출고가	이용정지기간	당월 통신료연체금액	최근1년 최대 통신료연체금액	납부방법	회선상태
B 통신사	남은단말기 할부원금	가입회선수	태블릿PC 보유여부	스마트워치 보유여부	멤버십 당월사용금액	멤버십 당년사용금액	통신료 미납횟수

SKT와 한화생명의 등급 결합

금융정보가 없는 고객도 통신사 데이터와 보험데이터만 으로 신용평가가 가능해졌다. 비금융 정보로 신용평가하는 대안 모델이 될 수 있으며, 청년층 신용평가도 가능해졌다. 추정소득, 보험계약 해지, 보험료 연체, 보험약관 대출 등이 통신요금 연체를 설명할 수 있기 때문이다.

비슷한 시기에 금융-통신부문 간 이종 데이터 결합을 통해 신용도가 낮은 서민에게 중금리 대출 제공할 수 있거나 대출금리 인하 기회를 제공하여 금융사, 통신사, 고객 3자에 대해 모두 이익이 될 수 있는 협업 모델이 개발되었다.

금융데이터 결합을 통해 고객 금융서비스 기회를 확대하고 통신 고객에게는 로열티 강화가 가능하며, 고객 입장에서는 금리인하 효과가 있을 수 있다.

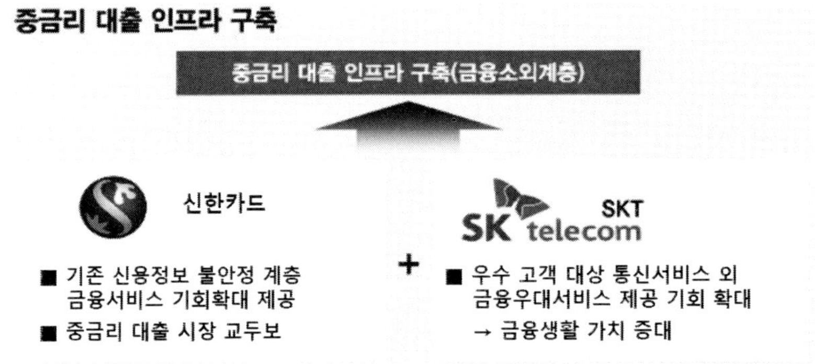

통신과 이업종 간 빅데이터의 이용

광고

광고는 개인데이터의 사업 가치를 가장 먼저, 그리고 광범위하게 찾은 영역이다. 구글과 페이스북 모두 수익의 80% 이상이 광고 비즈니스에서 나오고 있고, 아마존 역시 10조 원 이상의 광고 매출을 목전에 두고 있다. 구글, 페이스북 등이 이러한 사업적인 성공을 바탕으로 유튜브, 인스타그램과 같은 추가 미디어를 확보해 정보와 미디어의 쏠림 현상은 가속화되고 있다. 광고 집행 방식 역시 전통적인 지면 위주 미디어 구매에서 데이터 기반 타켓팅 위주의 퍼포먼스 구매로 빠르게 진화하고 있다.

1 시장규모

디지털 광고 시장

디지털 광고는 인터넷이나 온라인을 기반으로 PC나 모바일 등의 기기를 통해 상품이나 서비스를 홍보하기 위해 송출되는 모든 광고를 의미한다. 기술 발전에 맞춰 디지털 광고 시장은 최근 몇 년간 기하급수적으로 성장했다. 2015년에만 해도 새롭게 시도해볼 만한 광고 기법으로 거론되던 디지털 마케팅은 2019년 약 376조 원($3,250억 2,000만)의 자본을 끌어들이는 시장이 되었고, 2020년에는 약 385조 원($3,328억 4,000만) 규모로 성장할 것으로 예측된다. 중국, 영국,

노르웨이, 미국, 호주, 캐나다를 포함한 많은 주요 경제국들은 꽤 오래전부터 전체 미디어 광고의 절반 이상을 디지털 광고에 지출하고 있다.

이런 흐름이 유지된다면 디지털 광고는 2023년에 전체 광고 시장의 60% 이상을 차지할 것으로 전망된다. 대부분의 유럽 국가들이 이 흐름에 함께할 것이며 아직 비중이 적은 중남미와 동남아시아 일부 지역의 개발도상국이 가까운 미래에 합세할 것으로 예상된다.

2019~2024년 세계 디지털 광고비

단위 : %, $10억

	2019	2020	2021	2022	2023	2024
전체 미디어 광고지출 증가율	50.3	54.1	56.1	58.7	60.8	62.6
디지털 광고 지출	325.02	332.84	389.29	441.12	485.26	526.17
디지털 광고 지출 증가율	15.9	2.4	17.0	13.3	10.3	8.4

자료 : eMarketer(2020)

2019년 디지털 광고지출이 최소 50%에 달하는 국가

단위 : %

	2018	2019
중국	65.3	69.5
영국	63.8	66.4
노르웨이	61.7	65.5
아일랜드	58.8	62.6
덴마크	57.8	61.1
스웨덴	56.3	60.3
호주	55.6	57.1
미국	48.6	54.2
뉴질랜드	51.8	54.0
캐나다	50.2	53.5
네덜란드	47.8	52.6
러시아	45.1	50.0

자료 : eMarketer(2019)

프로그래매틱 광고 시장

디지털 광고 중에서도 프로그래매틱 광고(Programmatic Advertising) 분야의 성장세가 도드라진다. 프로그래매틱 광고는 빅데이터와 머신러닝 등 디지털 기술을 활용해 사용자 데이터를 분석하고 이를 통해 파악한 관심사를 기반으로 광고를 집행하는 기법으로, 데이터의 사업 가치를 극대화할 수 있는 마케팅 방식이다. 프로그래매틱 광고는 미국 전체 디지털 광고 시장의 82%, 유럽의 경우 약 75%의 점유율을 차지한다.

2014~2018년 미국 프로그래매틱 디지털 광고비

단위 : %, $10억

	2014	2015	2016	2017	2018
전체 디지털 광고비 지출 증가율	55.0	65.0	73.0	78.0	82.0
프로그래매틱 디지털 광고비	11.59	17.50	25.23	31.87	37.88
프로그래매틱 디지털 광고비 증가율	145.3	51.0	44.2	26.3	18.9

자료 : eMarketer(2016)

현재 전체 프로그래매틱 광고 시장의 절반 이상을 구글과 페이스북이 장악하고 있다. 구글 전체 매출의 80% 이상이 광고 사업에서 나오고 있으며, 페이스북의 경우 전체 매출의 98.5%가 광고 사업이다. 국내의 경우, 네이버의 전체 매출의 50% 이상이 광고를 통해 들어오고 있다. 최근에는 세계 최대 유통 플랫폼인 아마존이 합세해 디지털 시장의 양대 산맥에 도전장을 내밀었다

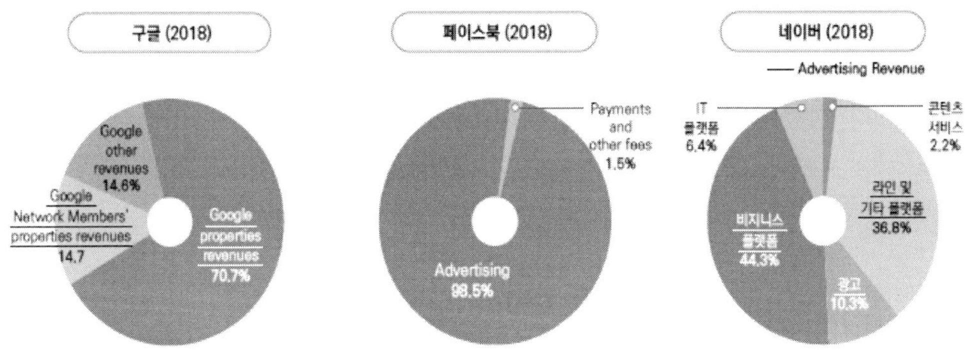

자료 : eMarketer(2019)

구글, 페이스북, 네이버의 기업별 전체 매출 대비 광고 매출의 비중

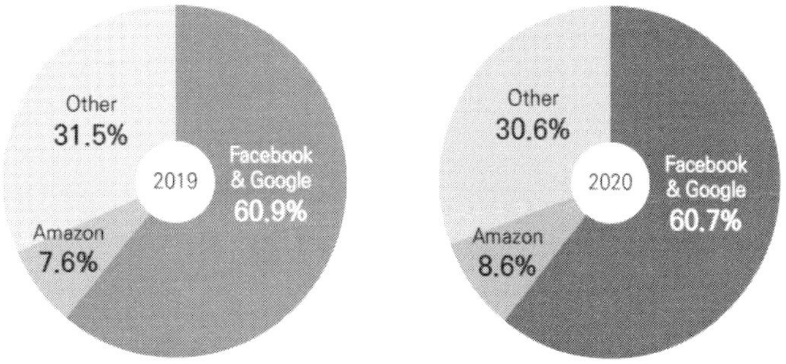

2019, 2020 구글과 페이스북 vs. 아마존의 디지털 광고 점유율

실시간 입찰(RTB) 기술 시장

프로그래매틱 광고 중에서도 RTB(Real Time Bidding)는 인간의 개입을 최소화하고 더 큰 규모의 데이터 처리와 광고 거래를 가능하게 하는 기술 기반의 광고 거래 방식이다. RTB는 실시간으로 광고 지면에 접근하는 사용자 데이터를 분석해 광고 지면의 값을 지정하고, 경매를 통해 광고를 거래한다.

지난 5년간 RTB는 디지털 마케팅 환경을 근본적으로 변화시켜 왔다. 무엇보다 RTB의 알고리즘 기반 마케팅 덕분에 광고주는 적절한 가격으로 적절한 잠재고객을 더 쉽게 타켓팅할 수 있게 됐다. 미국에서 RTB를 활용한 광고비는 2014년과 2018년 사이 3배 증가했으며 2025년 말까지는 약 35조 5,000억 원(290억 달러)에 이를 것으로 예측된다.

2 데이터를 기반으로 한 광고 시장의 진화

표준화 시장: 프로그래매틱

인공지능, 미신러닝, 클라우드 기반의 서비스는 많은 것을 자동화시켰고, 이 중 RTB로 대변되는 프로그래매틱 마케팅은 짧은 시간에 전 세계적으로 괄목할만한 성장을 거두었다. 2000년 이후 전 세계 중 아시아 중산층이 수천만 명 증가하며 자동차, 여행, 식품, 금융 등 다양한 상품군의 구매력이 크게 증가했다. 때맞춰 이뤄진 스마트폰 보급의 증가는 곧 데이터 사용량의 폭증으로 이어졌다. 더 많은 동영상 시청과 더 많은 앱 사용, 그리고 상호작용이 가능한 미디어와 광고 형식의 등장을 촉진시켰다.

성장에 목마른 글로벌 기업들은 아시아 고객의 마음을 얻기 위해 다양한 마케팅 전략을 전개하기 시작했다. 데이터를 기반으로 가장 적절한 고객에게 접근하는 데에 적합한 프로그래매틱 광고 수요 또한 자연스럽게 증가했다. 프로그래매틱 광고는 수천만 개의 앱과 웹페이지에 동시다발적으로, 그러나 광고주가 필요로 하는 사람에게 광고를 노출할 수 있는 표준화된 규격을 제시했다. 이는 과거 유명한 혹은 사용자가 많은 광고 지면을 예약하는 방식에서, 적은 수의 광고 소재만으로 더 많은 잠재고객과 지면에 실시간으로 도달할 수 있는 효과적인 광고 방법으로 주목받았다.

프로그래매틱 광고의 주된 과금 방식은 사용자가 광고 지면에 등장했을 때마다 데이터에 근거해 가격을 매기는 광고 노출 당 비용, CPM(Cost Per Mille)이다. CPM 광고를 게재하는 광고주는 광고가 1000회 게재될 때 지급할 금액을 설정하고 이에 맞춰 비용을 정산하는데, 최근 프로그래매틱 광고에서는 1000회가 아닌 모든 사용자마다 잠재성과를 예측해(예시: 모바일 앱을 설치할 확률) 최적의 광고비용을 매기는 광고 1회 노출 당 비용(CPM)으로 입찰하는 성과 기반 방식(Performance Pricing Model)이 일반적이다.

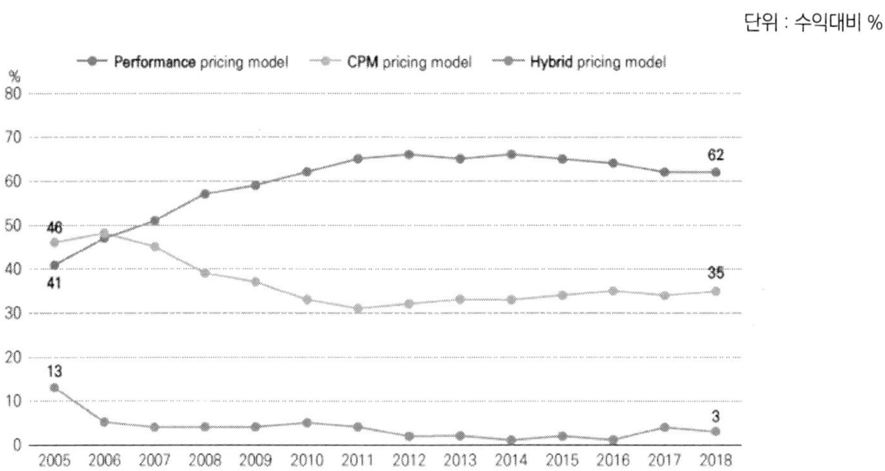

가격 모델에 따른 2005~2018년 인터넷 광고수익

RTB 방식에 따라 CPM 광고는 텍스트, 이미지 또는 동영상 광고일 수 있으며 복합적인 데이터에 기반한 타켓팅(targeting)을 사용한다. 결국 한 명의 사용자에게 경쟁사가 아닌 자사의 광고 소재를 선택해 노출하기 위해서는 표준화된 광고 입찰 시스템에 기반해 빠른 시간에 데이터를 분석해 최적의 입찰가격을 제시해야 한다. 이 과정을 탁월하게 처리할 수 있는 것이 광고주를 대리해 적절한 광고 지면을 자동화해 구매해 주는 DSP(Demand Side Platform)이다.

프로그래매틱 광고에서는 사용자 데이터를 실시간으로 처리, 분석, 예측하는 DSP의 머신러닝 혹은 인공지능 엔진의 성능에 따라 광고 성과가 달라진다. 특히 1초에 수백만 건의 데이터가 쏟아지는 인터넷, 모바일 환경에서의 데이터 수집과 분석 기술은 광고주에게도 다양한 데이터 기반의 타켓팅 선택지를 제공할 수 있다.

타켓팅

RTB로 대표되는 프로그래매틱 광고에서 실시간으로 광고를 노출하기 위해서는 0.1초 안에 모든 의사결정이 이루어져야 한다. 이는 사용자가 제공에 동의한, 개인식별이 불가능한 익명의 네이터에 기반하는데, 모바일 환경에서의 광고 ID(Advertising ID)가 가장 대표적이다. 광고 ID는 사용자가 모바일 내 광고를 노출할 수 있는 지면(예. 메신서 사업자가 설정한 광고 지면)에 접근할 때 여러 정보를 전송하고, 이를 통해 DSP와 같은 플랫폼은 해당 사용자가 광고주의 광고에 어떻게 반응할지를 예측해 가장 적합한 광고를 송출하게 된다. RTB 알고리즘 내에서 광고주는 어떤 사용자에게 자신의 광고를 노출할지 결정할 수 있다. 모바일 앱을 기준으로 타켓팅이 가능한 대표적인 데이터를 분류하면 아래와 같다.

① 광고 지면(Publisher) : 광고가 노출될 수 있는 지면, 즉 앱을 의미한다.
② 앱 분류(Category) : 모바일 앱은 대표적으로 안드로이드, iOS 정의에 따라 범주가 나뉜다. 예를 들어 카카오톡은 구글 내 '커뮤니케이션'에 속하고, 모바일 게임은 '게임'이라는 대분류 내 '액션', '전략' 등으로 나뉜다.
③ 지역(Geo) : 국가 혹은 시, 도로 나눠 타켓팅이 가능하다.
④ 모바일 기기 운영체제 버전(OS Version) : 운영체제에 대한 정보가 수집되므로, 최신 운영체제 버전에서 제공하는 모바일 게임 광고 등에 활용할 수 있다.
⑤ 인터넷 연결 상태 : 와이파이 혹은 모바일 인터넷 사용자를 구분할 수 있다.

실제로 사용자가 전송하는 데이터는 수백 개이므로 사람이 잠재 사용자를 모두 구분해 타겟팅(Targeting)하는 것은 물리적으로 불가능하고 효율적이지도 못하다. 다양한 사용자 데이터를 보유한 대형 플랫폼에서는 광고주가 희망하는 고객 군을 구분해 인구학적 통계 기반(Demographic Targeting)이나 관심사 기반의 타켓팅(Interest Targeting)을 제공하고 있다. 이를 통해 "강아지가 있는 20~30대 남성, 여성"과 같은 세부적인 타켓팅이 사실상 가능해졌다. 그러나 인간이 인간의 모든 관심사를 손수 분류할 수 없고 모든 모바일 사용자가 특정 미디어에 존재하는 것은 아니다. 그러므로 정확한 타켓팅을 위해서는 결국 기술의 도움이 필요하다.

머신러닝 엔진이 탁월한 DSP의 경우, 이러한 사용자의 데이터 신호를 실시간으로 분석해, 모든 사용자별로 잠재 전환 확률(예. 모바일 앱 설치, 상품 구매 등)을 계산하는 잠재 고객 타켓팅(Audience Targeting)을 제공하고 있다. 이는 광고주 입장에서 어떠한 타켓팅도 제공하고 있지 않는 것으로 보이지만, 실제로는 인간의 인지로 분류할 수 없는 수많은 데이터를 분석하고 학습함으로써 최적의 결과를 이끌어내는 방식이다. 예를 들어 구글의 광고는 특별한 타켓팅 설정 없이도, 머신러닝 기술을 활용해 몇 번의 클릭만으로 성과 기반의 광고 실행이 가능하다.

성과 측정

과거에는 '잠재 사용자가 하루에 n만 명 등장하는 지면'이라는 방식으로 광고 가격을 설정하고, 노출, 클릭 수준의 데이터만을 수집했다면 앞선 오디언스 타켓팅 기반의 프로그래매틱 광고는 '타켓팅의 정의'보다는 광고가 노출되는 순간부터 클릭, 그리고 그 이후의 실제 성과까지 측정하는 완벽한 투명성을 보장한다. 특히 노출 단위당 가격을 정하는 RTB 광고는 광고 1회의 노출을 1원 단위까지 측정해 잠재 사용자가 어떤 광고 지면에서, 어떤 광고 소재를, 언제 보았고, 언제 클릭해 결과적으로 언제 목표하는 전환이 일어났는지를 측정할 수 있다. 특히 몇 초라도 사용자의 눈을 잡아두려는 모바일 시장에서는 아래와 같은 지표를 주요 목표로 측정한다.

- CPM(Cost Per Mille) : 광고의 1000번 노출 당 평균 가격
- IPM(Install Per Mille) : 광고 1000번 노출당 발생한 앱 설치 수
- CPI(Cost Per Install) : 앱 설치 1번당 평균 광고비
- 잔존율(Retention Rate) : 앱을 설치한 후 경과일에 따른 앱 사용자 수
- CPA(Cost Per Action) : 회원 가입, 구매 등의 액션으로의 전환 당 광고비

피터 드러커는 모든 성과는 측정할 수 없다면 관리할 수 없고, 관리할 수 없다면 개선시킬 수도 없다. 프로그래매틱 광고는 모든 것을 계량화할 수 있다는 장점이 있다. 그 덕분에 데이터를 통한 효과적인 성과 기반의 광고가 가능해졌다.

프로그래매틱 시대의 마케터는 데이터에 기반해 더 효과적인 의사결정을 내리고 마케팅 성과를 입증할 수 있는 무기를 갖추었다. 광고성과의 개선을 위한 소모적인 커뮤니케이션이 아닌 자동으로 최적화된 결과를 보고 필요한 행동에 집중할 수 있게 됐다. 그러나 이러한 자동화 광고 시장의 환경을 악용해 가짜 노출과 클릭, 심지어는 모바일 앱 설치나 상품 구매까지 일어났다고 속

이는 사기 행위도 등장했다. 이를 광고사기(Ad Fraud)라고 하는데, 이는 광고 없이 순수 유입된 사용자의 데이터뿐만 아니라, 정상적으로 광고를 송출한 광고 플랫폼의 광고 기여를 납치해 자신의 광고 성과인 양 제시한다. 따라서 데이터 기반의 광고에서 투명성을 제공하지 못하는 광고 서비스를 주의하고 걸러내는 것도 중요하다.

교육

교육 데이터 비즈니스를 종합하면 한마디로 에듀테크라 지칭할 수 있다. 에듀테크는 교육과 기술의 융합으로, 빅데이터 · 인공지능 · 가상현실 · 클라우드 등의 최신 정보기술이 교육에 접목된 형태다. 코로나19에 대응하기 위해 원격수업을 속속 도입함에 따라 에듀테크의 성장 가능성에 세계가 주목하고 정책 지원과 투자를 확대하고 있다. 에듀테크 적용 범위 역시 학습 콘텐츠 활용을 넘어 데이터 분석에 기반한 개인 맞춤형 서비스로 확대되고 있다.

1 시장규모

세계 에듀테크 산업 시장은 연평균 12% 성장을 유지하고 있다. 2018년 $1,530억 에서 2025년에는 $3,420억 시장으로 성장할 것으로 전망된다. 주로 미국, 중국, 영국을 중심으로 시장이 형성되고 있으며, 코로나19로 인해 전 세계적으로 원격수업이 실시되면서 공교육에서의 에듀테크 도입 사례도 늘어나고 있다. 세계 교육 시장의 지속적인 성장과 함께 교육 시장에서 에듀테크의 비중도 확대되는 추세다. 성장세인 세계 교육 시장에서 에듀테크의 비중은 2018년 2.6%에서 4.4%로 확대될 것으로 전망된다.

국내 에듀테크 산업 시장은 2018년 3조 8,450억 원에서 2019년 3조 9,515억 원으로 성장하면서 2.8%의 성장세를 유지하고 있다. 이는 세계 교육 시장 성장률에 비해 낮은 수준이다. 그동안 공교육보다는 사교육 시장을 중심으로, 국내 시장보다는 해외 시장에서 가시적 성과를 거두고 있다. 현재 국내외 산업 규모를 파악할 수 있는 데이터가 코로나19 이전의 2019년 것이므로, 코로나 이후 에듀테크 산업 현황에 대한 면밀한 데이터 분석이 필요하다. 결론적으로 세계 에듀테크 시장 규모나 성장률에 비해 국내 에듀테크 시장은 성장률이 3% 이내에 머무르고 있다.

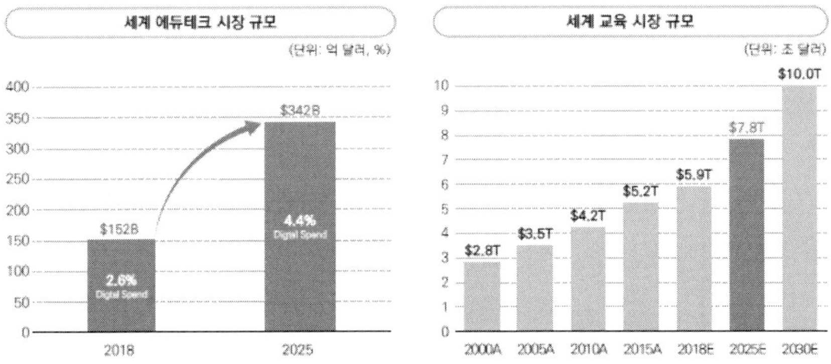

자료 : Holon IQ(2019)

세계 에듀테크 시장 전망과 교육 시장 규모

국내 에듀테크 시장규모 및 성장률

단위 : 조 원, %

	2013	2014	2015	2016	2017	2018	2019
매출규모	2.95	3.21	3.49	3.49	3.70	3.85	3.95
성장률	7.3	9.1	8.4	0.1	6.1	3.9	2.8

자료 : 정보통산산업진흥원(2019)

2 국내외 에듀테크 서비스 동향

신성장산업으로의 에듀테크 발전 가능성이 주목되면서, 에듀테크의 적용 범위도 확대되고 있다. 빅데이터, 인공지능 기술을 활용한 학습 진단 및 분석 서비스 개발이 본격화되고, 학습자들의 커뮤니티를 지원하며, 콘텐츠 제공 범위가 기존의 동영상 위주에서 가상현실(AR)/증강현실(VR) 기술을 활용한 실감형 콘텐츠로 확대되고 있다. 크게 학습 콘텐츠, 학급 관리 및 커뮤니티, 학습 진단 및 분석 등으로 분류해 대표적인 국내외 서비스를 살펴보면 다음과 같다.

국외 에듀테크 서비스는 교육 기업이 아니었던 기업들이 비즈니스 등의 서비스를 교육 영역으로 확대하거나, 교육 시장에서 강세를 보였던 기업들이 빅데이터와 인공지능 기술 등을 접목해 학습자 맞춤형 서비스를 강화하는 모습이다. 특히 구글, 마이크로소프트, 아마존 등 글로벌 기업들의 교육 진출이 돋보인다. 이들 기업들은 자체 보유한 전문적이고 안정적인 기술을 토대로 서비스에 대한 연구 및 개발 투자를 확대해 에듀테크 영역에서도 경쟁력을 높일 것으로 전망된다. 또한 학습 진단 및 분석의 기반이 되는 인공지능과 빅데이터 분석 기술 적용을 확대하면서, 학습

수준뿐 아니라 학습 집중도와 학습 습관, 행동 등에 대한 정서 및 감성까지 분석하는 등 관련 기술이 날로 발전하고 있다.

국외 에듀테크 서비스 동향

	서비스	특징
학습콘텐츠	Google Expedition	- VR과 AR을 활용한 콘텐츠 중 가장 빠르게 성장하는 플레이어 - 해외 유적지, 박물관, 우주 등을 직간접적으로 체험할 수 있는 체험형 플랫폼. 사진을 기반으로 한 가상현실 앱으로 전 세계 주요 장소, 박물관, 우주 등을 탐험 가능 - 학습 설명, 주제, 특징, 질문 등 다양한 콘텐츠를 포함
	Amazon Inspire	- 아마존 킨들을 앞세워 전자책 형태의 퍼블리싱 플랫폼을 성공시킨 경험으로 콘텐츠 서비스를 확대 - 학습 콘텐츠 공유 서비스로서 관심도 수준, 이용자 평가, 인기도, 등급 등의 조건에 따라 자료를 검색 가능
	Discovery Education	- 증강현실과 가상현실 기술을 학습 경험과 접목해 가상 실험실, 영상 자료 추천 등 탐험 환경을 제공
	Dreambox Learning	- 초 · 중학교의 수학 학습 과정을 게임처럼 구성하여 1800개가 넘는 콘텐츠를 제공 - 학습경험 분석을 통해 사용자에게 맞춤 영상을 추천해 주는 넷플릭스 기술을 채택
학급 및 커뮤니티 관리	Google Classroom, G Suite for Education	- Google Classroom은 클라우드 기반으로 교사와 학생의 학습 자료 및 데이터를 공유하고, 공동 작업을 지원한 - G Suite for Education은 구글의 메일, 캘린더, 드라이브, 문서 등 생산성 관련 도구를 학습 상황에 맞춰 제공
	MS Office 365 Education	- 학급이 구성되고, 구성원들간에 수업 자료와 과제를 공유하고, 협업할 수 있는 플랫폼 - OneDrive, Teams, Skype 등의 전문 학습 커뮤니티와 연결해 원활한 소통을 지원
빅데이터를 통한 학습 진단 및 분석	Knewton	- 누적한 학습자의 학습 데이터를 관리, 분석하여 개인별 맞춤 학습 정보를 제공 - 특히 수학과 독해, 기타 교과목간의 학습 개념 연계성을 기반으로 적합한 학습법 추천과 콘텐츠를 제공
	KidAdaptive	- 적응형 학습플랫폼(Adaptive Learning Platform, ALP)으로 학습자의 흥미를 유발해 참여도를 높여 교육 효과를 높이는 서비스를 제공 - 클라우드 기반의 다양한 학습 활동으로부터 데이터 분석 결과에 의미를 부여하는 플랫폼
	Duolingo	- 외국어 학습에 대한 진단, 평가 서비스 - 학습자의 언어 수준을 진단해 단계적으로 학습할 수 있는 카드형 학습 콘텐츠를 지원하고, 평가 결과를 분석 · 진단해 반복 학습을 유도
	Carnegie Learning	- 수학, 컴퓨터과학에 특화한 서비스 - 대표적인 서비스인 MATHlab는 학생들의 개별적 학습 진단과 학습 결과에 대한 종합 성취 리포트를 제공한다. LIVELAB 기능에서 학생들의 집중도, 완수 현황 등을 교사가 즉각적으로 확인 가능
	HUBERT AI	- 인공지능 자연어처리(Natural Language Processing) 기술을 적용해 대화형 피드백을 제공 - 학습자들의 대화를 통해 수집한 데이터를 분석해 학생별로 강점 등을 교사에게 제공

국내 에듀테크 서비스 동향

	서비스	특징
학습콘텐츠	타임교육 팩토슐레 (factoschule)	- 수업 교구 제조 경험을 살려 AR, 사물인식(OR) 기술 등을 접목한 교구, 교재 등을 제공 - 오프라인 교실 수업과 온라인 수업을 지원하기 위해 모바일 앱과 교구, 교재 등을 통합적으로 제공
	럭스 로보 (luxrobo)	- 코딩교육 콘텐츠에 특화한 하드웨어 모듈을 제작해 로봇을 만들면서 소프트웨어 개념을 배울 수 있는 서비스 - 하드웨어 모듈 모디는 각기 다른 사물인터넷(IoT) 기술을 내장해 코딩 기초 개념 형성을 도움
학급 및 커뮤니티 관리	클래스팅 (Classting)	- 학급 구성, 수업 자료 온라인 공유, 학교 간 교류를 지원 - 커뮤니티 기능 보강 및 국내 출판사들과 제휴를 통해 인공지능 기반의 학습 진단 및 분석을 강화
	위두랑 (Wedorang)	- 공공에서 만든 교육용 커뮤니티 서비스다. 학급 개설, 과제 제출, 토의토론, 학습 포트폴리오 기능을 지원 - 디지털교과서와 연계한 학습 과제 관리 가능
	엘리스 (elice)	- 실습 중심의 온라인 코딩에 특화한 학습 관리 서비스 - 대학 및 기업의 사내 교육 및 개인용으로 사용되며, 개인별 코드 리뷰와 멘토링이 가능 - 강의 영상 업로드와 실습 과제 생성 및 자동 채점 등 학습 평가 관리도 지원
빅데이터를 통한 학습 진단 및 분석	산타토익 (Santa Toeic)	- TOEIC 대비를 위한 지능형 튜터 서비스 - 학생 수준을 미리 진단하고 예측해 취약 분야를 집중 보강할 수 있도록 관련 학습 자료를 추천 - 최근 공인중개사 시험 대비 서비스를 내놓았으며, SAT와 GRE 등의 학습 평가 서비스 분야로 해외 진출을 추진중
	노리 (KnowRe)	- 온라인 개인교사를 표방하는 수학 분야에 특화한 서비스 - 학생들이 반복적으로 틀리는 문제의 풀이 과정을 분석해 부족한 영역의 수학 개념을 찾아내고, 핵심 개념에 대한 이해를 지원
	웅진 (웅진씽크빅 AI학습)	- 국외 사례에서 소개된 ALP 플랫폼을 활용해 웅진씽크빅 AI 학습 서비스를 출시 - 학습시 행동패턴을 분석해 잘못된 학습 습관을 교정하도록 지원
	마타수학	- 수학 개념에 대한 개인별 취약점 분석 및 문제를 추천하는 서비스 - 수학의 개념별 연계도를 제시하고, 누적된 진단 결과를 생성해 개인별 맞춤 문제를 제시
	천재교육 (밀크T)	- 학습자의 개별 성향을 진단하고 분석해 맞춤 시간표를 제공 - 학습 유형을 분석해 개인화한 학습법을 추천하고, 유명 강사진들의 강의 및 전문가들의 1:1 학습 관리 서비스를 제공

국내 에듀테크 시장은 상대적으로 협소한 시장 규모와 공교육에서의 활용률 저조에 따라 사교육의 대체제 수단으로 성장해왔다. 따라서 내용도 영어, 수학 등 전통적인 사교육 영역에 집중돼 있다. 이에 따라 학습지 출판사와 교육 기업에서 주도하는 모습이다. 다만 원격수업시행에 발맞춰 온라인 학습 이력과 사용자 참여도 분석 및 학습 관리 등에 초점을 둔 서비스 출시가 잇따르고

있다. 인공지능 교육, SW 교육 확대 정책에 대한 기대감으로 관련 서비스를 출시하는 모습이다. 국내 교육 시장은 국가 정책에 영향을 받는 구조이므로 향후 전개될 정책 기조나 규제 개선 등에 주목할 필요가 있다.

유통 및 물류

우리는 당장 필요한 물건이 있으면 스마트폰을 꺼내 상품을 주문하고 바로 다음날 받을 수 있는 시대에 살고 있다. 오프라인 중심 유통 시장의 온라인 전환은 4차산업혁명의 시작과 코로나19 확산으로 더욱 가속화되고 있다. 온라인 전환이 가능했던 것은 4차 산업혁명 기반의 물류 서비스 혁신 덕분이라고 할 수 있으며, 쿠팡과 마켓컬리, SSG닷컴과 같은 기업들이 다양한 상품을 빠른 시간에 배송하고 있다. 구체적으로는 사용자로부터 생성되고 과거 서비스 제공 과정에서 확보된 엄청난 양의 데이터를 실시간으로 축적하고 분석해 정확하고 효율적인 방식으로 물류 서비스를 운영할 수 있게 되었기 때문이라고 할 수 있다.

1 시장규모

내일 아침 당장 필요한 물건이 있으면 예전에는 급하게 가까운 대형마트를 방문하거나, 동네 인근 상품을 판매하는 상점을 찾아 헤매야 했다. 지금은 스마트폰을 열고 내일 새벽 배송이 가능한 품목을 찾아 주문만 하면 되는 시대다. 모든 것은 빨라졌고 편리해졌으며, 말그대로 모는 것이 풍요로운 시대라고 할 수 있다. 4차산업혁명이 갑작스럽게 우리 일상을 바꾸기 시작했고, 코로나19 전염병은 우리 일상을 언택트(Untact 또는 Contactless)라는 단어로 송두리째 바꿔놓았다. 언택트는 당일 혹은 새벽 배송에 대한 요구를 증폭시켰으나, 사람은 만나지 않더라도 물건은 반드시 목적지를 향해 실제로 이동을 해야만 한다. 배송이 필요한 물건의 양은 폭발적으로 증가했고, 배송에 필요한 시간은 더 줄어들었다. 무엇이 먼저인지 인지하기도 전에 이미 세상은 변했다. 이 모든 것이 최근 2년 이내에 일어난 일이다.

전자상거래 시장

분기별 온라인 쇼핑몰의 거래 규모는 2020년 2사분기 기준 37조 5,000억 원에 달하며, 2019년 전체는 135조 원 규모다. 이중 온라인 전용 쇼핑몰의 비중은 60% 중반대를 유지하다가 코로나19가 대유행하기 시작한 2020년 1사분기부터 급격하게 증가해 70%를 넘어섰다. 2018년 정보통신정책연구원의 분석 보고서에서 예측한 2019년 111조 원, 2020년 130조 원 규모는 이미 초과달성했으며(2018년 113조 원, 2019년 135조 원), 이 속도라면 2020년에는 200조 원을 훌쩍 넘어설 것으로 예상할 수 있다.

온라인 쇼핑몰 거래 규모의 성장은 택배 시장의 급속한 성장으로 이어졌으며, 2019년 기준 우리나라 경제 인구 1인당 연 99.3회 택배를 이용한 것으로 나타났다. 특히 우리나라의 경우 스마트폰 등 모바일 기기의 대중화로 모바일 쇼핑이 중요한 비중을 차지하고 있다. 온라인 쇼핑 중 모바일 거래가 차지하는 비중은 2017년 1월 53.6%에서 12월 58.8%, 2019년 2월에는 64.4%에 육박했다. 모바일 기기의 보급은 언제 어디서나 인터넷에 접속해 필요한 물건을 구매할 수 있는 서비스의 선결조건으로, 이제는 온라인 및 오프라인 유통업체들이 모두 모바일 기기 전용 애플리케이션을 제공하고 있다. 이러한 변화는 더 가속화될 것이고, 모바일 중심의 새로운 유통 생태계를 형성하게 될 것이다.

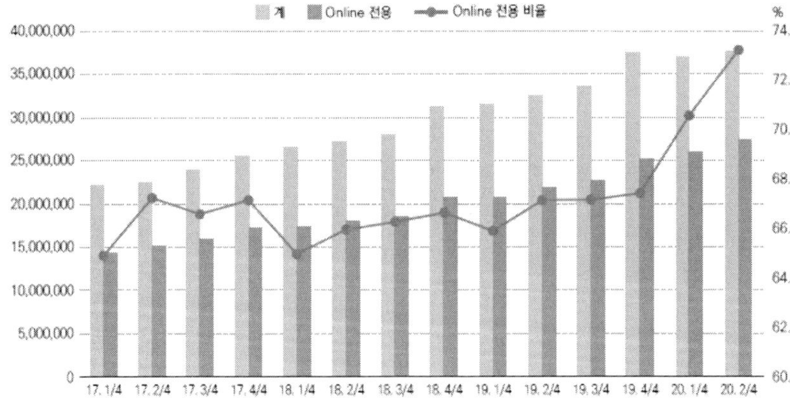

자료 : 통계청

온라인 쇼핑몰 거래규모

코로나19와 전자상거래 시장의 성장

전자상거래 시장은 2000~2010년 온라인 쇼핑 채널의 등장 이후 모바일 기기의 확산으로 폭발적으로 성장했다. 그러나 2020년 1월 코로나19의 확산은 오프라인 중심의 유통 시장을 온라인으로 전환하는 가장 중요한 계기가 됐다. 실제로 2020년 상반기 택배산업의 물동량 증가율은 이전에 비해 2~3배 이상 높은 증가세를 보이고 있다. 우리나라의 2020년 1분기 택배물동량은 전년동기대비 약 20% 증가한 것으로 추정되며, 1~2위 사업자인 CJ대한통운과 한진의 택배처리량은 전년대비 각각 26.1%, 24.8% 증가했다. 산업통상자원부에 따르면 코로나19가 발병한 2020년 1~3월 오프라인 월별 매출액 증감률은 전년동월대비 1월 4.1%를 기록한 반면, 2월에는 -7.5%, 그리고 코로나19가 전국적으로 심각한 상황에 이른 3월에는 -17.6%를 기록했다. 반면 온라인 쇼핑은 2020년 2월 34.3%, 3월에는 16.9%를 기록하며 급격히 성장했다. 2월에 사회적 거리두기 캠페인이 확산됨에 따라 비대면거래 선호가 높아지며 모바일로 구매가 가능한 온라인 쇼핑 매출 증가세가 뚜렷하게 나타난 것을 알 수 있다. 2020년 3월의 전년동월대비 상품군별 매출증감률을 살펴보면 패션·잡화가 -30.1%를 기록하며 감소했으나, 생필품 수요가 증가하며 식품 9.7%, 생활·가정 상품군 매출이 6.2%로 증가했다.

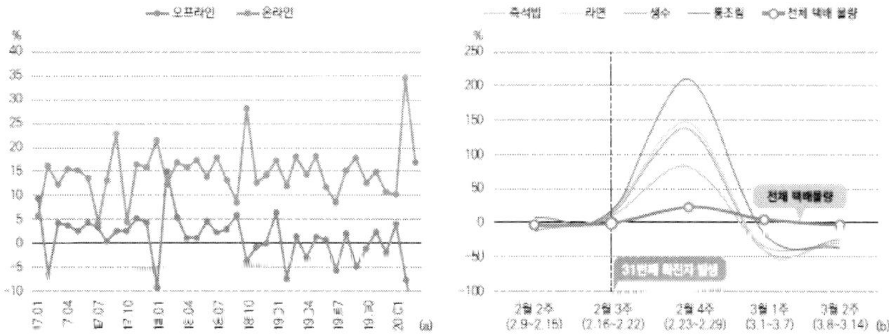

자료 : 산업통상자원부, 대신증권, CJ대한통운

코로나19 이후 온라인 쇼핑 및 택배물동량 변화

코로나19가 전 세계적으로 확산되는 과정에서 가장 큰 사회적 이슈가 생필품의 사재기 현상이었다. 31번 확진자가 발표된 이후에는 즉석밥과 라면, 생수 등의 주문량이 급격하게 증가한 것을 확인할 수 있다. 그러나 이러한 현상은 일주일 정도 지속된 후 다시 일상적인 수준으로 회복됐는데, 이는 다른 나라에 비해 안정적으로 운영되는 온라인 쇼핑몰과 택배 서비스 덕분이라고 해도 과언이 아니다.

② 생활 물류서비스의 성장, 새벽배송과 배달 대행 서비스

➔ 말단 배송 서비스의 중요성

온라인 쇼핑의 성장에 따라 택배 시장의 규모도 함께 성장하고 있으나, 택배 기업의 수익성은 여전히 개선되지 못하고 있다. 한국통합물류협회에 따르면 택배 단가는 2015년 2,392원에서 2017년 2,248원까지 하락했으며, 최근 2,000원 초반까지 떨어지고 있다. 택배물동량이 급격히 늘어남에도 불구하고, 규모의 경제를 실현하기 어려운 서비스의 특성상 영업이익률은 여전히 제자리걸음이거나 오히려 적자를 보이는 경우도 존재한다. 이렇게 택배 서비스가 가진 한계를 극복하고, 서비스의 혁신적 개선을 위해 유통 및 물류기업들이 집중하는 곳이 바로 말단 배송(Last Mile Delivery)이다. 택배 서비스의 전체 소요 시간과 비용 측면에서 가장 높은 비중을 차지하기 때문이다. 택배 전체 서비스 중 말단 배송에 투입되는 비용이 53%를 차지하고 있는 데다 고객과의 최접점에 위치하기 때문에 전체 서비스의 만족도를 결정하는 가장 중요한 요소이다. 많은 택배사뿐만 아니라 온라인 유통 업체들 모두 말단 배송에 대한 중요성을 인식하고 비용 절감과 서비스 수준 향상을 위해 편의점 픽업, 인홈 배송과 같은 다양한 방법을 제시하고 있다.

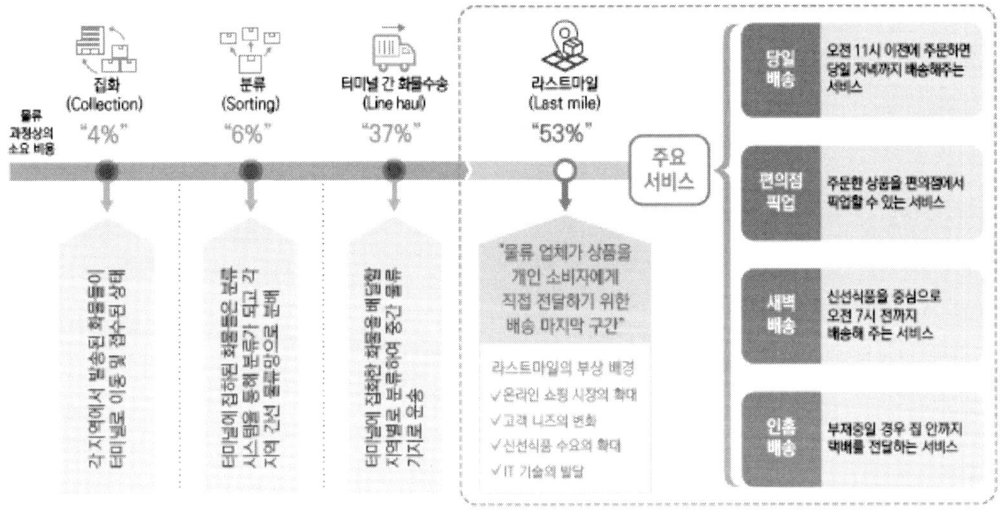

자료 : 삼정KPMG

택배 물류서비스와 말단 배송서비스 다양화

새벽배송 시장의 성장과 신선식품의 말단 배송 서비스

아마존도 실패한 영역이라고 알려진 신선식품의 배송은 2015년 마켓컬리의 샛별배송을 시작으로 쿠팡이 로켓프레쉬 서비스를 도입했다. 이후에 롯데, 신세계 등이 가세하면서 전쟁터를 방불케 하고 있다. 상대적으로 새벽배송 시장에 뒤늦게 참여한 롯데그룹과 현대백화점 그룹은 롯데아이몰에 전문관 새롯배송을, 현대백화점과 현대홈쇼핑 H몰에서 각각 새벽배송 서비스를 시작했다. 업계 자체적인 추산 규모지만, 새벽배송 시장은 2015년 100억 원 규모에서 2018년 4,000억 원을 넘어 2019년 1조 원까지 성장한 것으로 나타 났다. 특히 코로나19로 인한 비대면 비즈니스의 성장은 신선식품 새벽배송의 폭발적 성장을 견인할 것으로 기대할 수 있다.

주요 새벽배송 서비스 기업들 중에는 마켓컬리의 사용 경험이 가장 높았고, 이어서 쿠팡 및 SSG닷컴으로 나타났다. 매출 규모에서는 쿠팡이 앞서있지만, 신선식품의 새벽배송에 있어서는 쿠팡과 마켓컬리가 경쟁 구도를 형성하고, 나머지 기업들이 이를 뒤쫓는 형세다.

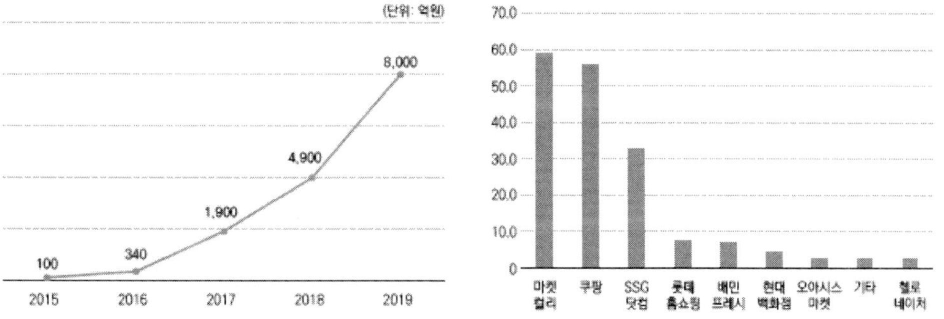

자료 : 업계추산

새벽배송 시장의 변화

배달대행 서비스 – 플랫폼 전쟁

온라인 쇼핑몰과 함께 4차 산업혁명 이후 플랫폼 기반의 대표적 서비스가 바로 음식주문 플랫폼이라고 할 수 있다. 대표적인 기업으로는 지금은 하나의 기업으로 인수된 배달의민족과 요기요를 들 수 있다. 실제로 2020년 과학기술정보통신부에서 발표한 O2O 서비스 시장현황을 살펴보면, 국내 O2O시장은 음식주문 서비스가 견인하고 있다고 볼 수 있다. 이러한 식품 · 음식 관련 O2O 시장의 성장은 생각대로, 바로고(Barogo) · 부릉(VROONG)과 같은 배달대행 업체의 성장

CHAPTER 04 산업별 빅데이터 활용과 비즈니스

에 기반하고 있다고 해도 과언이 아니다.

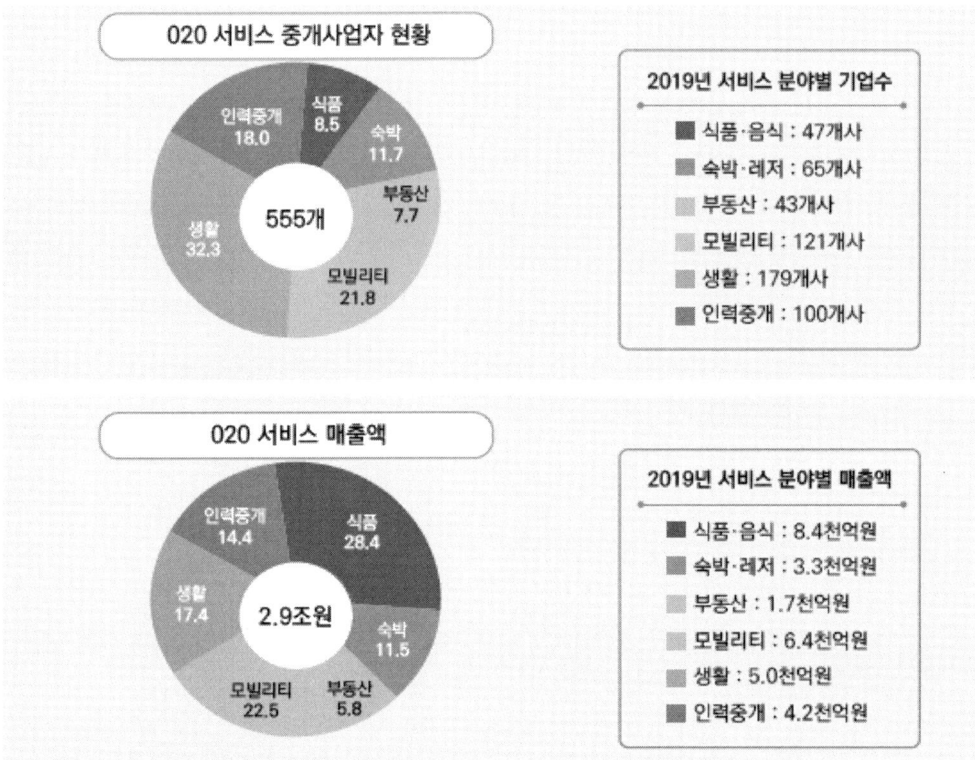

자료 : 과학기술정보통신부

O2O 서비스 중개사업자 현황

③ 데이터 분석 기반의 유통 및 물류 서비스 혁신과 이슈

최근 말단 배송 중심의 유통 및 물류 시장의 변화는 국가 간 글로벌 물류시장이 아닌 일상생활에서 물류서비스의 집중적인 혁신이 주를 이루고 있다. 특히 신선식품의 경우 타 공산품에 비해 유통기한이 짧아 폐기율이 높을 뿐만 아니라 냉동·냉장 기능을 갖춘 물류 시설과 운송 차량이 필요해 수익성을 높이기가 쉽지 않다. 신선식품 새벽배송의 강자인 마켓컬리와 말단 배송의 혁신 사례인 쿠팡의 로켓배송 서비스가 이러한 문제를 어떻게 해결하는지에 대해 살펴보고자 한다.

신선식품 배송 서비스의 성공 - 마켓컬리

마켓컬리의 샛별배송은 오후 11시까지 주문된 상품을 다음날 오전 7시까지 고객의 문 앞으로 배달하는 서비스이다. 제한된 지역에서만 제공되는 서비스이기는 하지만 다양한 종류의 신선식품을 8시간 내에 고객의 집 앞으로 배송하기 위해서는 가장 먼저 어떤 상품이 얼마만큼 판매될 것인지를 정확하게 예측할 수 있어야 한다. 마켓컬리에서는 상품별 수요 예측은 빅데이터 기반의 예측 시스템인 데이터를 물어다 주는 멍멍이(데멍이)를 활용한다. 빅데이터를 기반으로 머신러닝 알고리즘을 활용해 주간 단위 수요를 예측하며, 이를 상품을 준비 및 배송하는 팀에게 제공한다. 단순히 수요 예측 결과를 제공하는 데 그치지 않고 전날 매출과 고객 수 등과 같은 주요 판매 실적 데이터를 전사에 공유한다. 30분 단위로 현재 매출액과 당일 운영 마감 시 예상 매출액도 공유한다. 이렇게 전사에 공유된 데이터를 기반으로 각 기능 담당자들은 최적의 의사결정을 내릴 수 있게 된다.

과거 데이터로부터의 수요 예측에서 그치지 않고 실시간 데이터 공유를 통해 전체 조직의 운영 효율성을 높일 수 있었던 것이 바로 샛별배송을 가능하게 했던 성공 열쇠라고 이해할 수 있다.

로켓배송 - 쿠팡

앞서 택배 서비스의 구조와 말단 배송에서 살펴본 바와 같이 온라인 쇼핑몰을 이용해 상품을 주문하면, 판매업체가 상품을 준비하고 택배회사로 인계한다. 택배사는 집하된 전체 물량에 대한 최적의 배송 계획을 수립하고, 이를 고객에게 전달한다. 이렇게 운영되는 택배 서비스로는 배송 시간을 하루 혹은 8시간 내로 줄이는 데는 물리적 한계가 존재할 수밖에 없다. 쿠팡의 로켓배송은 당일 배송을 위해 주로 판매되는 제품을 중심으로 미리 구매해서 물류센터에 보관하고 있다가 주문이 접수되는 당일 저녁 배송을 시작한다. 쿠팡은 랜덤스토 (Random Stow) 방식을 이용하고 있다. 인공지능 기반의 알고리즘을 활용해 비슷한 제품군을 대량으로 보관하는 전통적인 방식에서 벗어나 각기 다른 제품을 소량 보관하는 방식을 적용하고 있다. 랜덤스토 방식이 가능한 이유는 소비자의 구매 패턴을 미리 예측할 수 있기 때문이다.

데이터 기반 풀필먼트 센터 운영 시스템의 중요성

쿠팡과 마켓컬리의 물류센터는 전통적인 물류센터의 개념을 고객의 요구사항을 가장 가까운 곳에서 만족시킨다는 의미의 풀필먼트 센터로 발전시켰다. 풀필먼트 센터는 대량 입고 대량 출고를 위한 자동화 시스템을 통한 효율성을 강조하기보다는 빅데이터를 기반으로 수요를 정확하게 예측하고 고객에게 상품을 전달하는 배송 과정의 효율성을 높이는 데 집중한다. 소량 다품종의 고객 주문을 빠르고 정확하게 처리하기 위해서는 실시간으로 판매와 재고 데이터를 동기화할 필요가 있으며, 동기화한 데이터 기반의 최적 배송 계획을 수립해야 한다. 배송은 전통적인 택배가 아닌 자체적인 배송 네트워크를 운영하거나 쿠팡 플렉스(미국의 아마존 플렉스)와 같이 공유물류 서비스를 이용하거나, 매쉬코리아의 부릉과 같은 이륜차 배송 서비스와의 결합을 통해 이루어질 수 있다. 특히 자체 물류 네트워크를 확보하기 어려운 영세 및 소규모 인터넷 쇼핑몰의 경우 풀필먼트 센터를 운영할 수 있는 노하우나 시스템을 갖추기 어렵기 때문에 마이창고나 두손컴퍼니에서 제공하는 솔루션에 위탁 운영하는 방식을 도입하고 있다.

유통 물류 서비스의 발전과 관련된 사회적 이슈들

인공지능과 빅데이터를 기반으로 온라인 중심의 유통과 물류 서비스가 확대되는 과정에서 소비자의 만족도는 높아지고, 다양하고 높은 수준의 서비스를 제공받을 수 있는 기회가 만들어지고 있는 것은 사실이다. 그렇지만 지속적으로 택배 단가가 하락하고, 물류 기업들이 수익성 측면에서의 문제를 겪고 있다는 점은 아직까지 전체 산업 생태계가 성숙되지 못했다는 사실을 보여주는 하나의 증거라고 볼 수 있다.

유통과 물류 서비스가 플랫폼을 만나서 그리고 플랫폼에 축적되는 데이터 기반으로 더 높은 수준의 서비스를 제공할 수 있게 된 것은 부정할 수 없는 사실이다. 그러나 O2O 시장의 경우 소비자와 서비스 제공자를 연결하는 플랫폼의 운영자에게 모든 데이터가 집중될 수밖에 없다. 데이터가 축적되는 위치가 플랫폼이고 플랫폼의 운영사가 이에 대한 독점적 권한을 가지기 때문에 플랫폼에 참여하는 소비자와 판매자, 플랫폼 노동자에 대한 정보 불균형은 다양한 사회적 문제를 만들어내고 있다. 만약 플랫폼 운영자가 독점적 지위를 활용해서 요금 책정과 소비자에 대한 추천 기준 등의 관점에서 불공정한 서비스 운영 기준을 적용한다면 그 피해는 소비자와 판매자 몫이다.

2019년 발의된 생활물류서비스산업발전법안은 이런 사회 이슈에 기반하고 있다. 내용은 택배서비스에 대한 선진화 방안이 주를 이루고 있으나, 소화물 배송 대행 서비스, 배송 기사의 근무조건과 계약 구조, 소비자 보호를 위한 제도 등이 함께 포함돼 있다. 이와 함께 이륜차 배송 기사들과 같이 플랫폼에 참여해 직접 서비스를 제공하는 노동자의 근무조건과 서비스 제공에 대한 대가 지불 기준에 대한 이슈도 지속적으로 제기되고 있다. 법안 세부 내용의 옳고 그름이나 실효성 문제는 제외하더라도, 전통적인 화물운송 서비스를 기준으로 만들어진 법안이 생활물류산업에는 적용하기 어렵기 때문에 새로운 적용 기준이 필요하다는 점은 모두 동의하는 바이다.

4 데이터 기반의 유통 및 물류 산업의 혁신 가속화

4차 산업혁명은 세상의 모든 정보가 디지털로 전환되는 데서부터 출발한다. 유통과 물류산업 역시 이러한 디지털 전환을 통해 다양한 서비스가 등장했고, 물리적 한계를 극복하기 위한 여러 방법이 구체화됐다. 코로나19의 대유행은 디지털 전환을 가속화시키는 촉매제 역할을 하고 있으며, 더 많은 사람들이 빠른 속도로 오프라인에서 온라인 서비스로 이동하게 됐다. 결국 더 많은 데이터가 확보될 것이고, 개별 고객에 대한 이해 수준도 높아지고, 가까운 미래를 예측하기 위한 기술과 시스템이 완성될 것이다. 데이터에 기반한 유통과 물류서비스는 어떻게 변화할 것인지 정리해 본다.

수평 및 수직 통합을 통한 서비스 확대

글로벌 공급사슬의 확대 과정에서 확인한 바와 같이 유통 물류 시장에서도 수직적 통합과 수평적 통합이 확산될 것이다. 현재 제공하는 서비스의 수익성을 높이기 위해서는 규모의 경제 실현이 필수적이기 때문에, 주요 경쟁자들은 수평적 통합을 통해 서비스의 양적 증대를 위해 노력할 것이다. 11번가가 신선식품의 새벽배송을 위해 헬로 네이처를 인수한 것과 같이 온라인 중심의 유통업체들은 서비스의 다각화를 위해 시장에 존재하는 중소 규모 서비스를 인수하는 방식을 활용할 가능성이 높다. 즉, 새벽배송과 같이 수많은 기업들이 참여하고 있는 전쟁터는 몇몇 주요 기업들에 의해 경쟁 구조가 재편될 것이다.

예측 배송의 현실화

지금까지 그래왔듯이 많은 온라인 유통 기업들은 더 빠른 배송을 위해 다양한 방법을 시장에 내놓기 위해 노력할 것이다. 그 와중에 소비자들은 지금 이용하고 있는 새벽배송이나 당일배송, 로켓배송에 만족하지 못하고 더 빠르고 정확한 배송 서비스를 요구할 것이 당연하다. 결국 더 빠른 배송을 위해서는 더 일찍 주문과 배송이 이루어져야 하므로, 2014년 아마존이 이야기한 예측배송(Anticipatory Shipping)이 실제 구현될 것으로 예상된다.

지금과 같은 속도로 정확하고 많은 데이터가 실시간으로 확보할 수 있는 기술과 환경이 구축된다면, 어떤 고객이 언제 어떤 제품을 주문할 것인지를 상당히 높은 확률로 예측할 수 있을 것이다. 결국 내가 주문도 하기 전에 풀필먼트 센터에서는 이미 픽킹과 포장과 같은 배송을 위한 작업 과정이 먼저 수행될 것이고, 주문과 동시에 배송 완료 메시지를 받을 수도 있을 것이다.

개별 고객을 위한 서비스의 상품화 실현

고객에 대한 데이터가 실시간으로 수집되면, 이제 전체 시장을 몇 개의 그룹으로 나누는 데 시간과 에너지를 소비하기보다는 단 한 명의 고객을 위한 개인화된 서비스가 유통산업에 등장하게 될 것이다. 현재 대부분의 온라인 쇼핑몰이 제공하고 있는 상품의 단순 추천 서비스를 넘어 패키지 형태의 상품 구매와 연관된 서비스들이 결합돼 하나의 상품으로 제공되는 큐레이션 서비스가 빠른 시일 내에 등장할 것이다. 이를 큐레이션 커머스(Curation Commerce)라고 부를 수도 있고, 이미 유사한 개념이 2010년 초중반 소개된 바 있다. SSG닷컴이나 롯데ON, 현대백화점그룹과 같이 온오프라인의 다양한 유통 채널을 보유한 기업일수록 큐레이션 서비스를 선제적으로 도입해서 시장 경쟁력을 높일 수 있을 것이다. 다양한 상품을 직접 매입하는 쿠팡과 마켓컬리, 전자상거래 플랫폼을 제공하는 11번가나 지마켓 등의 기업 역시 입점 기업의 상품을 대상으로 유사한 서비스를 제공할 수 있을 것이다.

5 기업 사례

유통 · 물류 분야의 기술 트렌드 부분에서 가장 그 시급성과 기술파급력이 높은 것은 빅데이터로 나타난다. 중심점에 가까울수록 영향을 미치는 시점이 가까운 것이고 가운데 수직선에 가까울수록 파급력이 큰 것인데 빅데이터는 가장 중심점에 가까우면서 동시에 중심 수직선에도 가까운 기술로 나타난다. 이러한 새로운 트렌드에 선제적으로 대응하기 위하여 해외 선진국에서는 정부 차원 및 민간기업 차원에서 축적된 다양한 분야의 데이터를 활용한 새로운 비즈니스 모델에 대한 연구가 활발하다.

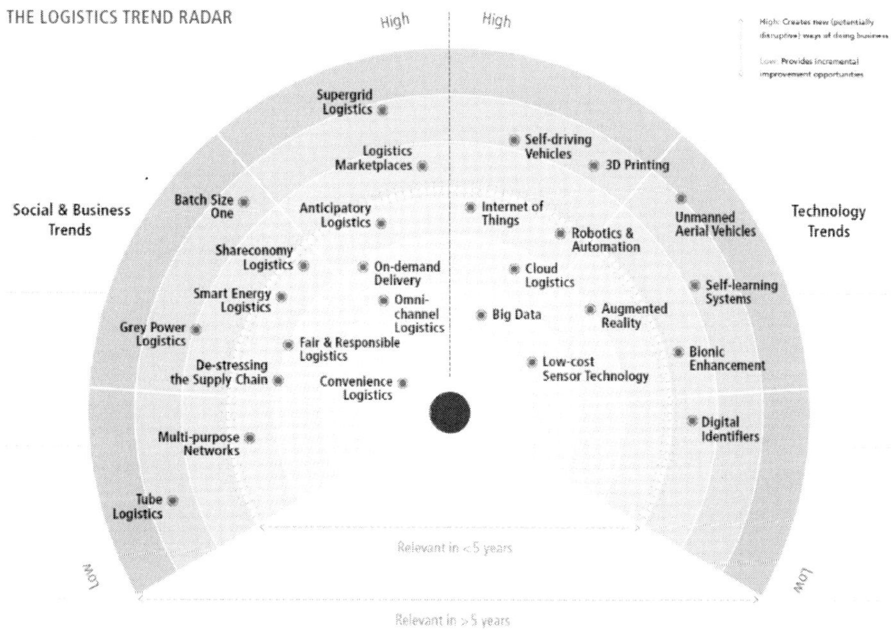

자료 : Translog Connect Congress(2016)

Logistic Trend Radar

로켓배송

쿠팡이 물류산업에서의 다른 기업보다 두각을 드러내는데 크게 일조한 서비스의 이름은 바로 로켓배송이다. 한 소비자가 기저귀가 필요하여 주문을 하면, 기존의 소셜커머스 기업들에서는 주문 정보가 들어가고 그때 포장을 하여 택배로 보내는 데까지 1~2일 정도 시간이 필요하다. 그러나 로켓배송을 해 주는 소셜커머스 기업에 기저귀를 주문한다면, 주문 정보가 기업으로 가는 것이 아니라, 주문을 한 소비자의 지역에 있는 캠프라고 불리는 물류센터로 가게되고 주문 정보를 받은 캠프에서는 미리 포장을 완료한 기저귀를 즉시 배송을 하여 불과 2~3시간 만에 소비자에게 기저귀가 배달된다. 캠프에서 미리 포장 완료된 기저귀를 준비할 수 있었던 이유가 바로 빅데이터 분석을 활용하였기 때문이다. 로켓배송에서는 각 지역별로 주문했던 지난 내역들을 빅데이터 분석을 통해 주문이 들어올 상품들을 미리 포장을 완료하여 캠프라는 물류창고에 보관하고 있었기 때문에 빠른 시간 안에 주문부터 배송까지 완료를 할 수 있었다.

소비자 기업만족도 측면에서 보면 빅데이터 분석을 통한 주문상품 예측으로 빠른 배송이 완료되어, 소비자들의 기업에 대한 만족도가 로켓배송을 안 하는 다른 업체에 비해 월등하게 높게 나타난다. 빅데이터 분석을 통한 주문물량 예측이 완벽하게 맞는 것이 아니기 때문에, 재고에 대한 기업 손해는 엄청나지만, 빅데이터 분석을 통한 주문 예측으로 로켓배송에 성공하여 1조원의 투자를 받아 크게 성공했다.

쿠팡의 빅데이터 프로세스 변화

쿠팡은 라스트 마일 배송과 모바일 퍼스트 플랫폼에서 고객이 상품을 발견하는 새로운 방식을 선사함으로써 한국의 이커머스 시장을 혁신하고 있다. 쿠팡의 미션은 고객이 쿠팡 없이 그동안 어떻게 살았을까?라고 생각하는 세상을 만드는 것이다.

쿠팡은 데이터 중심 회사로 고객이 상품을 구매하는 모든 순간을 데이터에 기반해 설계하였다. 고객에게 최고의 경험을 제공하려는 이와 같은 노력은 물류센터 공간 최적화 알고리즘 등 쿠팡의 모든 영역 구석구석에 적용되고 있다. 쿠팡은 데이터를 이용해 각 프로세스 단계별 병목을 찾아내서 빠르게 처리한다. 규모, 가용성, 레이턴시, 동시성, 빠른 데이터 성장이 항상 요구되는 다이내믹한 환경 속에서 탁월함을 일관성 있게 유지하기 위해 지속적으로 데이터 플랫폼을 발전시켜 왔다.

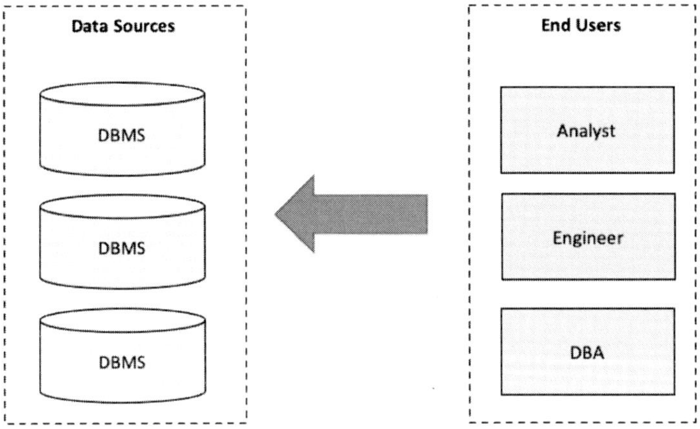

Phase I — 초창기(2010-2013)

쿠팡은 다른 스타트업 기업과 마찬가지로 관계형 데이터베이스에서 데이터를 처리했다. 쿠팡이 데이터 사이언스 플랫폼 팀에 투자하기로 결정하면서 초창기 발전이 이루어지기 시작했으며, 이 팀은 빠른 비즈니스 진행이 가능하도록 데이터 트렌드 파악과 데이터 사이언스 실험을 전담했다. 데이터 세트와 비즈니스 리포트 규모가 크지 않았을 때는 이 모델에 큰 문제가 없었다. 당시는 대형 기술 기업이 데이터에 적극적으로 투자하면서 규범으로서의 데이터(data as a discipline)가 각광받던 시기였다. 또한, 데이터에 기반한 비즈니스 의사 결정과 애플리케이션 및 서비스가 주목받고 있었다. 그러나 고객과 BI 쿼리가 많아지자 속도와 규모가 문제가 되었고, 관계형 데이터베이스보다 높은 차원의 데이터베이스가 필요했다.

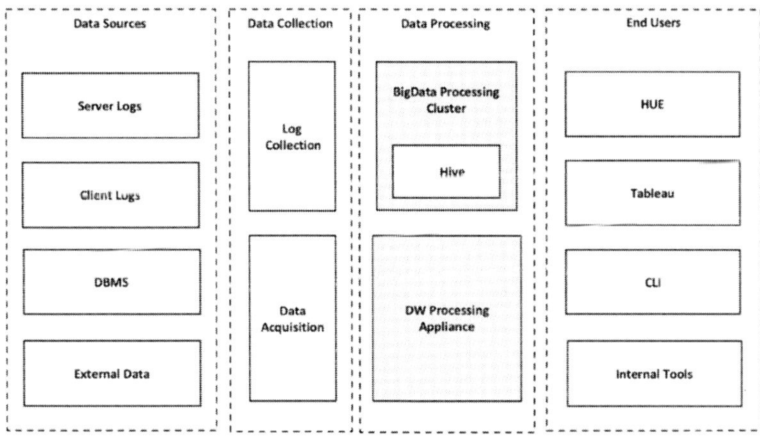

Phase II — 온프리미스 하둡, 하이브, MPP 시스템 시대(2014-2016)

쿠팡은 빠르게 성장하던 과정에서 빅데이터 및 데이터 웨어하우스 분야에서 잘 알려진 데이터 인프라인 하둡(Hadoop)과 MPP(Massively Parallel Processing) 시스템에 투자를 결정했다. 이 시기에 쿠팡 내에 고도화된 팀들이 상당수 생기면서, 단순히 비즈니스 보고를 위한 데이터에 초점을 맞추고 있었던 과거와는 다르게, 각 팀에서 핵심 지표를 주별로 측정하고자 하는 수요가 생겨났다. 이렇게 조직 별로 주간 비즈니스 리뷰(Weekly Business Review, WBR)를 가지는 문화가 활성화되면서, 데이터 기반 애플리케이션이 함께 개발되었다. 이는 회사 전반적으로 데이터 생산과 수요가 늘어났다는 점에서 중요한 계기가 되었다. 쿠팡의 앱과 웹사이트에서 고객 행동을 로깅하고 수집해야 하는 수요가 생겼고, 동시에 빅데이터 인프라 역시 그렇게 수집된 데이터를 처리하여 이를 다양한 검색, 추천, 고객 분석의 시그널로 활용하게 해야 했다. 로그를 수집하는 팀이 생겨났고, 이들이 고객의 행동 데이터를 수집하면서, 로깅 프로세스가 크게 개선되었다.

그런데 일일 사용자수(Daily Active User, DAU) 수와 쿼리 수가 다시 10배 이상 늘어나자, 동시에 처리할 수 있는 쿼리가 제한된 MPP 같은 시스템이 병목으로 작용하기 시작했다. 하이브(Hive)와 MPP 시스템은 아침 8시부터 낮 12시까지만 버틸 수 있었다. 또 다른 근본적인 문제는

CHAPTER 04 산업별 빅데이터 활용과 비즈니스

하나의 하드웨어가 운영 레포트, 비즈니스 인텔리전스, ETL, 데이터 사이언스 등 다양한 수요를 커버한 점이다. 데이터를 필요로 하는 전사 직원이 찾는 데이터 창구가 사실상 단 하나만 존재하는 셈이었고, 많은 사람이 사용에 불편을 느끼면서 가장 중요한 쿼리는 아침 일찍 혹은 늦은 밤에 돌리는 방식으로 대처해야만 했다. 물론 이 과정에서 흥미로운 문제점들이 다수 발견되었고 데이터 팀으로서 개선할 수 있는 여지도 많았다.

그런데 온프레미스 환경에서는 클러스터에 노드를 추가하기가 쉽지 않았다. 많은 엔지니어링 작업과 프로세스 기반 기술이 적용되어 일시적인 해소가 가능하기도 했지만, 데이터 인프라는 항상 과부하를 겪고 있었다. 모든 것이 빠르게 움직이는 스타트업에서는 데이터 사이언스, 비즈니스 인텔리전스, 데이터 기반 애플리케이션 등 다양한 영역에서 새로운 용도가 지속적으로 발생하기 마련이었고, 이 모든 것들은 새로운 버전의 데이터 플랫폼을 필요로 했다.

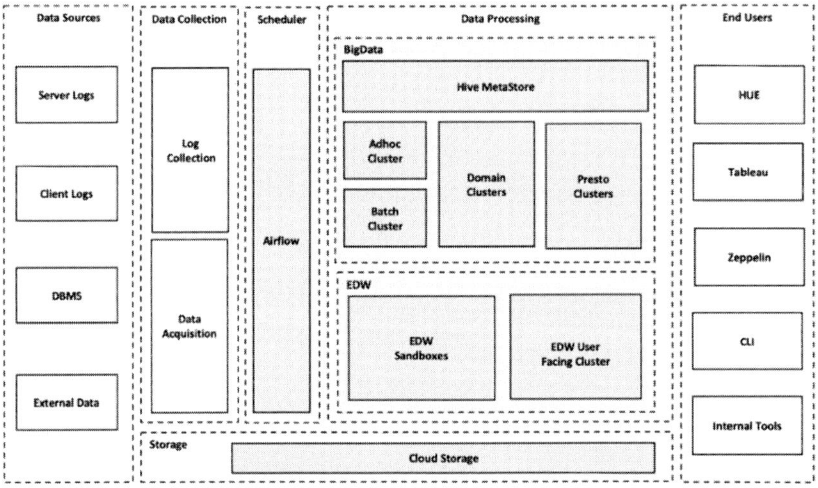

Phase III — **재설계와 마이그레이션, 장기적 해결책**(2016-2017)

2016년 말부터 2017년까지, 데이터팀에서는 데이터 플랫폼의 확장을 지원할 수 있도록 플랫폼을 재설계하였다. 클라우드 인프라를 사용해서 다양한 레이어를 재구축하였다. 모든 측면에서 10배, 아니 20배 성장을 지원할 수 있도록 클라우드로 마이그레이션을 하고, 기본 컴포넌트를 새롭게 구축하였다.

당시 사내에서 데이터 플랫폼에 제기된 주요 요구 사항 중 일부를 소개하고자 했다. 새로운 요구사항은 장기적인 미래를 준비하는데 강력한 동력으로 작용했다. 이커머스 플랫폼의 트래픽 대부분은 검색에서 시작되며, 이런 환경에서 고객 행동 데이터를 취합하면서 동시에 이를 트랜잭션, 카탈로그, 가격, 실험 데이터와 함께 처리 가능할 수 있도록 데이터 인프라가 견고하면서 안정적이어야 한다. 따라서 수백 명의 비즈니스 담당자들이 매일 수천 개의 쿼리를 실행할 수 있어야 하고 A/B 테스트 및 프라이싱 플랫폼에서는 빅데이터를 필요로 함. 이에 파이낸스와 글로벌 오퍼레이션 비즈니스 팀은 이기종 데이터(heterogenous data) 조인(join)이 필요했고 마케팅 팀은 소셜 미디어 데이터 통합이 필요했으며 이러한 요구사항을 바탕으로 다음과 같은 새로운 레이어를 구축했다.

- 로그 수집 : 모바일 앱들과 웹사이트에서 고객의 상호작용 데이터를 수집하는 것은 근래 이미 일반화된 전략으로 여기서 더 나아가 사용자 행동 로그들을 수집하고 처리하여 다양한 고객 인사이트를 얻을 수 있도록 해주는 차세대 데이터 수집 프레임워크의 구축에 주목하였다.
- 빅데이터 플랫폼 : 하둡 및 컨테이너 기반의 다른 빅데이터 툴과 컴포넌트를 이용하여, 고객이 대규모 데이터를 처리할 수 있게 하며, 또한 증가하는 컴퓨팅 수요에 발맞춰 플랫폼을 확장할 수 있도록 하였나.
- 엔터프라이스 데이터 웨어하우스(EDW): 클라우드 기반의 MPP 시스템에서 스타 스키마가 사용되는 것과 같이, EDW는 올바른 데이터 모델링 패턴으로 클러스터를 재구축했다. 데이터 웨어하우스 클러스터는 다음과 같이 세 가지 종류로 구성된다.
- 데이터 수집 플랫폼 : 원천 데이터셋을 필요로 하며 수시로 실행되는 쿼리, 운영 리포트, 그리고 시스템 애플리케이션들에 사용되는 트랜잭션 데이터들은 DAP(Data Acquisition Platform)라고 명명된 클라우드 데이터 웨어하우스에 저장한다.
- 샌드박스 : 수많은 팀이 자체적으로 테이블과 스테이징 데이터 셋을 생성하여 그때그때 필요한 분석을 하고자 하였고 특정 팀이 요구하는 데이터셋에 중점을 둔 샌드박스를 제공한다.
- 리포팅 : 사용자가 데이터를 조회하기 위해 사용하는 클러스터. 모든 프로덕션 데이터는 이 클러스터를 통해 접근할 수 있다.

이렇게 새로운 플랫폼은 확장 가능하고 쉽게 사용할 수 있었으며 고객의 불편도 거의 없었다. 하지만 사용자 쿼리의 동시성, 커넥션 개수, 데이터 카피, 맵리듀스와 DW의 확장, 스토리지와 연산의 디커플링, 로깅 데이터 품질에 대한 신뢰와 같은 격차가 존재했다. 여기서 빅데이터 도전과제는 많은 팀이 각자 자기만의 클러스터를 가지고 싶어했기 때문에, 하둡 클러스터가 과도하게 생성되었다. 비효율적으로 데이터 처리를 처리하는 잡 때문에 클러스터 운영이 어려웠고, 유휴 클러스터의 유틸라이제이션 효율성도 이슈가 되었다.

또한, 로깅 데이터 품질 신뢰 문제가 있었다. 비즈니스가 급성장하고 민첩하게 진행되는 앱과 웹 개발로 인해 레거시 데이터 수집 플랫폼 내에 명확한 세부 명세가 존재하지 않는 다수의 로그들이 앱과 웹페이지에서 만들어졌다. 미처 인지하지 못하고 진행되는 변경사항들과 감지되지 못한 버그들로 인해 고객 메트릭이 손상되는 일이 빈번했으며, 데이터 품질 자체에 대한 신뢰가 위협받았다. 새로운 데이터 수집 프레임워크는 그 결과물의 안정성과 메타데이터의 견고함에 대해 프로듀서와 컨슈머들로부터 신뢰를 얻을 수 있도록, 처음부터 새롭게 구축해야만 했다.

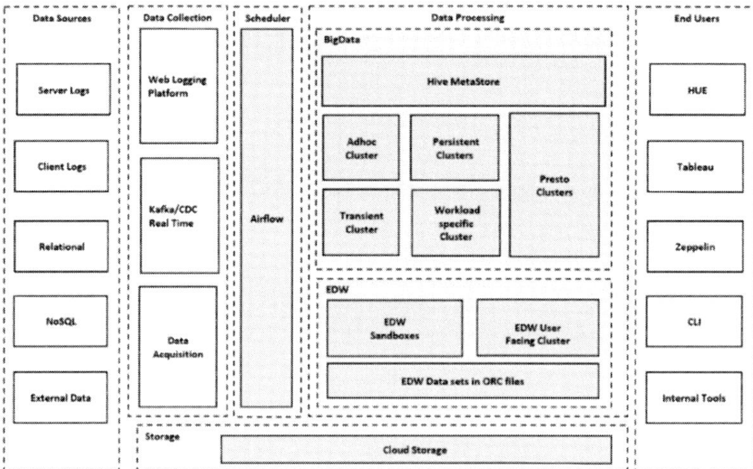

Phase IV — 서비스형 빅데이터, 클라우드 스토리지를 사용하는 EDW, 완전히 새로운 데이터 수집 프레임워크(2018~)

2019년에 이르자 데이터 플랫폼에 대한 이해가 깊어지고 규모가 확대되어 다양한 비즈니스 사용 케이스 및 시나리오에 확장할 수 있게 진화되었다. 진화된 데이터 플랫폼이 지원하는 몇 가지 사례는 다음과 같다.

- 빅데이터 플랫폼 : 쿠팡의 빅데이터팀은 그동안 여러 종류의 롱 러닝 하둡 클러스터를 운영해 왔지만, 폭발적인 사업 성장을 뒷받침하기 위해 클러스터 관리 정책 및 배포 전략을 대폭 수정해야만 했다. 따라서 고객을 위해서 더욱 안정적이고 확장 가능한 플랫폼을 제공할 수 있도록 머신 이미지를 미리 빌드했으며, 컴퓨팅 리소스 특성에 맞춘 다양한 최적화, 유연한 스케일링 정책, 클러스터 추상화 레이어 추가 등 다양한 분야를 개선했다.
- 클러스터 라이프사이클 : 고객의 워크로드를 기반으로 다양한 라이프 사이클을 지원하는 하둡 클러스터를 제공함. 각 클러스터의 라이프 사이클은 비용 효율 및 비즈니스 작업량에 따라 엄격히 관리된다. 이러한 클러스터는 공용 하이브 메타 스토어와 클라우드 저장소에

접근하기 때문에, 모든 고객은 동일한 하이브 테이블을 일관성 있게 사용할 수 있다.

- 스케일링 정책 : 대부분의 클라우드 플랫폼에서는 시스템 지표에 따라 오토 스케일링(Auto-scaling)을 처리한다. 빅데이터팀도 처음에는 클라우드 서비스에서 제공하는 오토 스케일링을 사용했지만, 실제 고객의 필요를 충족시키기엔 부족했다. 그래서 트래픽이 집중되는 시간대를 분석한 후 해당 시간에 앞서 미리 확장할 수 있도록 해주는 스케줄 기반의 스케일링 기능을 적용했다. 스케줄 기반의 스케일링 기능과 오토 스케일링 기능을 조합하여 사용한 덕분에 고객의 플랫폼 경험이 크게 개선되었다.
- 머신 이미지 사전 빌드 : 하둡 클러스터용 컴퓨팅 서버에는 OS를 포함한 다양한 소프트웨어와 하둡 에코시스템, 모니터링과 보안 에이전트가 설치되었다. 빅데이터팀은 이러한 소프트웨어와 다양한 플러그인을 탑재한 서버 이미지를 미리 빌드하였다. 고객의 워크로드에 따라서 다양한 머신 이미지를 제공하며, 머신 이미지는 오픈소스 Packer로 관리한다. 머신 이미지를 도입한 후, 하둡 클러스터 설치 시간이 60% 이상 단축되었다.
- 웹 로깅 플랫폼 : 쿠팡 초기 고객의 상호작용 데이터를 수집하는 플랫폼은 외부 솔루션을 기반으로 구축되었으나, 이 플랫폼에는 결함도 많고 기능도 부족했다. 그래서 많은 도메인 팀에서 메트릭을 집계하고 시각화하기 위해 또 다른 외부 서비스를 이용해야 했다. 이러한 문제를 근본부터 해결하기 위해 새로운 프레임워크를 구축했고 장기간에 걸쳐 마이그레이션과 데이터 검증이 이뤄진 후, 신규 로깅 플랫폼이 레거시 로깅 플랫폼을 완전히 대체했다.

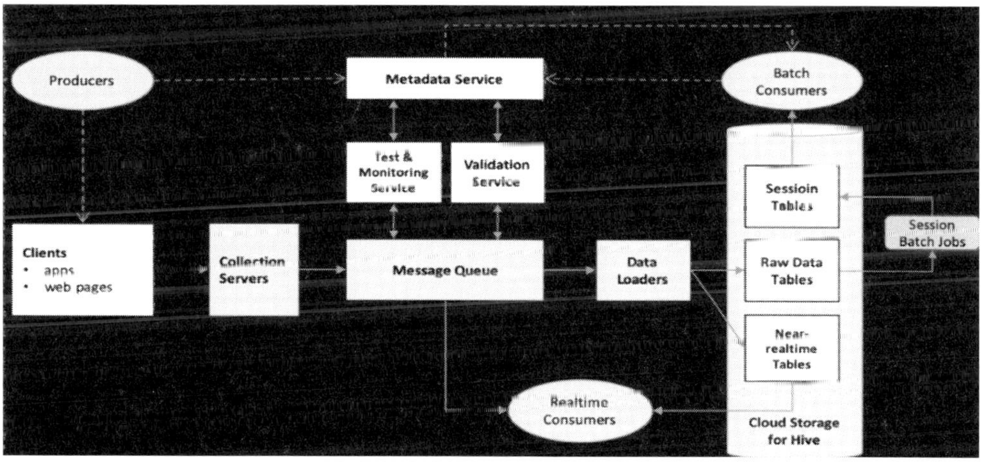

전체 플랫폼 구조도

05 CHAPTER 빅데이터와 인공지능 세상

빅데이터 정책

__ 데이터 3법

__ 산업별 정책

__ 주요국 빅데이터 및 인공지능 정책 현황

05
CHAPTER

빅데이터 정책

데이터 3법

1 데이터 3법 개요

데이터 이용을 활성화하는 「개인정보 보호법」, 「정보통신망 이용촉진 및 정보보호 등에 관한 법률(약칭 : 정보통신망법)」, 「신용정보의 이용 및 보호에 관한 법률(약칭 : 신용정보법)」 등 3가지 법률을 통칭한다.

4차 산업혁명 시대를 맞아 핵심 자원인 데이터의 이용 활성화를 통한 신산업 육성이 국가적 과제로 대두되고 있다. 특히, 신산업 육성을 위해서는 인공지능(AI), 인터넷기반 정보통신 자원통합(클라우드), 사물인터넷(IoT) 등 신기술을 활용한 데이터 이용이 필요하다. 한편 안전한 데이터 이용을 위한 사회적 규범 정립도 시급하나. 데이터 이용에 관한 규제 혁신과 개인정보 보호 협치(거버넌스) 체계 정비의 두 문제를 해결하기 위해 데이터 3법 개정안이 2018년 11월 15일 발의되었다.

법률 개정안은 대통령 직속 4차산업혁명위원회 주관으로 관계부처 · 시민단체 · 산업계 · 법조계 등 각계 전문가가 참여한 가명정보의 정의 및 활용에 관한 법적 근거 마련 등에 대한 해커톤 회의 합의결과(2018.2, 2018.4)와 련 법률의 중복조항 정비, 개인정보 보호 거버넌스 체계 논의 등에 대한 국회 4차산업혁명 특별위원회의 특별권고 사항(2018.5)을 반영한 입법조치이다. 시민단체, 산업계, 법조계, 학계 등의 다양한 의견수렴 절차를 거쳐 마련되었다.

데이터 3법 개정안은 2020년 1월 9일 국회 본회의를 통과하였다. 법률 개정안 주요내용은 다음과 같다.

- 데이터 이용 활성화를 위한 가명정보 개념 도입
- 관련 법률의 유사 · 중복 규정을 정비하고 추진체계를 일원화 하는 등 개인정보 보호 협치(거버넌스) 체계의 효율화
- 데이터 활용에 따른 개인정보 처리자의 책임 강화
- 모호한 '개인정보' 판단 기준의 명확화

2 데이터 3법 개정사항

개인정보 보호법 개정안

개인정보의 개념을 명확히 해서 혼선을 줄이고, 안전하게 데이터를 활용하기 위한 방법과 기준 등을 새롭게 정했다. 데이터를 기반으로 한 새로운 기술 · 제품 · 서비스의 개발, 산업 목적을 포함하는 과학연구, 시장조사, 상업 목적의 통계작성, 공익 기록보존 등을 위해서 가명정보를 이용할 수 있도록 했다.

개인정보처리자의 책임성을 강화하기 위해 각종 의무를 부과하고, 법 위반 시 과징금 도입 등 처벌도 강화해서 개인정보를 안전하게 보호할 수 있도록 제도적 장치를 마련했다.

개인정보의 오 · 남용과 유출 등을 감독할 감독기구는 개인정보보호위원회로, 관련 법률의 유사 · 중복 규정은 「개인정보 보호법」으로 일원화했다.

개정 목적

- 데이터 기반의 신산업 육성과 양질의 일자리 창출에 기여
- 일원화된 개인정보 보호체계를 통해 기업과 국민의 혼란 방지와 체계적 정책 추진
- EU GDPR 적정성 평가의 필수 조건인 감독기구의 독립성 확보

주요 내용

- 가명정보 도입 등을 통한 데이터 활용 제고
  - 개인을 알아볼 수 없도록 안전하게 처리된 가명정보 개념 도입

- 가명정보는 통계작성, 과학적 연구, 공익적 기록보존 목적으로 정보주체의 동의없이 처리 허용
- 서로 다른 기업이 보유하고 있는 가명정보를 보안시설을 갖춘 전문기관에서 결합할 수 있도록 함

• 동의없이 처리할 수 있는 개인정보의 합리화
- 수집 목적과 합리적으로 관련된 범위 내에서 대통령령이 정하는 바에 따라 개인정보의 추가적인 이용 · 제공 허용

• 개인정보의 범위 명확화
- 개인정보 중 다른 정보와 쉽게 결합해 특정 개인을 알아볼 수 있는 정보의 판단 기준 신
- 시간 · 비용 · 기술 등 모든 수단을 합리적으로 고려할 때 다른 정보를 사용해도 더 이상 개인을 알아볼 수 없는 정보(익명정보)의 법 적용 배제 명확화

• 개인정보 보호체계 일원화
- '개인정보보호위원회' 국무총리 소속의 합의제 중앙행정기관으로 격상
- 행정안전부와 방송통신위원회의 개인정보 보호관련 기능 전부와 금융위원회의 일반상거래 기업 조사 · 처분권을 개인정보보호위원회로 이관해 감독기구 일원화
- 「개인정보 보호법」과 「정보통신망법」의 중복 규제를 정비해 법체계를 「개인정보 보호법」으로 일원화

정보통신망법 개정안

개정 목적

• 정보통신망법 내 개인정보 관련 다른 법령과의 유사 · 중복조항 정비와 협치(거버넌스) 개신

주요 내용

• 개인정보 보호 관련 사항은 「개인정보보호법」으로 이관
• 온라인상 개인정보 보호 관련 규제와 감독 주체 '개인정보보호위원회'로 변경
- 정보통신망법에 규정된 개인정보 보호에 관한 사항을 「개인정보보호법」으로 이관
- 온라인상의 개인정보 보호와 관련된 규제와 감독의 주체를 방송통신위원회에서 '개인정보보호위원회'로 변경

신용정보법 개정안

개정 목적

- 빅데이터 분석 · 이용의 법적 근거 명확화와 빅데이터 활용의 안전장치 강화
- 「개인정보 보호법」과의 유사 · 중복 조항을 정비하는 등 데이터 경제의 활성화를 위한 규제 혁신
- 금융분야 데이터산업으로서 신용정보 관련 산업에 관한 규제체계 선진화
- 새로운 개인정보 자기결정권의 도입
  - 정보활용 동의 제도의 개선, 개인신용정보의 전송요구권(Right to data portability), 자동화평가(Profiling)에 대한 신용정보주체의 설명 요구권 등

주요 내용

- 금융분야 빅데이터 분석 · 이용의 법적 근거 명확화
  - '가명정보'는 통계작성(상업적 목적 포함), 연구(산업적 목적 포함), 공익적 기록보존 목적으로 동의 없이 활용가능
  - 데이터 결합의 법적 근거를 마련하되, 국가지정 전문기관을 통한 데이터 결합만 허용
  - 가명정보 활용과 결합에 대한 안전장치 및 사후통제 수단 마련

개인정보, 가명정보, 익명정보의 차이

	개념	활용가능 범위
개인정보	특정 개인에 관한 정보, 개인을 알아볼 수 있게 하는 정보	사전적이고 구체적인 동의를 받은 범위 내 활용 가능
가명정보	추가정보의 사용없이는 특정 개인을 알아볼 수 없게 조치한 정보	다음 목적에 동의 없이 활용가능 (EU GDPR 반영) ① 통계작성(상업적 목적 포함) ② 연구(산업적 연구 포함) ③ 공익적 기록보존 목적 등
익명정보	더 이상 개인을 알아볼 수 없게 (복원 불가능할 정도로) 조치한 정보	개인정보가 아니기 때문에 제한없이 자유롭게 활용

- 개인정보보호위원회 기능 강화
  - 상거래 기업 및 법인의 개인 신용정보 보호를 위한 개인정보보호위원회의 법집행 기능 강화

- 「개인정보 보호법」과의 유사 · 중복 조항 정비
- 신용정보 관련 산업의 규제체계 선진화
  - 신용조회업(Credit Bureau, CB)업을 개인CB, 개인사업자CB, 기업CB 등으로 구분 및 진입규제 요건의 합리적 완화

신용정보산업 규제체계 정비

	인가단위		최소 자본금	금융회사 출자요건
현행	신용조회업(CB업 구분X)		50억원	적용(50% 이상)
개선	개인CB		50억원	적용(50% 이상)
		①비금융전문CB	5억원/20억원주)	배제
	②개인사업자CB		50억원	적용(50% 이상)
	기업 CB	기업등급제공	20억원	적용(50% 이상)
		기술신용평가	20억원	적용(50% 이상)
		정보조회업	5억원	배제

주 : (5억원) 비정형 데이터 (20억원) 대량의 정형 데이터

  - 신용조회업자의 영리목적 겸업 금지 규제 폐지에 따라 데이터 분석 · 가공, 컨설팅 등 다양한 겸영 · 부수 업무 가능
  - 산업의 건전성 제고를 위해 영업행위 규제 신설, 개인CB · 개인사업자CB에는 최대주주 적격성 심사제도 도입
- 금융분야 마이데이터 산업 도입
  - 정보주체의 권리행사에 따라 본인정보 통합조회, 신용 · 자산관리 등 서비스를 제공하는 마이 데이터(MyData) 산업 도입
  - 서비스의 안전한 정보보호 · 보안체계 마련
- 금융분야 개인정보보호 강화
  - 정보활용 동의제도 개선, 정보활용등급제 도입 등 소비자가 "알고하는 동의 관행" 정착
  - 정보활용 동의시 정보제공에 따른 사생활 침해위험, 소비자혜택 등을 평가해 '정보활용 동의등급' 산정 · 제공
  - 기계화 · 자동화된 데이터 처리(Profiling)에 대해 금융회사 등에게 설명요구 · 이의제기할 수 있는 프로파일링 대응권 도입
  - 예를 들어, 통계모형 · 머신러닝에 기초한 개인신용평가, AI를 활용한 온라인 보험료 산정 결과

- 본인 정보를 다른 금융회사 등으로 제공토록 요구 가능한 '개인신용정보 이동권' 도입
- 금융권의 정보활용 · 관리실태를 상시 평가하는 등 정보보호 · 보안 강화
- 금융회사 등 개인 신용정보 유출에 대한 징벌적 손해배상금 강화(손해액의 3배에서 5배)

기대효과

• 데이터가 전산업의 가치창출을 좌우하는 '데이터 경제 시대' 전환에 맞춰 금융산업 새로운 성장동력 확보
• EU GDPR(General Data Protection Regulation, 일반개인정보보호법) 등 국제적 데이터 법제와의 정합성 제고로 전세계 데이터 경쟁에 참여할 수 있는 기반 마련

3 신용정보법 시행령 개정

개관

데이터 3법의 하나인 「신용정보의 이용 및 보호에 관한 법률(신용정보법)」의 시행령 개정안이 2020년 7월 28일, 국무회의를 통과함으로써, 데이터를 가장 안전하게 잘 쓰는 나라를 만들고, 디지털 뉴딜을 구현하기 위한 법적 토대가 완비되었다.

개정 신용정보법 시행령은 데이터 3법의 원활한 시행을 위해 안전하고 효율적인 데이터 결합의 절차 및 결합시 준수사항, 본인신용정보관리업(MyData), 비금융 전문신용평가업 등 신규 신용정보업자의 진입요건, 행위규칙과 정보활용 · 관리 상시평가제, 프로파일링 대응권 도입을 내용으로 하는 금융권 정보보호체계 내실화 방안 등을 규율한다. 동 개정 시행령은 개정 데이터 3법 시행일인 2020년 8월 5일부터 시행된다.

세부 내용

데이터 결합

금융회사와 일반기업이 보유한 데이터를 「신용정보법」에 따라 지정된 데이터 전문기관을 통해 안전하게 결합할 수 있다.

데이터 결합 절차

절차	주체	의무
결합의뢰	결합의뢰기관	① 금융위가 정한 양식에 따라 결합신청
		② 데이터에 포함된 식별값(예:전화번호)은 결합키(결합을 위해 활용하는 키)로 대체 - 결합키의 생성은 금융위가 정한 기준(신용정보업 감독규정)에 맞추어 의뢰기관간 상호 협의 하에 결정
		③ 개인신용정보가 포함된 경우 가명 · 익명처리
		④ 암호화 등 보호조치를 하여 전달
결합 및 결합데이터 제공	전문기관	① 데이터 결합 후 결합에 사용된 결합키는 삭제 또는 대체키로 전환
		② 결합데이터는 가명처리 또는 익명처리의 적정성 평가를 거쳐 적정한 경우에만 전달
		③ 결합데이터를 결합의뢰기관에 전달 후 결합데이터 및 원본데이터 즉각 삭제 - 결합의뢰기관이 요청할 경우, 전문기관 내에서 결합 데이터를 분석하는 것도 가능
결합 이후	전문기관	① 결합 관련 사항 기록 · 관리
		② 결합 관련 기록은 연 1회 금융위 보고

데이터 전문기관

데이터 전문기관은 안전한 데이터 결합에 충분한 인적 · 물적 설비와 위험관리체계를 갖추어야 한다. 데이터 전문기관은 엄격한 시설 · 설비 · 인력 요건을 충족하고, 전문기관 수행만을 위한 별도의 직원과 서버를 갖추는 등 위험관리체계와 내부통제장치를 마련하도록 하였다.

신용정보업(Credit Bureau, CB)의 진입 규제 완화

법률 개정을 통해 신용정보업의 허가단위가 세분화된 만큼, 허가단위별 특성에 맞추어 진입규제를 전면 정비하였다.

진입규제 개편

	인가단위		최소 자본금(法)	전문 인력(令)
기존	신용조회업(CB업 구분X)		50억원	10명
개선	개인CB		50억원	10명
		비금융전문CB	5억원/20억원[주)]	2명/5명
	개인사업자CB		50억원	10명
	기업 CB	기업등급제공	20억원	10명
		기술신용평가	20억원	10명
		정보조회업	5억원	2명

주 : (5억원) 비정형 데이터 (20억원) 대량의 정형 데이터

복수의 신용조회업을 허가받고자 하는 경우에도 최대 10인의 전문인력만을 요구하여 핀테크 기업의 부담을 완화하였다. 전문인력 범위도 금융회사 · 핀테크 · 빅테크 기업 · 연구소 등에서 정보 분석 · 기획 등의 업무를 한 자 등까지 확대하였다.

■ **전문인력 범위 개편**

기존	공인회계사, 3년 이상 신용조회업무(신용정보의 분석에 관한 업무 포함)에 종사하였거나 신용정보집중기관에 근무한 경력이 있는 사람
개선	1. 공인회계사 2. 기술사, 기술거래사, 변리사 3. 3년 이상 신용정보주체에 대한 신용상태를 평가하는 업무에 종사한 사람 4. 3년 이상 기술에 관한 가치평가 업무에 종사한 사람 5. 3년 이상 기업정보조회업무에 종사하였던 사람 6. 3년 이상 신용정보 등의 분석에 관한 업무(정보분석 및 정보기획업무 등을 포함)에 종사하였던 사람 7. 3년 이상 신용정보집중기관에 근무한 경력이 있는 사람

신용평가가 공정하고 정확하게 이루어질 수 있도록 불공정행위 금지 등 신용정보회사 행위규칙을 신설하였다. 예를 들어, ①정당한 이유 없이 해당 회사 또는 계열회사 상품 · 서비스 구매 · 이용을 조건으로 신용평점을 유리하게 산정하는 등 차별적 행위 금지 ②의뢰자에 관대한 평가결과를 암시 · 약속하는 등 등급쇼핑 유발행위가 금지된다.

마이데이터 사업자 도입

마이데이터(MyData) 사업자가 개인신용정보의 수호자로서 국민들의 소중한 개인신용정보를 안전하게 관리하게 된다. 마이데이터 사업자가 신용정보주체의 개인정보 자기결정권을 두텁게 보호하게 하기 위한 규정을 신설하였다. 예를 들어, 제3자에 대한 개인신용정보 전송요구를 철회하도록 강요하는 행위 금지, 정보주체 요구에도 불구 신용정보를 즉시 삭제하지 않는 행위가 금지된다. 역량있는 다양한 혁신사업자의 진입을 위해 법령상 전문인력 제한을 두지 않고, 비금융업무는 폭넓은 겸업을 허용하였다.

개인신용정보 전송요구권 행사

정보주체가 개인신용정보 전송요구권을 원활하게 행사할 수 있도록 하였다. 개인신용정보 전송요구권은 신용정보주체의 권리 행사에 따라 해당 개인에 대한 신용정보를 지정하는 제3자에게 전달토록 요구할 수 있는 권리이다. 정보주체는 금융회사 등, 전기통신사업자, 공공기관 등이 보유한 개인신용정보를 본인, 마이데이터 사업자, 금융회사 등에 전송하여 줄 것을 요구할 수 있게 된다.

전송 대상 정보의 범위는 금융거래정보, 국세 및 지방세 납부정보, 4대 보험료 납부정보, 통신료 납부정보 등이다. 참고로 네이버 등 빅테크 기업 보유 정보는 「신용정보법」은 금융거래정보 등 '신용정보'를 다루는 법률로 원칙상 IT기업 등이 보유한 일반 개인정보는 전송요구권 대상정보가 아니다. 다만, 마이데이터 사업자들간 상호주의 관점에서 쇼핑정보 등 다양한 정보가 공유될 수 있는 방안을 지속 강구해나갈 계획이다.

산업별 정책

1 금융 : 전자금융거래법 개정안

전자금융거래법 개정의 배경은 다음과 같다. 디지털금융은 대표적인 비대면 산업으로서 간편결제와 송금의 확대, 인증기술의 발전, 플랫폼의 확산 등으로 크게 성장 중이며, 4차 산업혁명에 따른 신기술 도입과 코로나19 이후 온라인거래 · 재택근무 등의 확대는 금융의 디지털 전환을 가속화하고 있다. 간편결제 일평균 거래규모는 2016년 255억원에서 2019년 1,656억원으로, 간편송금은 2016년 71억원에서 2019년 2,177억원으로 증가하였다.

이러한 금융의 디지털화는 ICT · 플랫폼 등 연관 산업과 융합 · 발전하면서 디지털경제로의 변화를 이끌 뿐만 아니라, 포용적 금융도 가능하게 한다. 글로벌 금융-ICT산업간 M&A는 2009년 223건에서 2016년 472건으로 112% 증가하였다.

이에 EU 등 주요국은 디지털금융의 중요성을 인식하고 경쟁과 혁신을 촉진하기 위해 앞 다투어 법 · 제도를 정비하였다. EU는 「지급결제산업지침(Payment Service Directive, PSD)」 제정(2007) 및 시행(2009), 「전자적 신원확인 및 인증 등에 관한 법률(eDIS)」 제정(2016), 「지급결제산업지침(Payment Service Directive 2, PSD2)」 제정(2016) 및 시행(2018), 「온라인 플랫폼의 공정성 · 투명성 강화를 위한 법률」 제정(2020)하였다.

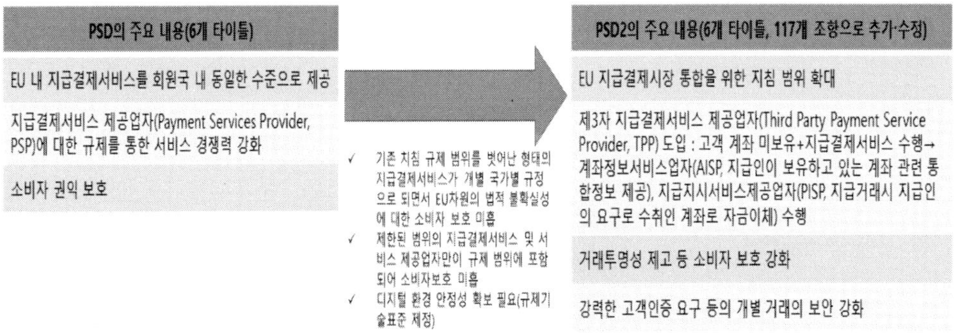

PSD와 PSD2의 주요 내용

PSD2 도입 추진 경과

PSD2까지의 동향

기간	동향
2007~2009	- 2007년 PSD 시행 및 2009년 전면 의무 적용 • 30여개 유럽국가에서 자금이체지급결제 관련 공동 규정 제정 • 유럽단일지급결제시장 활성화를 위한 법적 토대 마련 • 유럽연합 내 수수료 효율화 및 지급결제 보안 향상
2013~2014	- 2013년 유럽집행위원회, PSD 개정(PSD2)추진 • 지급결제서비스 혁신, 소비자보호 강화, 인터넷결제 보안 강화, 계좌접근 허용 등
2015~2016	- 2015년 10월 유럽의회에서 채택 - 2016년 1월 EU 저널지에 공식 발표 및 시행
2017~2019	- 유럽은행감독청, PSD2활성화를 위한 규제기술표준(RTS, Regulatory Technical Standards) 제정 및 시해

PSD2 조문구성

	PSD2 조문구성
타이틀 I	- 주제, 범위 및 용어정의: 대상기관, 적용범위, 예외,정의
타이틀 II	- 지급결제서비스 제공업자(PSP) • 지급결제기관(Payment Institutions)의 일반 원칙, 감독, 면제규정 • 공통조항: 지급결제시스템 접근, 계좌접근, 금지사항
타이틀 III	- 지급결제서비스 관련거래 투명성, 정보공개 요건
타이틀 IV	- 지급결제서비스 제공 및 사용에 관한 권리 및 의무 • 공통조항: 범위, 수수료, 적용면제 거래 • 지급거래 인가 : 지급결제서비스 제공업자 및 사용자 의무 등 • 지급거래 실행 : 지급명령, 결제시간, 책임소재, 데이터보호, 리스크 등
타이틀 V	- 위임규정 및 규제기술표준(RTS)
타이틀 VI	- 최종 조항

그러나 국내 디지털금융을 규율하는 「전자금융거래법」은 스마트폰이 대중화되기도 전인 2006년 제정된 후 큰 변화가 없어 4차 산업혁명과 포스트코로나에 따른 최근 금융환경의 변화를 적극적으로 수용하지 못하는 측면이 있다. 또한, 2007년 제정 이후 전산사고 등으로 인해 금융보안 관련 세부 규정만 10여 차례 개정되었다.

산업 측면에서 전자금융산업의 규제수준과 체계가 상대적으로 높고 복잡하여 혁신사업자의 진입이 곤란하다. 자금이체업의 최저자본금은은 한국 30억원 〉 일본 10억원, 선불업은 한국 20억원 〉 미국 3억원으로 높다.

이용자 측면에서 디지털금융 이용이 확대됨에 따라 거래 안정성과 신뢰 확보를 위해 강력한 이용자 보호장치 마련이 시급하다. 전자금융업자 보유 선불충전금은 2016년 1조원에서 2019년 1.7조원으로 증가하였다.

인프라 측면에서 IMF · BIS 등 국제논의, 빅테크의 금융업 진입, 공인인증 폐지 등 새로운 금융환경에 맞는 제도가 필요하다. 2019년 금융권 · 핀테크 기업의 규제개선 건의 188건 중 인증 관련 건의가 32건으로 가장 많다.

보안 측면에서 국민 재산보호와 직결되는 인간안보(Human Security)의 주요 요소로서 시스템적 중요성이 나날이 증대되고 있다.

전자금융거래법 개정안의 기본 방향은 다음과 같다.

전자금융거래법 개정안의 주요 내용

산업

지급지시전달업(MyPayment)와 종합지급결제사업자 도입

고객자금을 보유하지 않으면서도 하나의 앱(App)으로 고객의 모든 계좌에 대해 결제 · 송금 등에 필요한 이체지시를 전달하는 MyPayment(지급지시전달업)를 도입하다. EU는 2018년 1월에 도입하였다.

MyPayment는 MyData(「신용정보법」상 '본인신용정보관리업')와 연계를 통해 다양한 혁신 서비스를 만들어낼 것으로 기대된다. 예를 들어, MyPayment + MyData) 하나의 App으로 금융 자산의 조회(MyData)를 통한 포트폴리오 추천 뿐만 아니라, 자산 배분(이체)까지 가능(MyPayment)하다.

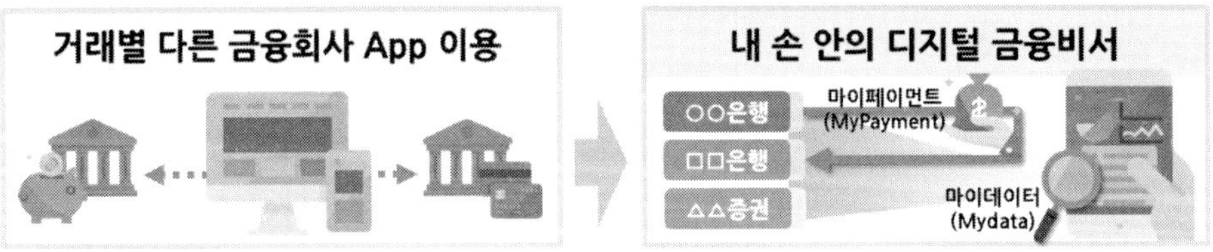

마이페이먼트 도입 기대효과

고객 결제계좌(Payment Account)를 직접 발급 · 관리하고 결제 · 이체 등 다양한 디지털 금융 서비스를 One-stop으로 제공하는 '종합지급결제사업자'(금융위원회 지정)를 도입한다. EU나 영국은 Electronic Money Institution, 싱가포르 Payment Institution 등이 도입되어 있다.

종합지급결제사업자는 금융결제망 참가를 통해 급여 이체, 카드대금 · 보험료 · 공과금 납부 등 계좌 기반 서비스를 제공할 수 있다. 다만, 은행 등과 달리 예금과 대출 업무는 제한된다. 현재 전자금융업자는 은행 등 금융회사와 연계된 계좌만 개설 가능하다. 충분한 자기자본 · 전산역량 등을 갖추도록 하고, 고객자금은 모두 외부기관에 예치하도록 하는 한편, 금융회사 수준의 자금세탁 · 보이스피싱 방지 규제 등을 적용한다.

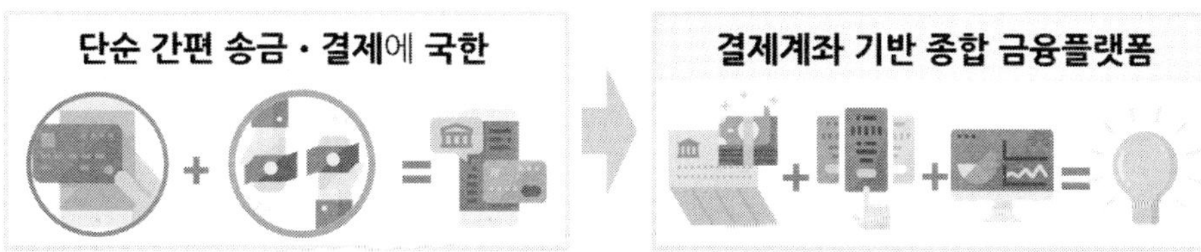

종합지급결제사업자 도입 기대효과

전자금융업종 기능별 통합 · 간소화

서비스 간 융 · 복합이 활성화되고 있는 금융환경의 변화를 반영하여 전자금융업종을 기능별로 통합 · 단순화(7개 → 3개)한다.

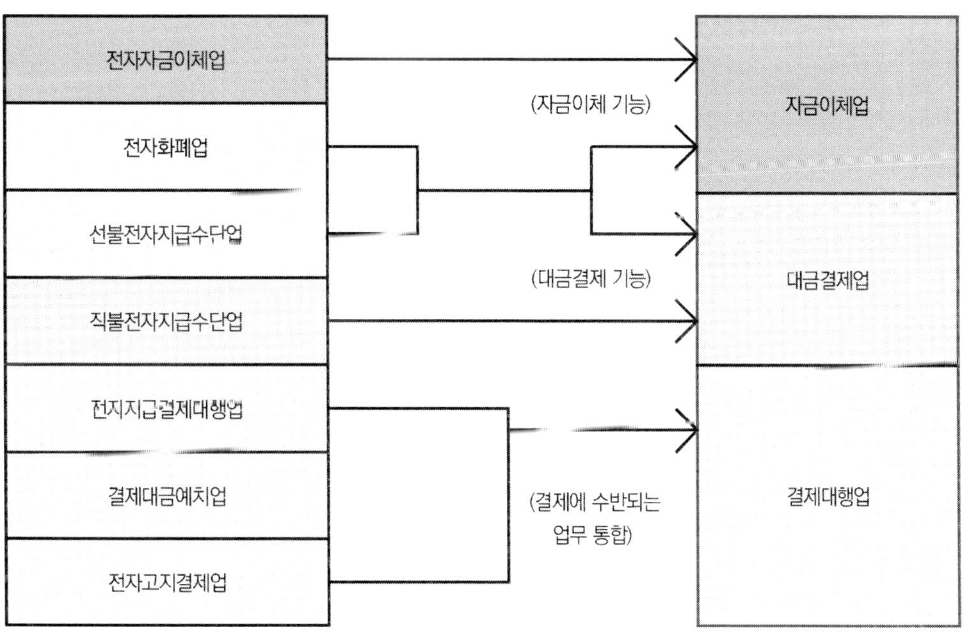

전자금융업종 통합 · 간소화

진입규제 합리화

혁신적 아이디어를 가진 스타트업 등이 전자금융업에 진출할 수 있도록 최소자본금을 합리적으로 조정(현행 업종별 5~50억원 → 3~20억원한다. 해외 주요 국가도 여 · 수신 업무 등을 영위하지 않는 전자금융업의 특성을 고려하여 최소자본금을 낮게 규정되어 있다. 미국은 자금이체업 3억원, EU 지급지시전달업 0.7억원 등이다.

영업규모에 따라 최소자본금을 차등화(Small License)하고, 영업 확장시 상향 적용하여 사업 초기의 진입 부담을 낮춘다.

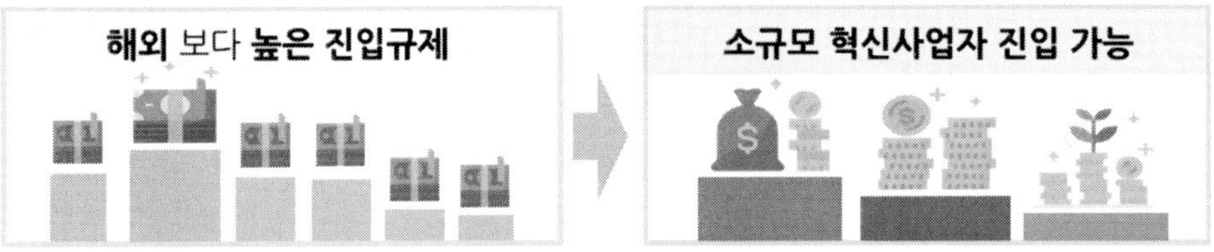

진입규제 합리화 기대효과

소액 후불결제 기능 부여, 선불수단의 충전한도 상향, 금융규제 샌드박스 연계

소비자 편의성을 높이기 위해 대금결제업자에 대해 제한적인 소액 후불결제 기능을 도입한다. 결제대금의 부족분(선불충전금과 결제대금 간 차액)에 한하여 최대 30만원(개인별 한도 차등 부여)까지 제공하되, 신용카드와는 달리, 현금서비스 · 리볼빙 · 할부서비스는 금지하며, 이자도 수취하지 않도록 기능이 제한된다. 대손충당금 적립, 사업자간 연체정보 공유, 사업자별 후불결제 총액 제한 등을 통해 사업자 건전성 관리 및 이용자 보호체계도 충분히 마련한다.

이를 통해, 사회초년생, 주부 등(Underbanked)에게 디지털금융의 접근성과 편의성을 부여하고 금융이력 축적의 기회를 제공할 수 있고, 나아가 새로운 혁신사업자들이 비정형 · 비금융 데이터(Alternative Data)를 활용하게 되면, 후불결제 시장에서 경쟁과 혁신도 촉진될 것으로 기대한다.

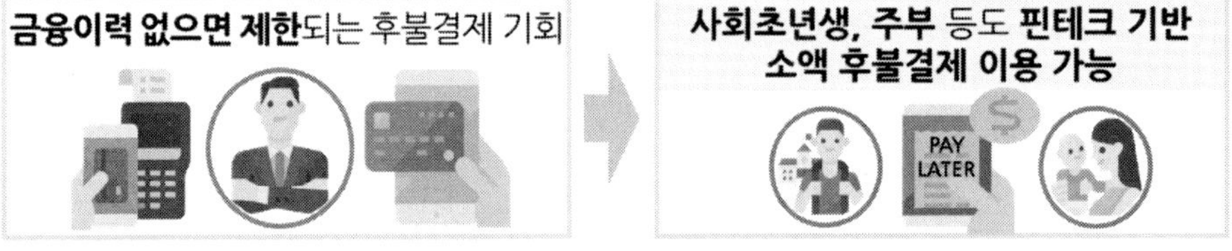

소액 후불결제 기능 부여 기대효과

선불전자지급수단의 충전한도를 최대 500만원(현행 200만원, 2008년 도입)으로 높여, 전자제품·여행상품 등으로 결제 가능 범위를 넓힌다. 동시에 1일 총 이용한도(1천만원)를 설정하여 건전한 거래질서 유지를 위한 보호장치도 마련하고, 구매이력, 고객요청 등에 따라 충전한도 차등 부여가 가능하도록 설계한다.

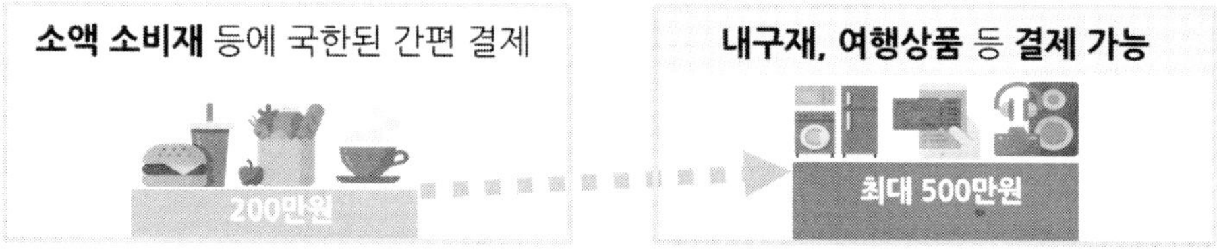

선불수단의 충전한도 확대 기대효과

금융규제 샌드박스를 통해 제한적 · 일시적으로 허용된 혁신을 진행한다. 금융서비스들이 안정적으로 운영될 수 있도록 관련 규제도 함께 개선해 나간다. 출금이체 동의방식 다양화, 인증 · 신원확인 개선, 망분리 규제의 단계적 합리화 등이다.

이용자

디지털금융 이용자 자금 보호 강화

전자금융업자의 선불충전금에 대해 은행 등 외부에 예치 · 신탁하거나 지급보증보험에 가입하도록 의무화한다. 종합지급결제사업자 및 자금이체업자는 이용자자금의 100%, 대금결제업자는 50% 이상을 한다.

전자금융업자가 노산할 경우, 이용자의 자금에 대해서는 다른 채권자보다 우선하여 돌려 받을 수 있는 권리(우선변제권)도 함께 도입하여 디지털금융의 신뢰를 높인다.

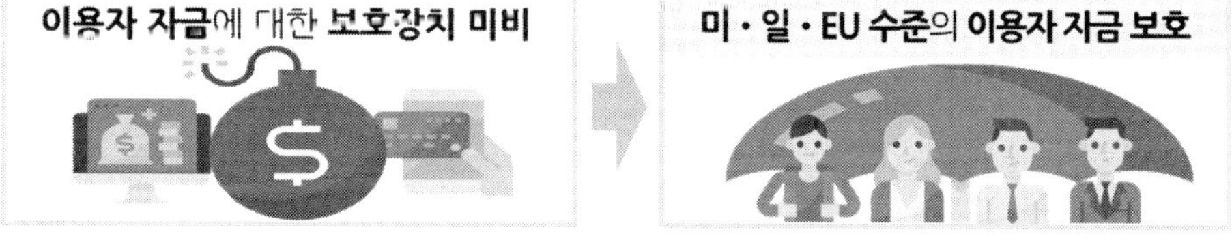

디지털금융 이용자 자금 보호 강화 기대효과

금융 플랫폼 등 영업행위 규율 마련

최근 증가하고 있는 금융회사 · 빅테크 간 연계 · 제휴에 대해 금융상품의 제조 · 판매 · 광고의 책임 주체를 보다 명확히 구분하는 등 플랫폼 영업에 대한 이용자 보호장치를 마련한다. 이용자 오인방지(명칭, 제조 · 판매 · 광고 주체 등), 사업자의 인위적 개입 금지(상품순위 등) 등이다.

플랫폼 사업자 등이 AI · 빅데이터를 비롯한 신기술 활용시 불합리한 차별 금지 등 투명성 · 책임성 확보를 위한 원칙도 제시한다. 예를 들어, 신기술을 활용한 의사결정의 차별성 · 편향성을 정기 점검, 설명가능성 확보 등이다.

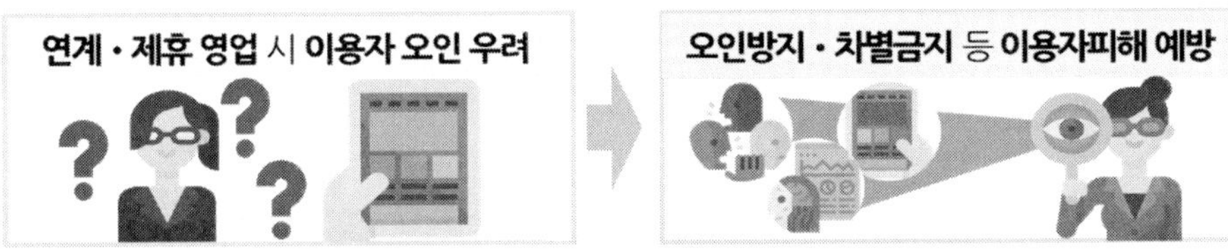

금융 플랫폼 등 영업행위 규율 마련 기대효과

금융회사 · 전자금융업자의 책임을 강화

공인인증서 · 보안카드 등의 위 · 변조, 해킹 등 특정한 기술적 사고에 대한 금융회사 등의 책임을 이용자가 허용하지 않은 전자금융거래(무권한거래)로 인해 발생한 사고까지 확대한다. EU, 미국, 호주 등은 무권한거래(Unauthorized Transaction) 전반에 대해 원칙적 배상책임을 하도록 하고 있다. 이용자가 거래를 허용하였는지 여부에 대해서는 금융회사 등이 입증하도록 하여 이용자를 더욱 두텁게 보호한다. 예를 들어, 개인정보 도용에 따른 부정결제는 현재 금융회사 등의 책임이 불명확하나, 제도개선시 이용자의 고의 · 중과실이 없는 경우 책임범위에 명확히 포함한다.

동시에, 이용자의 도덕적 해이를 막기 위해 전자금융사고 예방을 위해 금융회사 등과 협력하도록 하여, 균형있고 합리적으로 책임이 분담되도록 한다. EU는 약관 준수, 전자금융사고 즉시 통지, 인증서 등의 안전한 보관의무 등을 지우고 있다.

금융회사 · 전자금융업자의 책임을 강화 기대효과

인프라

오픈뱅킹 법제도화 및 디지털 지급거래 제도화

기관 간 협약으로 운영되어 온 오픈뱅킹, 디지털 지급거래 청산 제도를 법적으로 뒷받침한다. 국제결제은행(BIS)은 금융시장 인프라에 관한 원칙의 제1원칙으로 투명하고 명확한 법적 근거(Legal Basis)을 갖추어야 함을 제시하였다. 오픈뱅킹 참여기관, 제공정보, 수수료 등이 인프라 접근성, 상호주의에 따라 원활히 조정되도록 하고 보안성도 강화한다. 또한, 지급결제시스템의 운영기관에 대한 역할과 책임을 명확히 하여 디지털 결제의 안정성도 확보한다.

오픈뱅킹 법제도화 및 디지털 지급거래 제도화 기대효과

금융분야 인증 · 신원확인 제도 개선

공인인증제도 폐지에 대응하여, 보안성이 우수한 인증수단이 갖춰야 할 기술적 요건을 제시하고, 고위험 거래에 대해서는 금융회사 등의 인증을 강화한다. 미국, EU는 최초 금융거래, 일정 금액 이상의 온라인 거래 등에 이미 도입한 상태이다.

또한, 안면인식, 분산신원확인(DID) 등 새로운 신원확인 방식은 수용 · 다양화된다.

금융분야 인증 · 신원확인 제도 개선 기대효과

전자금융거래법의 적용대상 명확화

국외 사업자의 국내 영업에 대한 역외적용 규정을 신설하여 국내 전자금융산업과 이용자 · 가맹점을 보호한다. 외국 사업자의 행위가 국내에 영향을 미치는 경우, 국내법(「전자금융거래법」)을 적용하여 관할권을 행사하는 규정이다.

법상 '전자금융거래'의 범위를 기존 '비대면 거래'에서 태블릿을 이용한 창구거래 등 '디지털 방식의 금융거래' 전반으로 확장하여, 금융보안 등 법적 보호의 범위를 넓힌다. 즉, 금융보안 전반, 금융회사 배상책임, 약관, 분쟁처리 및 조정, 거래기록 보존 등으로 확장된다.

빅테크의 금융업 진출 관리체계 마련

빅테크는 ICT·전자상거래 등을 통해 확보한 고객 네트워크와 빅데이터 등을 기반으로 금융업에 진출하려는 기업 집단(Google, Amazon, Facebook, Apple, Alibaba 등)이다.

최근 증가하고 있는 플랫폼 비즈니스, 타 금융회사 등과 연계 · 제휴 등에 대한 영업시 행위 규제를 도입한다. 빅테크의 디지털 금융산업 진출시 외부청산 의무화, 합병 · 영업양수도 인가, 이용자 자금 보호, 역외적용 등을 통해 금융안정, 소비자보호 등을 위한 기반을 마련한다. 공정경쟁 및 규제차익(Regulatory Arbitrage) 방지 측면에서 기존 금융회사와 핀테크 · 빅테크 등에 적용되어 온 불합리한 규제가 없는지도 균형 있게 살피고 적극적으로 개선해 나간다.

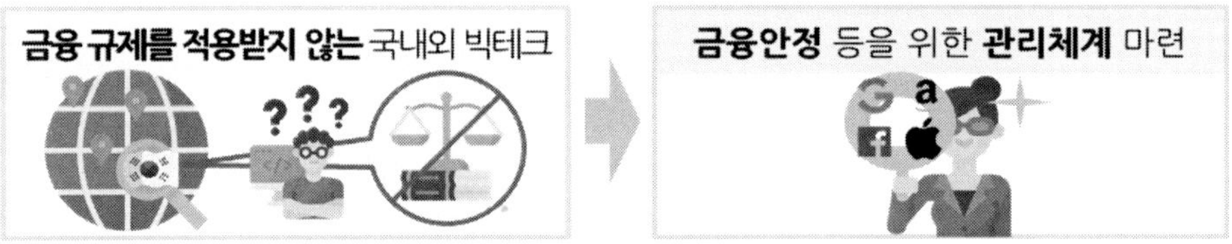

빅테크의 금융업 진출 관리체계 마련 기대효과

보안

디지털 리스크 관리 · 감독 선진화

디지털 금융보안의 감독방향 전환(사후적발 → 사전예방)과 사전 보안가이드 등을 통해 민간의 보안역량 강화를 유도한다. 클라우드 사업자에 대한 감독 · 검사 근거 마련 등 IT아웃소싱에 따른 제3자 리스크(Third Party Risk) 관리도 강화한다.

디지털 리스크 관리 · 감독 선진화 기대효과

금융보안 관련 거버넌스 강화

리스크 관리 거버넌스 구축, 정보보호최고책임자 권한과 이사회 책임 강화 등을 통해 금융회사 등의 역량 강화를 지원한다.

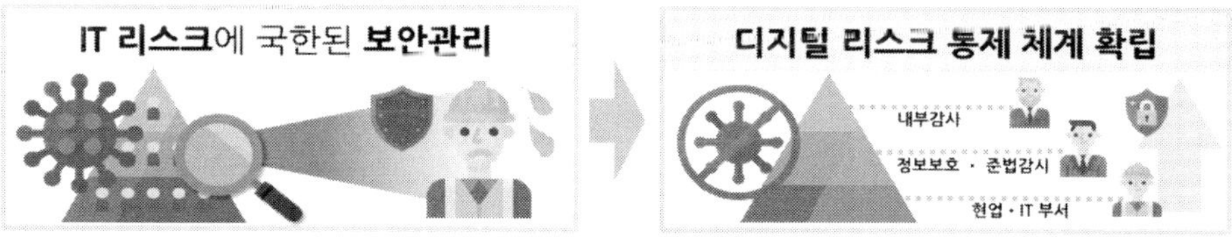

금융보안 관련 거버넌스 강화 기대효과

금융산업의 안전한 디지털 전환 지원

금융회사 등의 업무지속계획 수립 의무를 금융인프라기관까지 확대하고, 망분리 규제도 단계적으로 합리화해 나가고, 재해재난 상황에서 업무를 유지 · 복구 · 재개하기 위한 대응계획을 마련한다.

금융분야 사이버 안보 관리체계 구축

금융인프라기관 등의 위기대응 훈련을 정례화하고, 침해사고 대응, 위기정보 공유 등 금융보안원의 역할을 강화한다.

기대효과

'디지털금융'과 '데이터경제'의 동반 발전으로 우리가 표준이 되고, 세계가 되는 선도형 디지털경제로 빠르게 나아갈 것으로 기대된다.

디지털 금융산업의 단계별 발전과정을 로드맵으로 제시하여 혁신성장 뒷받침

MyPayment, 진입규제 완화 등을 통해 혁신적 핀테크 아이디어에 기반한 창업이 활발해지고 양질의 일자리도 창출한다.

데이터, 클라우드, 보안 등 전후방 연관산업의 발전을 통해 융합신산업 등 실물 부문의 혁신성장에도 이바지한다.

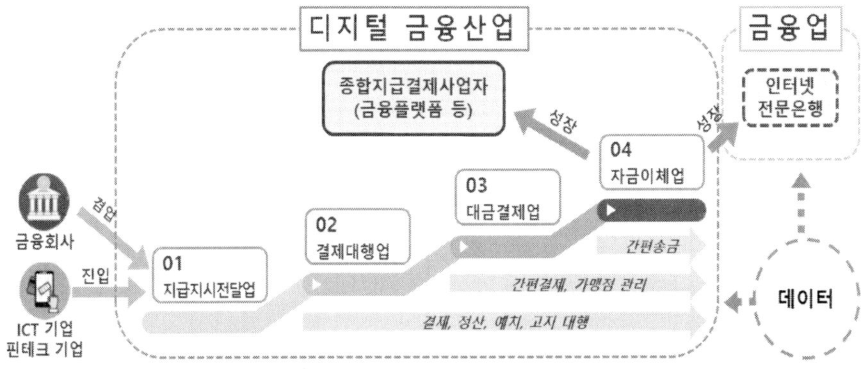

자료 : 금융위원회

금융산업 단계별 발전과정

디지털경제의 핵심 인프라로서 디지털 금융의 효율성 · 안전성이 향상

MyPayment, 종합지급결제사업자 등을 통해 계좌 기반 서비스 등 종합 디지털 금융서비스를 One-stop으로 영위가 가능하다.

소액 후불결제, 인증 · 신원확인 제도 개선 등을 통해 민간의 자발 · 창의적 혁신 서비스가 창출되고 디지털금융의 접근성이 향상된다.

국제 기준에 맞는 오픈뱅킹, 청산제도 등 금융시장 인프라 구축

이용자 중심의 디지털 금융보안체계 마련

추진과제	목표	내용
산업	혁신적 디지털 금융산업 육성	• (1-1) 지급지시전달업(MyPayment) 도입 : 이용자의 지급지시(결제·송금)를 받아 금융회사 등에 이체를 실시하도록 전달하는 업종(고객자금 미보유) • (1-2) 종합지급결제사업자 도입 : 하나의 금융 플랫폼을 통해 간편결제·송금 외에도 계좌 기반의 다양한 디지털금융 서비스를 One-stop으로 제공 • (2) 전자금융업종 기능별 통합·간소화 : 7개→3개 • (3) 진입규제 합리화 : 최소자본금 규제 완화 및 영업규모 증가에 따라 자본금 등을 상향 적용(Small License+Sliding Scale) • (4-1) 소액 후불결제 기능 부여 : 대금부족분에 한해 제한적인 신용 기반의 소액 후불결제(30만원) 기능 부여 • (4-2) 선불수단의 충전한도 상향 : 1회 200만원→500만원, 1일 1천만원 이내 • (4-3) 금융규제 샌드박스 연계 등 동태적 규제 개선
이용자	디지털 금융 이용자 보호체계 확립	• (1) 디지털금융 이용자 자금 보호 강화 : 외부기관에 예·치신탁 또는 지급보증보험 가입 의무화, 전자금융업자가 도산할 경우 우선변제권 부여 • (2) 금융플랫폼 등 영업행위 규율 마련 : 영업 확·장경쟁, AI 등 신기술 이용에 따른 이용자 피해를 예방하기 위해 영업시 행위 규제 확립(중·개판·매광고 책임주체 명확화와 플랫폼 사업자의 인위적 개입 금지 및 신기술 활용 시 차별금지 및 설명가능성 확보 • (3) 금융회사 등이 책임지는 전자금융사고 범위 확대 : 전자금융사고에 대한 금융회·사전자금융업자의 책임(무과실책임) 강화 • (4) 합·병영업양도 등 기준 마련 : 이용자 보호 강화
인프라	디지털 금융거래 기반 구축	• (1-1) 오픈뱅킹의 법제도화 : 은행, 핀테크 기업외 제2금융권으로 참가기관 확대를 위해 법적 근거 마련 • (1-2) 디지털 지급거래 제도화 : 지급지시의 확인·중계, 수취·지급 금액정산(Netting) 등에 전문화된 기관 지정 • (2) 금융분야 인·증신원확인 제도 개선 : 혁신적 인증수단 편·리안·전보안성 확보 및 비대·면전자적 장치를 통한 신원확인 방식으로 확대 • (3) 전자금융거래법 적용대상 명확화 : 국외사업자에 대한 역외적용, 새로운 형태의 전자금융거래 포섭 • (4) Big Tech의 금융업 진출 관리체계 마련 추진 : 플랫폼 영업 규율 마련, 외부청산 의무화, 합·병영업양수 사전 인가, 이용자 자금 보호, 엄격한 역외 적용, 기존 금융회사와 핀테·크빅테크 규제차익 방지
금융안정	디지털 금융보안 강화	• (1) 디지털 리스크 관·리감독 선진화 : 사전예방, 제3자 리스크 관·리감독, 조치명령권 도입 • (2) 금융보안 관련 민간 거버넌스 강화 : IT·현업부서-정보보·호준법감시-내부감사 계층적 방어체계, CISO 권한 강화, 이사회 책임 강화 • (3) 포스트코로나에 대비한 금융산업의 안전한 디지털 전환 지원 : 업무지속계획 강화, 망분리의 규제로 단계적 합리화 • (4) 금융분야 사이버 안보 및 재난대응 관리체계 구축 : 위기대응 체계 구축 및 디지털 정책협의회 운영

추진과제 요약

2 헬스케어

헬스케어 데이터의 활용가치는 무궁무진하다. 향후 더 많은 이종 산업의 데이터를 헬스케어 데이터와 접목하는 시도가 활발하게 진행될 것으로 예상된다. 특히 올해는 비대면 사회로의 급속한 진화에 따라 ICT를 활용한 융합 기반 헬스케어 데이터 사업 모델들의 필요성이 공론화되고, 디지털 헬스케어 산업은 더 가속화 될 것으로 보인다.

2020년 5월에 발표된 4차산업혁명위원회의 설문조사에 따르면, 국민의 87%가 의료보건기술을 위해 개인정보를 제공할 의향이 있으며, 전문가 집단은 올해 개정된 데이터3법으로 빅데이터를 활용한 금융업과 의료보건업이 가장 크게 성장할 것이라고 내다봤다. 하지만 의료법과 국민건강보험법에서 개인정보를 별도로 보호한다는 점은 개인정보보호법 개정안과 충돌된다는 지적이 있었다.

헬스케어 산업의 중요한 요소 중 하나인 공공성이라는 측면에서 이러한 변화에 부응하되 실제적인 사회경제적 가치를 만들어내기 위한 사회적 공감대 형성이 필요하다. 또한 헬스케어 데이터를 활용하는 사업자에게는 강한 윤리적 잣대가 요구된다. 헬스케어 산업이 활성화하는 한편, 안전한 데이터 활용을 위한 제도적 장치(데이터 3법 등)에 대한 끊임 없는 연구와 개선이 함께 이루어질 필요가 있다.

③ 통신

통신사의 데이터는 방대하다. 전 국민이 통신사의 비즈니스 대상이다. 이에 따라 기업 비즈니스의 변화 속도에 맞게 데이터를 운영하는 것이 쉽지 않다. 이러한 측면에서도 그렇고 활용을 위한 정제나, 관리의 측면에서도 데이터 운영은 쉬운 문제가 아니다. 빅데이터와 관련된 기술은 매우 빨리 발전하고, 이를 이용하는 사람들의 요구는 다양하기 때문에 해당 구조를 반영하는 문제도 쉽지 않다. 더불어 점점 더 첨예해지는 보안 이슈와 정부 규제가 증가하고 있는 어려움이 존재한다.

우리나라는 세계적 수준의 5G 네트워크와 ICT 인프라를 보유하고 있는데도 데이터 비즈니스가 선진국에 비해 활성화되지 않고 있다. 주요 요인은 가입자 기반의 서비스이므로 데이터를 활용해 얻는 득보다 실이 클 수 있다는 경영진의 우려와 데이터 활용을 위해 살펴보아야 하는 과도한 규제 요인들 때문이다. 데이터3법 개정을 통해 일부 데이터 활용을 위한 물꼬가 볼 수 있다. 하지만 실제 데이터를 사업적으로 활용하는 데 있어 통신사가 살펴야 하는 규제요소가 너무나 많다. 관련 법만 하더라도 데이터3법 외 전기통신사업자법, 위치정보 보호법(위치정보의 보호 및 이용 등에 관한 법률), 통신비밀보호법, 지적재산권보호법, 공정거래법 (독점규제 및 공정거래에 관한 법률) 등 유관한 법제도간의 해석적 충돌을 살펴야 한다. 특히 신규 융복합 산업영역에서는 해당 유관 법령까지도 살펴보아야 하는 것뿐만 아니라 규제기관의 관리감독을 감당해야 한다.

기업용 데이터 클라우드 기업인 클라우데라의 앤드루 살티스(Andrew Psaltis) 최고 기술책임자(CTO)는 코로나19 사태를 계기로 기업 비즈니스 영역에서 데이터의 중요성이 이전보다 더욱 부각되기 시작했다는 것은 흥미롭다며 코로나19 여파가 비즈니스에 미칠 악영향을 최소화하려면 데이터 활용 방식과 영역을 적극적으로 확장할 필요가 있다고 강조했다.

팬데믹을 맞아 공공 분야와 비즈니스 영역에서 통신 데이터를 활용하려는 노력은 급격히 늘어났다. 하지만 아직 그 수요가 불충분하거나 수익 측면의 접근 방법이 적절하지 않은 것도 사실이다.

데이터의 가치를 공공재로 규정하는 사회적 분위기도 개선돼야 한다. 데이터의 가치를 정당하게 산정하고 이를 기반으로 한 부가가치의 가치사슬이 정상적으로 작동해야 데이터 비즈니스가 활성화될 수 있을 것이다.

4 광고

규제 환경 변화

세계적으로 데이터 기반의 디지털 광고 시장이 성장하며 반대 급부로 일반 사용자들 사이에선 개인데이터 사용과 프라이버시 침해에 대한 우려가 높아지고 있다. 이에 유럽연합(EU)의 GDPR을 시작으로 미국 캘리포니아의 CCPA 등 각 국은 광고 데이터 사용에 사용자들의 권리를 보장하는 방법을 강구하고 있다.

유럽연합 개인정보보호 일반규정

EU(유럽연합)는 개인의 개인정보 보호권을 강화하고 EU 회원국 간의 자유로운 데이터 이동을 보장하기 위해 개인정보보호 일반규정(General Data Protection Regulation, GDPR)을 제정했다. 기업이 보유한 개인데이터를 새로운 사업자에게 이전시킬 수 있는 데이터 이동권(Right to data portability)을 명시해 기술적으로 가능한 경우, 개인은 본인 또는 다른 기업에게 직접 정보를 전자적으로 전송하도록 데이터 보유 기관에 요청할 수 있도록 했다.

GDPR은 개인정보보호와 관련해 EU 회원국 소재 기업들은 물론 일정한 요건을 충족하는 EU 이외 국가에 소재하는 기업들에 대해서도 직접적으로 효력을 가지는 첫 입법으로 해석된다. 일반 위반은 위반 기업의 전 세계 연간 매출액 2%나 약 128억 원(1,000만 유로)의 금액을 과징금으로 내도록 하고, 중대한 위반은 위반 기업의 전 세계 연간 매출액 4%나 약 256억 원(2,000만 유로)의 높은 과징금을 내도록 한다. 정보 업계는 GDPR을 '인터넷이 생긴 이후 가장 강력한 개인정보보호규정'이라고 평가한다.

미국 캘리포니아주 소비자프라이버시법

EU의 GDPR에 이어 미국에서도 글로벌 수준의 개인정보보호를 위해 새로운 법이 입법, 2020년 초 시행됐다. CCPA는 캘리포니아 소비자 프라이버시 보호법(California Consumer Privacy

Act 2019)의 준말로, GDPR이 유럽 내 국가별로 상이한 개인정보보호 체계를 단일화하고자 하는 시도였다면, CCPA는 연방법이 아닌 캘리포니아 주법으로 제정됐다.

CCPA는 캘리포니아 주민을 대상으로 서비스를 제공하는 서비스에도 적용된다. 따라서 캘리포니아 내에 사업장이 없어도 사실상 미국의 거주자를 대상으로 서비스가 제공되는 모든 사업은 CCPA의 영향권 안에 있다고 할 수 있다.

이로 인해 기업은 개인정보 수집 시 일정한 사항을 소비자에게 고지해야 한다. 또한 개인정보를 제3자에게 판매하는 경우 'Do not Sell my info' 문구와 링크를 웹사이트를 통해 제공해야 하고, 정보주체에게 사후 거부 의사를 밝힐 수 있도록 해야 한다. 미성년자의 정보 처리와 관련해서도 제3자에게 이를 판매할 경우 나이에 따라 미성년자 본인 또는 보호자의 동의를 얻도록 의무화하고 있다.

CCPA는 데이터 주체에게 통지를 요구할 수 있는 권리, 데이터에 대한 접근을 허용할 권리 및 개인정보에 대한 자신의 권리를 행사하는 소비자에 대한 차별을 금지하는 권리를 부여하고 있다. 특히 CCPA는 개인정보처리방침에 캘리포니아의 개인정보에 대한 권리에 대한 설명을 수립하고 이를 공개해야 하며, 개인정보의 판매 여부 및 목적의 고지 및 공개 의무뿐만 아니라 이러한 사항에 대한 연 1회 이상의 업데이트 의무도 부과하고 있다.

GDPR과 CCPA의 비교

GDPR과 CCPA는 개인데이터에 대한 강력한 보호를 보장하고 온라인 또는 오프라인 모두에서 소비자 데이터를 수집, 사용 또는 공유하는 기업에 적용하는 것을 목표로 한다. CCPA는 대부분의 조항을 GDPR를 참고해 미국 국경 내에 투명성, 사용자 통제 및 책임 향상을 위해 유럽의 추진력을 가져왔다고 해석된다. 그러나 CCPA는 GDPR보다 범위와 엄격성이 축소돼 'GDPR Lite'라는 별명으로 불리기도 한다.

구체적으로, 글로벌 매출액의 4%라는 엄청난 과징금 체계를 갖춘 GDPR과는 다르게 CCPA는 고의 위반에 대해 소비자 당 최대 7,500달러까지의 벌금이 부과될 수 있고 소비자 한 명 당 750달러까지의 배상 및 집단소송을 보장하고 있다. 또한 GDPR은 데이터 보호 책임자의 임명을 의무화하고 이에 대한 처리 활동 기록의 유지 및 특정 상황에서 데이터 보호 영향 평가의 필요성과 관련된 의무를 규정하고 있지만, CCPA는 기업이 소비자의 요청을 처리하는 직원들을 훈련시켜야 하는 의무와 같은 책임 관련 의무에는 특별히 초점을 맞추지 않는다. CCPA는 GDPR보다 범위와 엄격성이 축소돼 일부 제약이 있으나 개인정보보호에 관한 일반법이 없던 미국에서 사실상 기업에 대한 일반법으로 작동할 것으로 기대되고 있다.

규제 환경 변화로 인한 광고산업의 미래

타겟팅에 응용 가능한 개인데이터는 폭발적으로 증가하고 있다. 이에 따라 개인데이터에 대한 규제 환경은 개인데이터 사용 과정에서 발생할 수 있는 프라이버시 침해 가능성을 방지하고, 투명한 데이터 사용승인 절차를 거쳐 데이터 주권을 강화하는 방향으로 고도화되고 있다. 변화에 따라 거대 플랫폼 사업자들은 개인정보 보호를 명목으로 개인데이터의 광고 활용을 위해 필수적으로 필요한 쿠키 혹은 광고 ID(Advertising ID)와 같은 식별자(Identifier)의 활용을 제한하는 방향으로 움직이고 있다.

전 세계 웹 브라우저 점유율 1위인 구글의 크롬은 향후 2년 내 쿠키 지원을 중단한다고 발표했으며, 애플은 iOS에서 광고 ID 기반의 광고 추적을 제한하는 기능을 OS의 기본 설정값으로 바꿀 예정이라고 공표했다. 데이터 기반의 타깃팅 광고 사업자는 이렇게 식별자의 활용이 불가능해지는 환경에서라면 광고 캠페인의 성능과 성과분석에 어려움을 겪을 수밖에 없다.

이에 따라 식별자가 없는 익명의 데이터 속에서 동일한 사용자를 식별할 수 있는 기술이 광고업계에서 광고 캠페인의 성능을 좌우하는 새로운 기준이 될 것으로 예상된다. 즉 과거에는 머신러닝 기술이 광고에 있어 잠재 고객 타겟팅을 위해 주로 활용돼 왔다면, 이제는 식별자가 없는 방대한 데이터들 사이에서 특정 데이터가 동일한 사용자로부터의 데이터임을 효과적으로 인식할 수 있도록 하는 데에도 필수적으로 활용되는 것이다. 이렇게 광고 산업은 개인 차원에서 더 적절한 수준의 프라이버시를 보장하면서도 더 효과적인 성능의 타겟팅 광고 서비스를 제공하는 방향으로 흘러가고 있다. 그렇다면 향후 광고 사업자의 경쟁력은 얼마나 다양한 개인데이터를 프라이버시 문제없이 확보하고 있는지와 함께, 고도화한 머신러닝 기술로 이 데이터들을 얼마나 잘 식별해 타깃팅 성능을 높일 수 있는지에 달려 있다고 할 수 있다.

5 교육

국가 차원의 정책 추진

코로나19 사태가 국가 차원의 미래사회 대응 정책인 한국판뉴딜(2020년 7월 발표)을 불러왔다. 한국판뉴딜 정책에서 에듀테크 활성화와 직접적으로 연계되는 분야는 디지털뉴딜에 속해 있다. 교육 분야 디지털 뉴딜은 전국 초중고 · 대학 · 직업훈련기관의 온/오프라인 융합 학습 환경 조성을 위해 디지털 인프라 기반 구축 및 교육 콘텐츠 확충을 추진하는 것이다(기획재정부, 2020). 주요 내용을 살펴보면, 2022년까지 초중고 전체 38만 실에 고성능 와이파이 무선 인터넷 구축, 교원의 노후 PC 교체, 온라인 플랫폼 구축 등이 이뤄진다. 대학의 온라인 강의를 지원하기 위한 국립대의 원격교육지원센터나 교대와 사대에 미래교육센터 설치 등이 추진된다. 이외에 평생교육 수요에 대응하기 위한 K-MOOC(Massive Open Online Course, 한국형 온라인공개강좌)의 확대나 공공, 민간의 직업훈련 기반 구축 등이 포함돼 있다. 뉴딜이 갖는 성장 기반 마련 기조에 맞춘 인프라 구축이 주된 내용이지만, 활성화를 위한 토대를 마련한다는 데 의미를 둘 수 있다.

이외에도, 대통령 직속 4차산업혁명위원회에서는 미래교육을 위한 에듀테크 활성화 권고안을 발표했다. 권고안 자체가 에듀테크 활성화에 초점을 두고 있으며, '에듀테크 활용 활성화를 통한 미래역량 기반 디지털 교육 체제로의 대전환'을 비전으로 3가지 권고 원칙을 제시했다.

3가지 권고는 맞춤형 역량 기반 교육을 실현하기 위한 에듀테크 기반 통합 교육 환경 구축, 학교 내 에듀테크 활용 환경 개선 및 교원의 디지털 교육 역량 강화 지원을 통한 교육 수준 향상, 교육 혁신을 위한 에듀테크 산업 육성 및 활용 활성화 기반 구축 등이다. 이 중에서 에듀테크 산업 육성 권고 원칙에 따른 내용이 눈길을 끈다. 학교 자율에 맞춘 에듀테크 서비스 활용 환경 조성을 위해 바우처 제도 도입 · 운영을 구체적으로 제안하고 있다. 에듀테크 활용 활성화의 대상 영역을 초 · 중등 공교육에 두고 있다는 것을 감안하면, 바우처 제도를 도입해 학교에서의 에듀테크 민간 서비스의 자유로운 선택과 활용, 이를 지원하기 위한 예산을 지원하는 데 주안점을 둔 것으로 판단된다. 이를 위한 재원 확보 노력과 후속적으로 관련 부처의 과제 개발이 이뤄져야 실효성 있게 추진될 것으로 판단된다.

교육부 차원의 정책 추진

국가 차원의 정책과 연계해 교육부의 미래교육 10대 과제는 교육의 비전과 목표를 담아 유 · 초등부터 고등 · 평생교육에 걸친 혁신 과제를 제시하고 있다. 이 중에서 디지털 기반 구축과 관련한 9번 과제를 분석해 보면, 향후 에듀테크의 교육 적용 범위를 예측해 볼 수 있다.

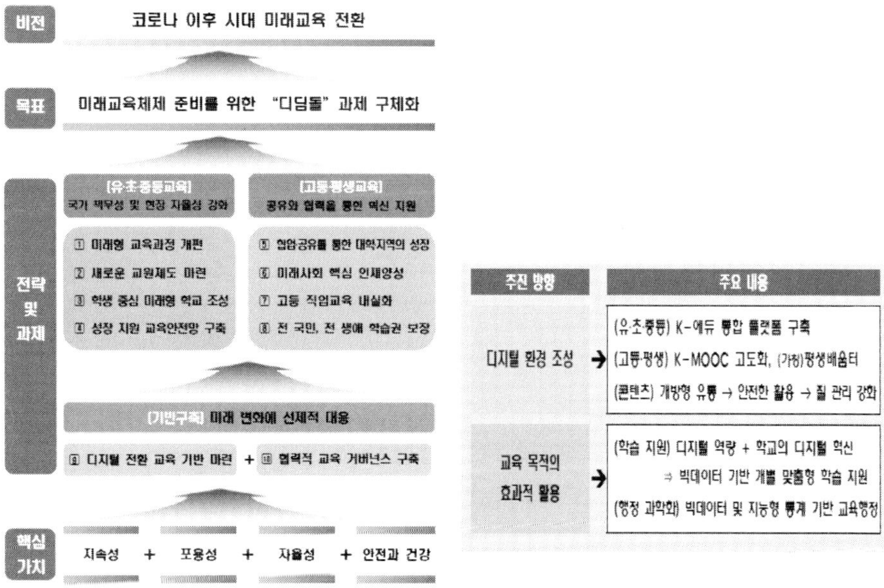

자료 : 교육부

미래교육 전환을 위한 데이터 활용 정책 방향

디지털 전환에 대응하기 위한 교육 기반 마련에서 가장 대표적인 과제는 K-에듀 통합 플랫폼 구축이다. 이는 흩어져 있는 학습 콘텐츠와 학습관리 시스템(Learning Management System, LMS) 등을 하나로 연결해, 유초중고등학교에서 사용 가능하도록 서비스를 통합해 나간다는 내용이다. 향후 이용자 관점에서의 서비스 접근성, 콘텐츠 활용의 용이성을 높이고, 민간과 공공이 협력해 한국형 에듀테크 서비스를 발전시키는 데 기본 목적과 방향을 두고 있다. 이외에도 데이터 및 기술 활용 역량 차이로 인한 교육 격차를 해소하기 위한 미디어 리터러시 교육 강화, 공공데이터의 품질 제고를 통한 교육 분야에서 빅데이터를 활용해 교육 정책을 과학화하는 과제 등은 원격수업의 현안 해결을 넘어선 발전적 방향을 담고 있다.

현재 발표되는 미래교육 정책은 거시적으로 국가 인재 양성을 위한 교육 혁신에 에듀테크 적용을 확대하는 것에 중점을 두고 있다. 한국판뉴딜이 디지털 인프라 구축에 초점을 맞췄다면, 4차산업혁명위원회의 권고안은 에듀테크 산업 활성화를 염두에 둔 구체적인 정책 과제의 제시라고 볼 수 있다. 교육부의 미래교육 10대 과제가 교육 정책 전반에 걸친 중장기 계획이라고 보기는 어렵다. 하지만 범위를 평생교육까지 확대했고 지속성과 포용성, 자율성 등을 핵심 가치로 단기적인 실천 과제들을 제시한 점은 눈길을 끈다. 다만 정책 추진의 기반이 되는 추진체제 정비와 관련 법·제도 정비, 재원 확보에 대한 구체적인 계획이 뒷받침돼야 실효성을 확보할 수 있을 것이다.

주요국 빅데이터 및 인공지능 정책 현황

1 빅데이터

■ 주요국 빅데이터 정책 및 투자 현황

국가	기관	정책	주요 내용
미국	과학기술 정책실	(2012) 빅데이터 R&D 이니셔티브	- 빅데이터 기술개발 및 활용, 차세대 데이터 과학자 양성 목적 - 6개 연방정부 참여 - 2억 달러 이상의 자금투자 - 2016년 빅데이터 연구개발 전략계획 구축
	국가과학 기술위원회	(2016) 정부 빅데이터 연구개발 전략계획	- '빅데이터 R&D 이니셔티브'의 후속 계획 - 빅데이터의 기능 강조 및 정책 확장 목적 - 총 15개의 연방정부 참여 - 7개의 연구개발 전략계획
중국	중국 공산당 중앙 정치국	(2017) 디지털중국 가속화 전략	- 디지털경제, 사회 안정, 국가데이터 안정 보장 확립을 통한 '디지털중국' 건설 - (디지털경제) 현대화경제체계 내 빅데이터의 발전 및 응용 - (사회 안정) 빅데이터 활용한 사회보장 및 민생 개선 도모 - (데이터 거버넌스) 데이터 확보 및 안전 중심의 데이터 거버넌스 확충
	중국공업과 정보화부	(2017) 빅데이터 산업 발전 계획	- 2020년까지 빅데이터 관련 제품의 매출 1조 위안 확대 - 빅데이터 제조업 분야확대 및 스마트제조와 관련 기업 육성
일본	총무성	(2018) 혁신적인 빅데이터 처리 기술 도입 추진 사업	- 지방자치단체에 인공지능과 자동화 기술 등 혁신적인 빅데이터 처리 기술 활용을 통한 업무 효율과 추진 - 지방자치단체의 행정 분야에 인공지능 기술 도입 및 표준화 - 로봇에 의한 업무 자동화 프로세스(RPA) 도입 초기비용 보조 - RPA 도입 보조 사업에 총 82개 단체 선정 - AI 도입 사업에 총 3개 단체 선정

자료 : EC21mc

미국

미국은 2012년 빅데이터 R&D 이니셔티브를 발족하였다. 미국 연방정부는 2012년 3월, 빅데이터 활용 촉진을 위하여 빅데이터 R&D 이니셔티브(Big Data R&D Initiative)를 발표하였다. 해당 계획은 미 연방정부의 각 부처 및 기관이 담당하는 ICT 연구개발 사업을 조정하는 연구개발 프레임워크 NITRD(Networking and Information Technology Research and Development)

의 일환으로 실시되었다. 빅데이터 R&D 이니셔티브는 빅데이터에는 기술개발 및 활용과 차세대 데이터 과학자 양성을 목적으로 총 6개의 연방 부처 및 기관이 참여하며 2억 달러 이상의 예산이 투자되었다. ITRD(Networking and Information Technology Research and Development)는 미국이 유비쿼터스 정보기술(IT) 추진을 위해 연방정부 차원에서 범부처적으로 실시하는 IT 연구·개발 사업이다. 12개 기관 및 부처가 적극적으로 참여하며, 기초 연구에서 응용 연구에 이르기까지 유비쿼터스에 관한 광범위한 연구개발을 수행하는 미국의 IT 부문 연구 개발 프로그램이다.

2016년 빅데이터 연구개발 전략계획를 실시하였다. 미국 연방정부는 2016년 빅데이터 R&D 이니셔티브의 후속전략인 빅데이터 연구개발 전략계획을 발표하였는데, 해당 계획은 빅데이터의 기능을 강조하고 연방 빅데이터 연구 개발 계획을 확장하기 위한 지침으로, 향후 빅데이터 개발에 중요하게 적용될 수 있을 것으로 보인다. 해당 계획은 15개의 연방 기관의 주도로 작성되었으며, 총 7가지의 전략으로 이루어져 있다.

미국 빅데이터 연구개발 전략 계획

	주요 내용
전략1	빅데이터 기반과 기법, 기술 개발을 통한 차세대 능력 함양
전략2	데이터의 신뢰성을 탐구하고 더 나은 의사 결정과 발견을 가능하게 하는 연구개발 지원
전략3	빅데이터 혁신을 가능하게 하는 사이버 인프라 구축 및 강화
전략4	데이터 관리 및 공유를 도모하는 정책 도입을 통한 데이터 가치 향상
전략5	개인정보와 보안, 윤리 관점에서 데이터 수집과 공유 및 활용 이해
전략6	다양한 직업군에서 필요로 하는 분석 능력과 지식을 갖춘 전문가를 양성하기 위한 빅데이터 교육 및 훈련 환경 개선
전략7	국내 빅데이터 혁신 생태계 구축 및 강화

자료 : EC21rnc

중국

중국은 디지털중국 건설 가속화 전략을 세웠다. 2017년 12월 시진핑(習近平) 국가주석은 중국 공산당중앙정치국 제2회 집체회의에서 국가 차원의 빅데이터 전략 실시를 통한 디지털중국 건설 가속화를 강조하였다. 해당 회의에서는 빅데이터가 정보기술 개발의 새로운 단계라고 강조하면서 디지털 경제와 사회 안정, 국가데이터 안정 보장 확립 등을 통한 디지털중국 건설을 주요 목적으로 언급하였다.

① 디지털경제 : 현대 경제 시스템 구축에서 빅데이터 개발은 필수적임. 이에 중국 정부는 디지털 경제 발전 가속화를 위해 인터넷과 빅데이터, 인공지능 등 신기술과의 통합을 통해 정보화 및 산업화 통합을 촉진해야 한다고 언급하였다.

② 사회안정 : 시진핑 주석은 사회통치 수준을 향상시키기 위하여 빅데이터를 활용해야 한다고 강조하였다. 빅데이터를 이용한 과학적 의사결정 과정을 확립하고 개선하여 정부 관리 및 사회통치 모델의 혁신을 촉진하여야 하며, 대규모 데이터 공유 및 활용을 위해 전자정부 시스템 도입을 장려해야 한다고 언급하였다. 아울러 빅데이터를 활용하여 교육과 고용, 사회보장, 의료 및 건강, 주택 등 사람들의 생계와 관련한 서비스를 강화하고 생활환경을 개선해야 한다고 덧붙였다.

③ 데이터보안 : 주요 정보 인프라의 보안을 강화하고, 국가의 주요 데이터 자원 보호 및 데이터 보안 경보 및 추적기능을 강화해야 한다고 언급하였다. 아울러 정책과 규정 및 법률의 전반적인 조정을 강화하고, 법률 및 규정의 구축을 가속화해야 한다고 덧붙였다. 특히 기술특허와 디지털 저작권, 디지털 콘텐츠 및 개인정보 보호 강화 등에 대해 강조했다.

혁신적인 빅데이터 처리 기술 도입 추진 사업을 실시하였다. 중국공업과정보화부는 2017년 1월, 2020년까지 빅데이터 관련 제품 매출 1조 위안(약 $1,428억)을 돌파하고 빅데이터 제조업 분야 확대 및 스마트제조 관련 기업 육성을 위해 빅데이터 산업 발전계획(2016~2020)을 발표하였다. 해당 계획에서는 주요 임무는 다음과 같다.

① 빅데이터 기술과 상품 연구개발
② 공업 빅데이터 혁신응용 심화
③ 업종의 빅데이터 응용발전 촉진
④ 빅데이터 산업의 주체육성 가속화
⑤ 빅데이터 표준 체계 구축 추진
⑥ 빅데이터 산업 지원 시스템 개선
⑦ 빅데이터 보안능력 제고 등을 제시

중국정부는 향후 빅데이터 산업 생태계를 구축하고 데이터 안전 보장을 확립하겠다는 방침이다.

일본

일본 총무성은 혁신적인 빅데이터 처리 기술 도입 추진 사업을 실시하였다. 일본 총무성은

2018년, 지방자치단체의 혁신적인 빅데이터 처리 기술 도입 추진 사업을 실시하고, 인공지능 및 로봇프로세스자동화(Robotic Process Automation, RPA) 도입 보조금을 제공하였다. RPA는 기업의 재무, 회계, 제조, 구매, 고객 관리 분야 데이터를 수집해 입력하고 비교하는 단순반복 업무를 자동화해서 빠르고 정밀하게 수행하는 자동화 소프트웨어이다. 아직 해당 기술이 도입되지 않은 지방자치단체 행정 분야에 인공지능 및 클라우드 서비스 도입에 대한 표준화를 진행했다. 또한, 소프트웨어 상의 로봇프로세스자동화 도입 초기 비용을 보조하였다. 당시 보정예산은 3억 9,000엔으로, 일본 전역 총 82곳의 자방자치단체에 RPA 도입을 보조하였으며, 3곳의 지방자치단체에 인공지능 활용에 관한 조사연구를 지원하였다.

① 후쿠시마 현 아이즈와카마쓰 시 : 후쿠시마 현 아이즈와카마쓰 시는 '복지관련 정보 축적 및 인공지능 분석을 통한 시민 서비스 고도화 실증사업'을 제안하였다. 해당 사업은 지방자치단체가 보유한 복지관련 정보를 익명화하여 축적하고, 데이터를 분석하여 사회복지 사각지대에 있는 사람이나 가정폭력, 학대, 고독사 등의 가능성이 있는 잠재적 지원 필요 인원을 대상으로 복지서비스를 강화하기 위함이다. 아이즈와카마쓰 시는 향후 복지 서비스 향상을 도모하고, 다른 분야에서의 활용 가능성도 평가할 계획이다.

② 효고 현 히메지 시 : 효고 현 히메지 시는 주민기록과 건강관련 데이터를 활용하여 의료비를 절감하고, 전국 특정 검진결과에 대한 원인을 인공지능 기술을 활용한 빅데이터 분석을 통해 규명하여 수명연장에 도움이 되는 증거에 기반을 둔 정책결정(Evidence-Base Policy Making, EBPM)을 추진할 계획이다.

③ 후쿠오카 현 키타큐슈 시 : 종이문서와 디지털 문서가 혼재되어있는 내부사무의 표준화 및 효율화를 도모하기 위한 '인공지능을 활용한 지방자치단체 업무지원 실증사업'을 실시하였다. 문서관리 작업 및 히아루 자성 작업의 빈거로움을 방지하기 위하여 행정문서를 클라우드 데이디베이스에 등록하고, 전문 김색이 가능한 시스템을 구축하였다. 아울러 클라우드 인공지능 서비스의 고도 검색 기능과 챗봇기능, 음성자동인식을 활용한 애플리케이션 구축 등을 통하여 업무 효율 향상을 도모할 계획이다.

06 CHAPTER 빅데이터와 인공지능 세상

빅데이터 가치평가

__ 데이터 가치평가를 위한 기술금융 및 가치평가 사례 분석

__ 데이터 가치평가 가능 지표와 사례

06 CHAPTER 빅데이터 가치평가

데이터 가치평가를 위한 기술금융 및 가치평가 사례 분석

여기서 데이터 가치평가를 위하여 기술금융과 기술가치평가 사례를 분석할 필요가 있다. 데이터는 보다 거시적인 차원에서 기술을 통하여 나오는 결과 또는 과정으로 볼 수 있으므로, 기술을 바탕으로 금융이 지원되는 기술금융 현황과 지표를 살펴볼 필요가 있다. 또한, 데이터는 보다 미시적인 차원에서 관련 기술에서 나오는 결과 또는 과정으로 볼 수 있으므로, 거시적인 측면보다 범위를 좁혀 기술가치평가 방법론과 지표를 살펴볼 필요가 있다.

1 기술금융

기술금융 현황

2014년 7월, 금융위원회는 기술신용정보 활용을 위한 금융기관 업무협약식을 개최하고, 지속적으로 기술금융(기술신용대출) 확장에 주력하였다. 금융위원회, 금융감독원, 전국은행연합회, 18개 은행, 정책금융공사 및 기술보증기금이 참여하여 은행이 기술보증기금의 보증을 받은 기업에 대출을 하거나 정책금융공사의 온렌딩(간접대출)을 이용할 경우 기술신용정보를 활용하기 위하여 협약하였다. 기술신용정보 제공기관(TCB)로 기술보증기금과 한국기업데이터(KED), 나이스평가정보, 이크레더블 4개사로 시작하였으며, 나이스디앤비, SCI평가정보가 포함되었다.

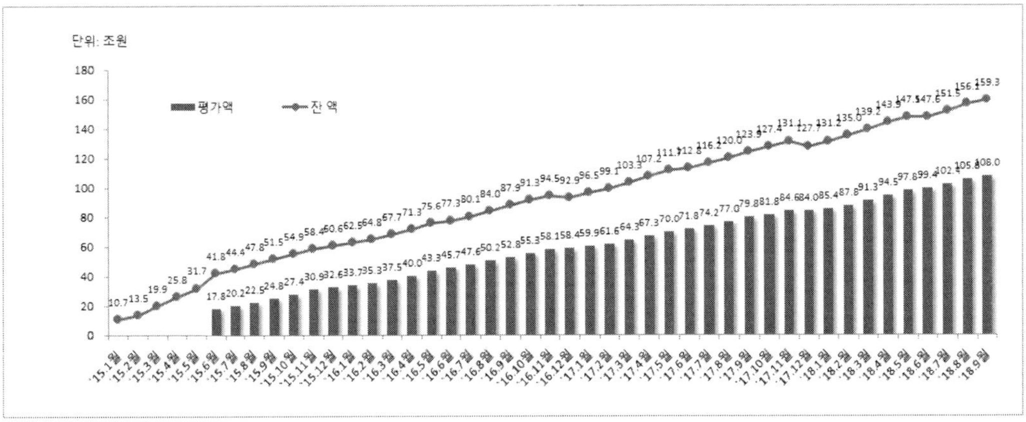

자료 : 전국은행연합회

기술금융 잔액 및 평가액

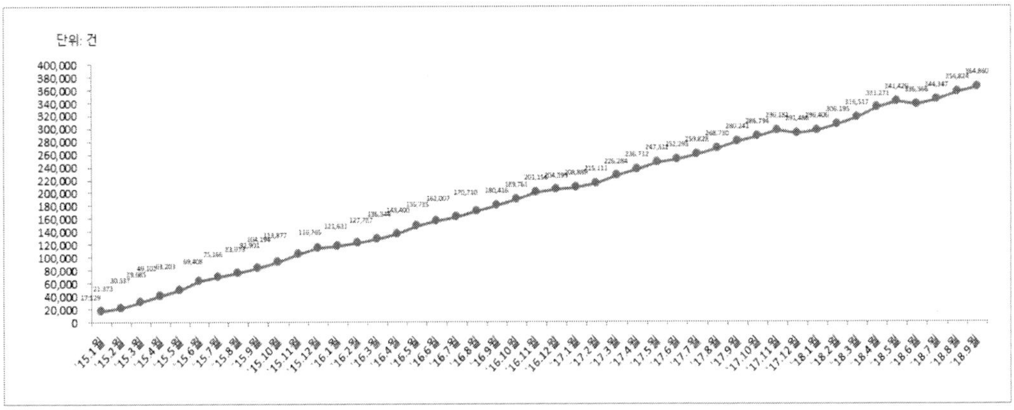

자료 : 전국은행연합회

기술금융 건수

2018년 9월말 현재, 기술금융 건수는 364,860건, 누적잔액은 159.3조원으로 나타나고 있어 매우 빠른 속도로 건수와 잔액이 늘고 있다. 기술신용대출 신규평가액은 기술신용대출 공급액 중 신규 및 증액대출을 통해 실제 기업에 자금공급이 증가한 규모이며 기간연장, 단순대환 등은 제외되었다.

은행별 누적 잔액 기준으로, 특수은행에서 기업은행의 잔액이 가장 많고, 시중은행 중 국민은행, 신한은행, 우리은행의 잔액이 많으며, 지방은행 중 부산은행의 잔액이 많게 나타난다.

은행별 기술금융 잔액(누적)

구 분		'14.12월	'15.12월	'16.12월	'17.12월	'18.9월
특수 은행	기업	22,165	149,214	268,453	397,863	517,495
	산업	1,753	16,328	30,360	39,641	40,227
	수출입	447	1,315	1,390	1,382	951
	농협	3,840	24,655	44,155	52,072	53,680
	수협	830	1,956	2,769	4,521	5,553
시중 은행	국민	7,464	91,267	129,219	180,367	230,800
	신한	17,360	107,983	145,411	180,771	210,328
	우리	13,123	78,018	110,646	152,326	190,138
	KEB하나	17,709	75,629	100,996	144,835	182,868
	씨티	74	3,610	5,049	6,773	8,479
	SC	51	2,715	1,925	1,966	2,289
지방 은행	경남	887	11,420	23,551	33,766	43,085
	광주	391	3,240	4,358	5,277	7,523
	대구	1,544	16,833	25,473	35,541	45,396
	부산	1,510	20,931	34,015	39,341	52,730
	전북	95	351	354	355	405
	제주	4	375	425	402	581
합 계		89,247	605,838	928,550	1,277,199	1,592,528

자료 : 전국은행연합회

은행별 기술금융 건수(누적)

구 분		'14.12월	'15.12월	'16.12월	'17.12월	'18.9월
특수 은행	기업	4,064	25,983	54,417	86,315	113,546
	산업	148	1,191	2,149	2,560	2,383
	수출입	33	79	71	78	46
	농협	692	4,786	9,797	13,677	11,162
	수협	21	164	203	384	625
시중 은행	국민	1,352	20,357	33,887	47,825	61,128
	신한	2,696	22,598	38,293	47,844	56,804
	우리	2,258	15,741	25,268	33,052	41,387
	KEB하나	2,233	12,779	22,050	32,654	41,999
	씨티	46	512	722	998	1,330
	SC	19	365	283	185	163
지방 은행	경남	182	1,917	4,764	7,653	9,771
	광주	77	788	1,176	1,588	2,332
	대구	270	3,037	4,913	7,386	9,244
	부산	244	3,313	6,331	8,111	12,536
	전북	77	173	161	150	174
	제주	1	94	114	126	230
합 계		14,413	113,877	204,599	291,486	364,860

자료 : 전국은행연합회

2016년 4월, 금융위원회는 기술금융 활성화를 위한 투자용 기술금융 평가를 개시하였고, 4월 1일부터 4개 기술신용평가기관에서 일제히 투자용 기술금융 평가를 실시하였다. 유망한 투자대상을 찾는 금융기관이나 투자유치를 원하는 우수 기술기업이 4개 기술신용평가기관에 투자용 기술금융 평가를 요청하면 약 15일 이내에 평가가 완료된다.

투자용 기술금융 평가는 기업의 부실위험 예측에 중심을 둔 기존의 은행권 기술신용평가와 차이가 존재한다. 투자용 기술금융 평가는 기업의 성장가능성을 예측하는 데 초점을 둔 평가로서, 기술신용평가는 예상 부도율 평가에 초점을 둔 반면 투자용 기술금융 평가는 성장가능성 평가에 초점을 두고 있다. 투자기관이 실제 투자결정에 이용하는 핵심요소인 기술보호성, 수익성, 기업가정신 등에 대한 투자자 관점의 평가를 강화하였다. 그러나 은행, 벤처캐피탈 등 금융기관이 우수 기술기업을 기술금융 투자 대상으로 발굴하는데 크게 기여할 것으로 기대되었으나, 현실적으로 투자되는 부분은 많지 않다.

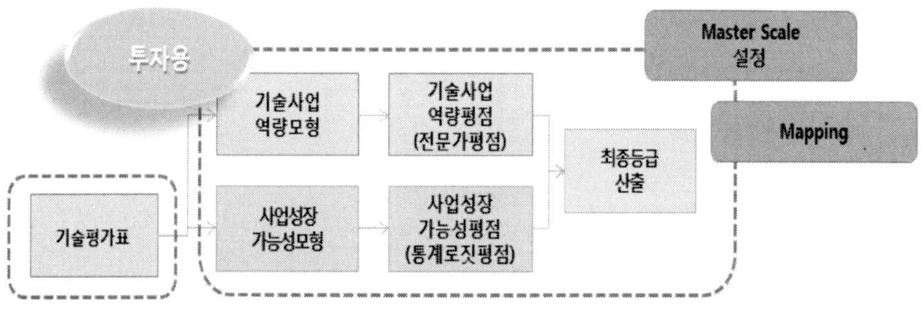

자료 : 금융위원회(2016.4)

투자용 기술평가 모형 구조

기술금융(기술신용대출) 지표

초기 은행이나 신용평가사들은 기술평가를 할 수 없었으므로 기술보증기금의 KTRS모형의 기술평가표를 기준으로 도입하였으며, 경영주역량, 기술성, 시장성, 사업성 및 수익성을 평가할 수 있도록 33개의 소항목으로 구성되어 있다. 각 소항목에 대하여 평가자가 평가기준에 따라 직접 A~E 등급 중 하나를 입력한다. KTRS-SM(창업 후 5년 이내인 창업기업용)은 23개 소항목으로 구성되어 있으며 KTRS-BM(창업 후 5년 초과기업으로서 당기매출액 10억 원 이하인 소규모 기업용)는 18개 소항목으로 이루어져 있다.

기술보증기금의 기술평가모형 기술평가표

대항목	중항목	세부항목
1. 경영주 역량	1.1 기술경험(지식)수준	1.1.1 경영주의 동업종경험수준
		1.1.2 기술경영전략
		1.1.3 경영주의 기술지식수준
		1.1.4 경영주의 기술이해도
	1.2 관리능력	1.2.1 기술인력관리
		1.2.2 기술경영전략
	1.3 경영진인적구성 및 팀웍	1.3.1 경영진의 전문지식수준
		1.3.2 자본참여도
		1.3.3 경영주와의 관계 및 팀웍
2. 기술성	2.1 기술개발추신능력	2.1.1 기술개발진담조직
		2.1.2 기술(디자인)인력
	2.2 기술 · 연구개발투자현황	2.2.1 기술개발 및 수상(인증)실적
		2.2.2 지식재산권 등 보유현황
		2.2.3 연구개발투자비율
	2.3 기술혁신(선도)성	2.3.1 기술의 차별성/디자인의 우수성
		2.3.2 모방의난이도
		2.3.3 기술의 수명주기 상 위치/트랜드의 부합도
	2.4 기술완성도 및 확장성	2.4.1 기술의 완성도/디자인의 완성도
		2.4.2 기술의 자립도
		2.4.3 기술적 파급효과
3. 시장성	3.1 경쟁상황	3.1.1 시장구조 및 경쟁상황
		3.1.2 목표시장의 규모
		3.1.3 시장의성장성
		3.1.4 법·규제 등 제약/장려요인
	3.2 제품의 경쟁력	3.2.1 인지도
		3.2.2 시장점유율
		3.2.3 경쟁제품과의 비교우위성
4. 사업성	4.1 기술의 제품화능력 및 생산능력	4.1.1 생산역량
		4.1.2 재료 및 부품조달 용이성
	4.2 운용능력	4.2.1 자본조달능력
		4.2.2 투자규모의 적정성
	4.3 수익전망	4.3.1 판매계획의 타당성
		4.3.2 판매처의 다양성 및 안정성
		4.3.3 투자대비 회수가능성

최근 민간 TCB사들은 평가지표들을 줄이고 있는 추세이며, 업종별로 다양한 모형 사용하고 있다. 일반모형 평가시, 나이스평가정보 26개, 한국기업데이터 25개, SCI 신용평가정보 26개, 나이스디앤비 24개 평가 소항목을 사용한다. 각 기업은 산업 분류별로 다양한 모형 세분화된다. 제조업, 전기가스업, 수도/하수 및 폐기물업, 건설업, 도매 및 소매업, 운수 및 창고업, 숙박 및 음식업, 정보통신업, 금융 및 보험업, 부동산업, 전문과학 및 기술서비스업, 사업시설관리업, 교육서비스업, 보건업 및 사회복지업, 예술스포츠여가업, 협회단체 등 기존의 업종 외에 바이오업종, SW/IT업종, 지식서비스업종, 문화컨텐츠 업종 등으로 세분화되고 있다.

투자용 기술평가 모형 평가지표

전체모형을 일반기업, 창업기업, 사업화이전 모형으로 구성된다. 창업기업은 창업 후 5년 이내인 기업이며 일반기업은 창업기업이 아닌 경우이고, 사업화이전은 창업기업 중 제품이 시장출시 이전 단계인 경우를 나타낸다.

투자용 기술평가모형의 기술평가표는 대출 관점에서 투자지향적으로 지표를 변경하였다. 투자목적에 부합토록 대출 관점의 KTRS를 미래성장성 관점으로 전환하였으며, 평가 시 중요하게 고려하는 사항을 반영하여 대항목 체계를 구성하였다.

경영역량은 투자에서 강조하는 창업자의 자질이나 역량을 고려하기 위하여 신뢰 역량과 기술역량으로 세분화하였으며, 투자용 평가지표는 경영주의 기술지식 및 경험뿐, 아니라 창의적인 기업가정신 및 신뢰성 평가를 강화한다.

기술성은 기술인프라(기술개발현황, 기술개발능력)와 기술우수성(기술혁신성, 기 술완성도 및 확장성) 관점에서 구분하여 각각의 평가항목을 설정하였으며, 투자자가 중시하는 기술의 보호성을 추가하였다.

시장성은 시장여건 및 경쟁력으로 중심으로 평가하며, 사업화단계(경쟁상황)와 개발단계(진입가능성)를 차별화하여 구성되었다.

사업성은 사업추진능력과 향후전망으로 새롭게 구성되었다.

투자용 기술평가 모형 세부 평가지표

대항목	중항목	창업기업(사업화이전, 34개)	창업기업(사업화이후, 34개) 일반기업(비창업기업, 33개)
		소항목(평가항목)	
1.경영역량	1.1기업가정신과신뢰	1.1.1 기업가정신	1.1.1 기업가정신
		1.1.2 신뢰성	1.1.2 신뢰성
	1.2최고경영자	1.2.1 동업종경험수준	1.2.1 동업종경험수준
		1.2.2 기술지식수준	1.2.2 기술지식수준
		1.2.3 기술이해도	1.2.3 기술이해도
	1.3경영진	1.3.1 경영진의 전문성	1.3.1 경영진의 전문성
		1.3.2 자본참여도	1.3.2 자본참여도
		1.3.3 경영주와의 팀워크	1.3.3 경영주와의 팀워크
2.기술성	2.1기술개발현황	2.1.1 기술개발 및 수상실적	2.1.1 기술개발 및 수상실적
		2.1.2 지식재산권 등 보유현황	2.1.2 지식재산권 등 보유현황
		2.1.3 연구개발투자	2.1.3 연구개발투자
	2.2기술개발능력	2.2.1 기술개발전담조직	2.2.1 기술개발전담조직
		2.2.2 기술인력	2.2.2 기술인력
		2.2.3 기술인력관리	2.2.3 기술인력관리
	2.3기술혁신성	2.3.1 아이템의 혁신성	2.3.1 기술의 차별성
		2.3.2 기술의 수명주기상 위치	2.3.2 기술의 수명주기상 위치
	2.4기술자립도 및 확장성	2.4.1 기술의 자립도	2.4.1 기술의 자립도
		2.4.2 기술적 파급효과	2.4.2 기술적 파급효과
		2.4.3 기술의 완성도	
	2.5기술보호성	2.5.1 모방의 난이도	2.5.1 모방의 난이도
		2.5.2 기술보호	2.5.2 기술보호
3.시장성	3.1시장현황	3.1.1 시장규모	3.1.1 시장규모
		3.1.2 시장성장성	3.1.2 시장성장성
	3.2경쟁상황	3.2.1 경쟁상황	3.2.1 경쟁상황
		3.2.2 법규제 등 제약/장려요인	3.2.2 법규제 등 제약/장려요인
		3.2.3 시장진입용이성	3.2.3 시장진입용이성(창업기업)
	3.3제품경쟁력		3.3.1 시장점유율
		3.3.1 경쟁제품과 비교우위성	3.3.2 경쟁제품과 비교우위성
			3.3.3 제품인지도
4.사업성	4.1사업능력	4.1.1 생산계획의 타당성	4.1.1 생산능력
		4.1.2 판매계획의 타당성	4.1.2 마케팅능력
		4.1.3 판매처 확보여부	4.1.3 판매처의 다양성 및 안정성
		4.1.4 자본조달능력	4.1.4 자본조달능력
	4.2 향후전망	4.2.1 성장전망	4.2.1 성장전망
		4.2.2 수익전망	4.2.2 수익전망

자료 : 금융위원회(2016.4)

투자용 기술평가모형과 기술보증기금의 KTRS와의 지표 차이

투자용 기술평가모형은 기술보증기금의 KTRS를 기반으로 구축하였으며 이에 따라 먼저 KTRS를 소개하고 이를 활용한 투자용 기술평가모형에 대해 살펴본다.

KTRS와 투자용 기술평가모형 지표 중 경영역량을 비교하면 다음과 같다.

경영역량은 기술보증기금의 경영주 대항목에 1.1 기업가정신과 혁신이라는 중항목을 신설한 것으로 투자자가 중시하는 창업주의 정성적인 특성을 평가하기 위한 것이다. 기업가정신과 혁신, 최고경영자, 경영진으로 구성되어 있는데, 최고경영자와 경영진은 기존 KTRS 경영주 역량의 중항목으로 구성되었다.

1.1 기술경험(지식)수준 → 1.2 최고경영자
1.3 경영진인적구성 및 팀웍 → 1.3 경영진

기업가정신과 신뢰라는 중항목(1.1)을 새롭게 설정하여 기업가정신과 신뢰성의 평가소항목을 설정하였다. 기업가정신은 KTRS_SM(창업기업)의 특성지표를 적용하였다.

신뢰성은 투자대상기업 경영진의 도덕성 등을 평가하는 항목으로 새롭게 작성한 평가기준이다.

KTRS와 투자용 기술평가모형 지표 비교 : 경영역량

대항목	중항목 (KTRS)	소항목 (KTRS)	중소항목 (투자용)	소항목 (투자용)	비고
경영주 역량			1.1 기업가정신과 신뢰성	1.1.1 기업가정신	KTRS_SM적용
				1.1.2 신뢰성	
	1.1 기술경험수준	1.1.1 경영주의 동업종경험수준	1.2 최고경영자	1.1.1 동업종경험수준	유지
		1.1.2 기술경영전략			삭제
		1.1.3 경영주의 기술지식수준		1.1.2 기술지식수준	유지
		1.1.4 경영주의기술 이해도		1.1.3 기술이해도	유지
	1.2 관리능력	1.2.1 기술인력관리	삭제		기술성으로 이동(out)
		1.2.2 기술경영전략			삭제
	1.3 경영진인적구성 및 팀웍	1.3.1 경영진의 전문지식수준	1.3 경영진	1.3.1 경영진의전문성	유지
		1.3.2 자본참여도		1.3.2 자본참여도	유지
		1.3.3 경영주와의 관계 및 팀웍		1.3.3 경영주와의 팀워크	유지

KTRS와 투자용 기술평가모형 기술성 지표 비교는 다음과 같다. 기술성은 KTRS의 기술성을 기존 4개 중항목에서 기술보호성(중)을 신설하여 5개 항목으로 재구성되었다. 여기서 기술개발 추진역량(중)은 2+1으로, 기존 항목은 기술개발전담조직, 기술(디자인)인력이며, 이동 항목은 기술개발인력관리(경영자 관리능력)에서 이동되었다. 기술의 완성도 및 확장성(중)에서 사업화 이후 단계의 경우, 기술의 완전성이 변별력이 없어 적용하지 않는다. 기술의 완성도는 제품화를 만점으로 정의하고 있으며 사업화단계는 모두 만점 처리된다. 사업화이전 단계에서는 매우 중요한 지표이며 지표의 명칭도 기술의 자립도 및 확정성으로 정의되었다.

기술의 혁신성(중)의 경우 사업화이전 단계의 경우, 기술의 차별성을 아이템의 혁신성으로 대체하였으며 이는 사업화이전 단계에 완성되지 않은 기술의 차별성을 평가하는 것 보다는 아이템의 혁신성을 평가하는 것이 적설하다는 판단에 근거한다.

기술보호성(중)은 투자자의 요구를 수용하여 신설한 평가요소이다.

기술의 혁신성(KTRS)의 모방난이성을 기술보호성(투자용)으로 이동되었으며 기술 자체 속성으로서 기술보호능력을 의미한다.

기술보호는 해당 기업이 자신의 기술을 보호할 수 있는가를 평가하는 것으로 기술자체 보다는 기술을 보유하고 있는 조직의 기술보호능력을 평가한다.

CHAPTER 06 빅데이터 가치평가

KTRS와 투자용 기술평가모형 지표 비교 : 기술성

대항목	중항목	소항목 (KTRS)	소항목 (투자용)	비고
2.기술성	2.1 기술개발 추진능력	2.1.1 기술개발전담조직	2.1.1 기술개발전담조직	
		2.1.2 기술(디자인)인력	2.1.2 기술(디자인)인력 수준	
			2.1.3 기술인력관리	경영주 관리능력(중) 이동(in)
	2.2 기술 · 연구 개발 투자현황	2.2.1 기술개발및수상실적	2.2.1 기술개발및수상실적	
		2.2.2 지식재산권등보유현황	2.2.2 지식재산권등보유 현황	
		2.2.3 연구개발투자비율	2.2.3 연구개발투자비율	
	2.3 기술혁신성	2.3.1 기술의차별성/ 디자인의 우수성	2.3.1 기술의차별성 / 디자인의 우수성(일반기업, 창업기업)	사업화이전 /일반, 창업기업 구분
			2.3.1 아이템의 혁신성 (사업화이전)	
		2.3.2 모방의난이도		기술보호능력(중) 이동(out)

대항목	중항목	소항목 (KTRS)	소항목 (투자용)	비고
		2.3.3 기술의수명주기상위치 / 트랜드의부합도	2.3.3 기술의수명주기상위치 / 트랜드의부합도	
	2.4 기술자립도 및 확장성	2.4.1 기술의완성도 /디자인의 완성도	2.4.3 기술의완성도 /디자인의 완성도(사업화이전)	일반, 창업기업에서는 삭제
		2.4.2 기술의자립도	2.4.1 기술의자립도	
		2.4.3 기술적파급효과	2.4.2 기술적파급효과	
	2.5 기술보호능력		2.5.1 모방의난이도	기술혁신성(중) 이동(in)
			2.5.2 기술보호	신설

KTRS와 투자용 기술평가모형 시장성 지표를 비교하면 다음과 같다. 시장여건 및 경쟁력은 KTRS의 시장성의 3개 중 항목을 그대로 활용하여 구성하였지만 사업화이전 단계에 적용할 모형에서는 일부 수정되었다. 경쟁요인에서 '시장진입 용이성'을 추가되었는데 사업화이전 단계에서는 이후 시장진입 가능성을 판단하는 것 중요하기 때문이다. 경쟁력에서는 '인지도'를 제외되었는데 사업화이전 단계에 인지도를 파악하는 것이 현실적으로 어렵고 무의미하기 때문이다.

KTRS와 투자용 기술평가모형 지표 비교 : 시장성

대항목	중항목	소항목 (KTRS)	소항목 (투자용)	비고
3.시장성	3.1 시장현황	3.1.1 목표시장의 규모	3.1.1 목표시장의 규모	
		3.1.2 시장의 성장성	3.1.2 시장의 성장성	
	3.2 경쟁요인	3.2.1 경쟁상황	3.2.1 경쟁상황	
		3.2.2 법 · 규제 등 제약/장려요인	3.2.2 법 · 규제 등 제약/장려요인	
			3.2.3 시장진입 용이성 (창업기업, 사업화이전)	KTRS_SM의 시장진입용이성 지표를 추가
	3.3 경쟁력	3.3.1 인지도		사업화이전에서는 적용하지 않음
		3.3.2 시장점유율		
		3.3.3 경쟁제품과의 비교우위성		

KTRS와 투자용 기술평가모형 사업성 지표를 비교하면 다음과 같다. 사업추진역량은 KTRS의 사업성을 시장개척과 투자역량으로 재구성하였으며 나아가 향후전망을 추가하여 평가자의 전망을 정리하는 항목을 추가하였다. 사업추진능력은 생산능력, 마케팅능력, 판매처의 다양성과 안정성, 자금조달능력으로 구성하였으며 이중 생산능력, 마케팅능력, 판매처의 다양성과 안정

성은 사업화이전에 대해서는 R&D평가지표를 적용하였다.

4.1.1 생산능력→ 4.1.1 생산계획의 타당성
4.1.1 마케팅능력 → 4.1.1 마케팅능력(판매계획의 타당성)
4.1.2 판매처의 다양성과 안정성 → 4.1.2 마케팅능력(판매처 확보여부)

투자규모의 적정성, 투자대비회수 가능성은 평가항목의 속성이 기업수준에 적합하지 않아 이를 제외하였으며 이를 보완하기 위해서 향후 전망을 적용한다. 향후전망은 성장성과 수익성으로 구성하였으며 평가지침은 기술력평가모형(산업기술진흥원)을 참조하여 작성한다.

KTRS와 투자용 기술평가모형 지표 비교 : 사업성

<table>
<tr><th>대항목</th><th>중항목</th><th>소항목
(KTRS)</th><th colspan="2">소항목
(투자용)</th><th>비고</th></tr>
<tr><td rowspan="14">4.사업성</td><td rowspan="3">4.1 제품화역량 및 생산능력</td><td rowspan="2">4.1.1 생산역량</td><td rowspan="10">4.1 사업추진 역량</td><td>4.1.1 생산능력
(일반, 창업기업)</td><td rowspan="2">사업화이전 단계 R&D 평가지표를 활용</td></tr>
<tr><td>4.1.1 생산계획의 타당성
(사업화이전)</td></tr>
<tr><td>4.1.2 재료및부품 조달의용이성</td><td></td><td>삭제</td></tr>
<tr><td rowspan="6">4.2운용능력</td><td>4.2.1 자금조달능력</td><td></td><td></td></tr>
<tr><td rowspan="4"></td><td>4.1.1 마케팅능력
(일반, 창업기업)</td><td></td></tr>
<tr><td>4.1.1 판매계획의 타당성
(사업화이전)</td><td rowspan="3">사업화이전 단계 R&D 평가지표를 활용</td></tr>
<tr><td>4.1.2 판매처의 다양성과 안정성
(일반, 창업기업)</td></tr>
<tr><td>4.1.2 판매처 확보여부
(사업화이전)</td></tr>
<tr><td>4.2.2 투자규모의 적정성</td><td></td><td>삭제</td></tr>
<tr><td rowspan="3">4.2 수익전망</td><td>4.2.1 마케팅능력</td><td></td><td>이동(4.1.2)</td></tr>
<tr><td>4.2.2 판매처의 다양성과 안정성</td><td></td><td></td><td>이동(4.1.3)</td></tr>
<tr><td>4.2.3 투자대비회수 가능성</td><td></td><td></td><td>삭제</td></tr>
<tr><td rowspan="2"></td><td></td><td rowspan="2">4.2 향후전망</td><td>4.2.1 성장성</td><td>신설</td></tr>
<tr><td></td><td>4.2.2 수익성</td><td>신설</td></tr>
</table>

기술금융(기술신용대출) 모형

KTRS계열모형의 등급산출은 기업 · 기술의 미래성장가능성과 부실가능성을 측정하여 기술사업화가능성을 종합적으로 판단하여 이루어진다. 등급의 결정은 미래성장가능성을 측정하는 기술사업 평점과 부실가능성을 측정하는 위험평점의 결합으로 이루어진다. 기술사업 평점은 기술평가표에 따른 평가에 기초하여 기술사업 역량에 대한 평가와 사업성장 가능성에 대한 평가의 결합을 통해서 산출되며, 위험평점은 기술평가표에 따른 평가에 기초하여 사업위험평가와 환경변수에 따른 평가에 기초한 환경위험평가와의 결합을 통해서 산출된다.

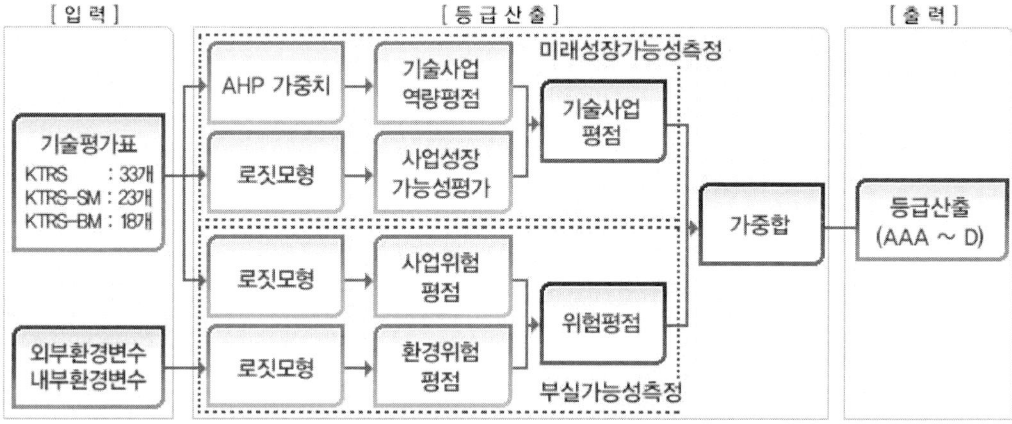

자료 : 기술보증기금(2015), 연차보고서

기술평가등급모형의 등급산출과정

KTRS계열의 등급은 다음과 같은 10등급 체계이다.

기술평가모형의 등급정의

	등급정의
AAA	기술사업화역량이 최고수준으로, 합리적으로 예측가능한 장래의 환경변화에도 영향을 받지 않을 만큼 안정적임
AA	기술사업화역량이 매우 우수하며, 사업부실화의 가능성이 매우 낮지만 급격한 환경변화에 다소 영향 받을 수 있음
A	기술사업화역량이 우수하며, 사업부실화의 가능성이 낮지만 급격한 환경변화에 영향 받을 수 있음
BBB	기술사업화역량이 우수하며, 사업부실화의 가능성이 낮지만 환경변화에 따라 영향 받을 수 있음
BB	기술사업화역량이 양호하며, 사업부실화 가능성이 낮지만 환경변화에 따라 상당히 영향 받을 수 있음

	등급정의
B	기술사업화역량이 보통 수준으로 사업부실화의 가능성을 무시할 수 없음
CCC	기술사업화역량이 다소 미흡하여 사업부실화의 가능성이 일부 존재하지만 전반적인 사업추진 타당 시 됨
CC	기술사업화역량이 미흡하여 사업부실화의 가능성이 존재함
C	기술사업화역량이 미흡하여 사업부실화의 가능성이 다소 높음
D	기술사업화역량이 미흡하여 사업부실화의 가능성이 높음

투자용 기술평가 모형

등급정의는 다음과 같다. 투자용 기술평가모형은 기업 보유기술의 사업화를 통한 기업의 미래 성장가능성을 평가하는 것으로 향후 시상의 여건, 핵심기술의 우수성, 이를 사업화하여 기업성장으로 이끌어 나가갈 기업역량을 평가하여 그 결과를 평가등급으로 제시한다. 투자용 기술평가 모형을 10개 등급으로 정의하였으며 그 내용은 다음과 같다.

투자용 기술평가모형의 등급정의

평가등급	등급의 정의
1	매우 우수한 기술력과 성장잠재력이 우수한 시장을 바탕으로 미래 성장가능성이 최상위 수준임
2	매우 우수한 기술력과 성장잠재력이 우수한 시장을 바탕으로 미래 성장가능성이 매우 우수한 수준임
3	우수한 기술력과 성장잠재력이 양호한 시장을 바탕으로 미래 성장가능성이 우수한 수준임
4	우수한 기술력과 성정잠재력이 양호한 시장을 바탕으로 미래 성장가능성이 상당히 존재함
5	양호한 기술력과 상장잠재력이 있는 시장을 바탕으로 미래 성장가능성이 존재함
6	양호한 기술력과 성장잠재력이 있는 시장을 바탕으로 미래 성장가능성이 일부 존재함
7	기술력이 다소 부족하고 시장의 성장잠재력도 다소 부족하여 미래 성장가능성이 다소 낮음
8	기술력이 다소 부족하고 시장의 성장잠재력도 다소 부족하여 미래 성장가능성이 낮음
9	기술력이 낮고 시장의 성장잠재력도 낮아 미래 성장가능성이 낮음
10	기술력이 낮고 시장의 성장잠재력도 낮아 미래 성장가능성이 매우 낮음

등급산출 모형은 다음과 같다. 전문가모형과 통계모형을 결합하여 등급을 결정하는 방식으로 모형을 개발한다. 전문가모형은기술평가표의 모든 평가항목에 대해서 전문가가 생각하는 고성장기업 예측에 대한 기여도를 파악하여 이를 적용하는 방식으로 기술평가표의 모든 항목에 배점이 부여되는 모형으로 미래 지향적이다. 고성장기업은 평가일 이후 3년간 연평균 매출액증가율이 20%이상인 기업을 고성장 기업("가젤기업")으로 정의하였다. 통계모형은 기술평가표의 모든

평가항목에 대해서 통계적 분석을 실시하여 고장기업 예측에 유의한 평가항목 만을 선별하여 예측에 대한 기여도를 통계적으로 파악하여 적용하는 방식으로 기술평가표의 특정 항목에 대해서만 배점이 부여되는 모형이다.

TCB 지표 사례

TCB사들은 소항목을 줄여서 평가하는 경향이 있다. 대부분의 TCB사는 2개 대항목, 8개 중항목은 공통적으로 사용하고 있으며, 25~33개의 소항목을 개별적으로 사용하고 있고, 이를 종합하면 전체 38개 소항목을 사용하고 있다. 전체 소항목은 38개 중, 기보 33개, KED 26개, NICE 25개, 이크레더블 25개, 평가 소항목을 활용하여 기업의 기술력을 평가한다.

투자용 기술평가모형의 등급정의

대항목	중항목	소항목	기보	KED	NICE	이크레더블
			33개	26개	25개	25개
기술사업역량	경영주 역량	1.경영주 동업종경험	O	O	O	O
		2. 경영주 기술지식	O	O	O	O
		3. 경영주 기술이해도	O	X	X	X
		4. 경영주 기술경영능력	O	O	O	O
		5. 경영주 기술경영전략	O	X	X	X
		6. 경영주 기업가정신	O	X	X	X
	경영진 역량	7. 기술인력관리체계	O	X	X	X
		8. 경영진 전문성	O	O	O	O
		9. CTO 기술지식	X	X	O	X
		10. 경영진 자본참여도	O	O	O	O
		11. 경영진 팀워크	O	X	X	X
	기술개발 역량	12. 기술개발조직	O	O	O	O
		13. 기술인력 전문성	O	O	O	O
		14. 기술개발 및 수상실적	O	O	O	O
		15. 지식재산권 현황	O	O	O	O
		16. 연구개발투자비율	O	O	O	O
	제품화 역량	17. 생산역량	O	O	O	O
		18. 품질관리역량	X	X	O	X
		19. 투자규모 적정성	O	X	X	O

대항목	중항목	소항목	기보	KED	NICE	이크레더블
			33개	26개	25개	25개
		20. 자금조달능력	O	O	O	O
	수익 전망	21. 마케팅 역량	O	O	X	O
		22. 판매처 다양성 및 안정성	O	O	O	X
		23. 투자대비 회수가능성	O	O	X	O
		24. 부가가치창출능력	X	X	O	X
기술경쟁력	기술우위성	25. 기술의 차별성	O	O	O	O
		26. 건설공사능력	X	O	X	X
		27. 모방난이도	O	O	O	O
		28. 기술수명주기	O	O	O	O
		29. 기술완성도	O	O	O	O
	시장현황	30. 기술자립/활용성	O	O	O	O
		31. 시장규모/성장성	O	O	O	O
		32. 제약/장려 및 산업여건	O	X	X	X
	시장경쟁력	33. 시장경쟁현황	O	O	O	O
		34. 산업현황	X	O	X	O
		35. 인지도	O	O	X	X
		36. 시장진입 용이성	O	X	X	X
		37. 시장점유율	O	X	O	O
		38. 경쟁제품과의 비교우위성	O	O	O	O

은행 지표 사례

현재 여러 은행이 기술금융을 적용하고 있으며 개별 지표는 다를 수 있으며, 최근 지표를 삼소시키는 방향으로 움직이고 있다.

■ A은행의 일반모형 지표

대항목	중항목	소항목
1. 기술사업역량	1.1 경영주	1.1.1 경험수준
		1.1.2 기술경영전략
	1.2 관리능력	1.2.1 경영진 전문지식수준
		1.2.2 기술인력관리
	1.3 기술개발능력	1.3.1 기술개발전담조직
		1.3.2 기술인력 전문성
		1.3.3 기술개발 및 인증실적
		1.3.4 지식재산권 보유현황
		1.3.5 연구개발투자
	1.4 제품화역량	1.4.1 생산역량
		1.4.2 자금조달능력
	1.5 수익전망	1.5.1 마케팅역량
		1.5.2 판매처 다양성 및 안정성
		1.5.3 향후수익
2. 기술경쟁력	2.1 기술혁신성	2.1.1 기술차별성
		2.1.2 기술확장성
		2.1.3 기술완성도
		2.1.4 기술자립도
		2.1.5 기술수명주기
		2.1.6 모방난이도
	2.2 제품우위성	2.2.1 기술제품 인지도
		2.2.2 기술제품 경쟁우위성
	2.3 시장현황	2.3.1 시장규모
		2.3.2 시장성장성
		2.3.3 시장구조

② 기술가치평가

→ 기술평가의 종류

「기술의 이전 및 사업화 촉진에 관한 법률」제2조 정의 조항에 따르면, '기술평가'란 사업화를 통하여 발생할 수 있는 기술의 경제적 가치를 가액(價額) · 등급 또는 점수 등으로 표현하는 것이다. '기술가치평가'란 기술거래기관 및 평가전문기관 지정요령에 따르면, 기술의 실효성을 제고하고 원활한 기술이전 및 사업화와 기술의 담보제공 등 기술 활용을 촉진하기 위하여 개발된 기술의 가치를 금전적으로 환산하는 것을 말한다.

기술가치평가의 대상 기술은 역시 여러 가지로 정의할 수 있으나 경제적 가치를 실현하는 상품 또는 서비스를 고객에게 제공하기 위해 공정 또는 유통 과정에서 투입되는 과학 또는 공학 기반의 지식으로서, 기계, 문서, 설계도와 같은 유형물에 체화되어 있거나, 특허권이나 실용신안권과 같은 지식재산으로서의 배타적 권리를 인정받고 있거나, 숙련 인력의 기억이나 감각과 같은 무형의 자산으로 체화되어 있는 것이다. 비슷한 속성을 지니지만 공학 또는 과학기반의 지식이 아닌 것인 고객명부, 브랜드 자산과 같은 무형자산은 기술로 분류하지 않는 것이 일반적이다.

기술가치평가는 평가대상이 경제적 가치를 창출하는 기술자산(technology assets)으로 한정되어야 하기 때문에 기업가치평가, 기술력 평가, 기술영향평가를 포함한 광의의 기술평가와 구분될 수 있다. 기업가치평가(corporate valuation)는 기술자산을 포함하여, 다양한 유형 및 무형의 자산이 종합하여 창출하는 기업의 경제적 가치를 평가한다. 기술력 평가(technology evaluation)는 경제적 가치 창출 이전 단계에 작용하는 기술 개발능력 또는 기술의 우위성을 등급 또는 점수로 평가한다.

기술평가의 한 유형으로, 기술을 활용하는 주체의 인력, 조직, 지원서비스 등을 종합적으로 평가함으로써 그 주체의 기술개발, 흡수, 및 혁신능력을 평가하는 것을 말하며 등급, 점수 등 다양한 형태로 표시될 수 있다. 광의의 기술평가(technology assessment)는 기술영향평가(technology impact assessment)를 포함하며, 그 기술의 적용에서 예상되는 경제적 · 비경제적 파급효과를 화폐적 또는 비화폐적 측정 수단으로 표현된다.

기술에 대한 광의의 평가 중에서는 기술 현상의 다양한 속성 중 어디에 초점을 두느냐에 따라 기술영향평가를 기술체계평가(technology system assessment)와 기술수요평가(technology needs assessment)로 구분되고, 기타 기술능력평가(technology capability assessment), 기술성능평가(technology performance assessment) 등이 존재할 수 있으며, 이는 기술가치평가와 구분되는 영역으로 존재한다.

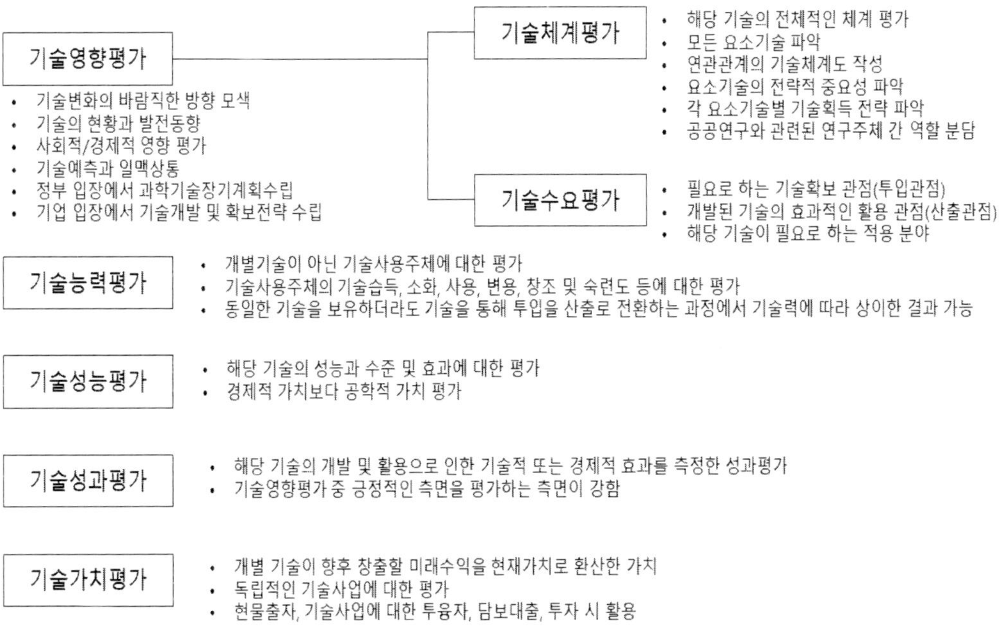

자료 : 조경선 · 임재용(2015), 재구성

기술가치평가와 여타 기술평가 분야와의 관계

산업통상자원부는 「기술의 이전 및 사업화 촉진에 관한 법률」(기술이전법) 제10조 제1항, 제12조의2의 제1항, 제35조 및 동법 시행령 제16조, 제19조의2, 제32조에 따른 기술거래기관, 사업화전문회사 및 기술평가기관 지정요령을 고시하고 있다. 기술의 이전 및 사업화 촉진에 관한 법률(기술이전법)에 따라 전문 인력 확보 등의 일정 기준을 충족하고 정부로부터 별도의 지정을 받아야만 기술가치평가를 수행한다. 기술가치평가기관은 기술이전법 이외에도 기술신용보증법, 발명진흥법 등 다른 법률에서도 지정하고 있는데, 각각의 법률에서 기술가치평가를 하는 목적에 따라 기술가치평가 기관을 운영하는 형태에는 다소 차이가 있다.

현재는 주무 부처별로 기술가치평가 기관을 지정 · 운영하고 있으며, 2개 이상의 법률로 중복되어 지정된 예도 있으며 각 법률에 따른 기술가치평가 현황은 다음과 같다.

■ 기술가치평가 기관

관련 법률	주무 부처	기술가치평가 기관	기관 수
기술의 이전 및 사업화 촉진에 관한 법률	산업통상 자원부	한국산업기술진흥원, 국방기술품질원, 기술보증 기금, 전자부품연구원, 중소기업진흥공단, 한국과학기술정보연구원, 한국발명진흥회, 한국산업은행, 한국보건산업진흥원(보건부), 농업기술실용화재단(농림축산식품부), 한국전자통신연구원, 한국기계연구원 ,한국생명공학연구원, 한국과학기술연구원, 한국생산기술연구원(미래창조과학부)	15
기술신용보증기금법	중소벤처 기업부	기술보증기금	1
벤처기업 육성에 관한 특별조치법	중소벤처 기업부	한국산업기술진흥원, 기술보증기금, 한국산업기술평가관리원, 한국환경공단, 기술표준원, 한국과학기술연구원, 한국과학기술정보연구원, 정보통신산업진흥원	8
발명진흥법	특허청	한국건설생활환경시험(연), 한국기계전기전자시험(연), 한국산업기술시험원, 한국과학융합시험(연), 농업기술실용화, 한국산업기술진흥원, 기술보증기금, 한국산업은행, 한국과학기술정보연구원, 한국발명진흥회	10
산업기술혁신 촉진법	교육부	「기술의 이전 및 사업화 촉진에 관한 법」에 따른 지정된 기술평가기관	15

위의 기술평가와 관련된 평가와 기술평가기관을 정리하면 기술평가는 크게 기술가치평가와 기술력평가로 구분이 가능하다. 기술평가 중, 기술력평가는 기술발전이 사회전반에 미칠 잠재적인 영향을 분석한다. 기술발전이 사회, 경제, 정치제도에 미치는 잠재적인 영향을 체계적으로 분석 및 평가한다. 따라서 기술평가는 정부의 기술프로그램이 가져올 긍정적 부정적 그리고 불확실한 효과에 대하여 정책입안자에게 균형적인 평가를 제공함으로써 기술의 개발을 중지 혹은 발전시킬 것인가에 대한 정책결정의 지표를 제공하는 것을 목적으로 한다.

기술가치평가는 기술의 경제적 거래가치를 나타내며 보다 거시적인 시각을 가지는 기술력평가와는 달리 개별기술의 가치와 상입성을 판난하는 평가이다.

■ 기술평가의 종류

유형	내용
기술력평가	기술평가의 한 유형으로, 기술을 활용하는 주체의 인력, 조직, 지원서비스 등을 종합적으로 평가함으로써 그 주체의 기술개발, 흡수 및 혁신 능력을 평가하는 것을 말하며 등급, 점수 등 다양한 형태로 표시될 수 있음
기술가치 평가	기술평가의 한 유형으로, 사업화하려는 기술이나 사업화된 기술이 그 사업을 통하여 창출하는 경제적 가치를 기술시장에서 일반적으로 인정된 가치평가 원칙과 방법론에 입각하여 평가하는 것을 말함

자료 : 산업통상자원부(2014.6)

기술가치평가 현황

기술가치평가 시장은 공공부문과 민간부문으로 구분할 수 있다. 공공부문의 기술가치평가 수행은 2016년말 현재 636건으로 나타나며 민간부문의 기술가치평가 수행은 공공부문보다 광범위하게 일어나고 있다.

평가기관별 기술가치평가 수행 현황

	~'08년	'09년	'10년	'11년	'12년	'13년	'14년	'15년	'16년
기술보증기금	1,740	384	427	471	368	NA	126	179	110
국방기술품질원	88	37	38	25	153	NA	NA	NA	NA
한국발명진흥회	64	22	37	51	92	NA	197	182	192
농업기술실용화재단	-	-	27	32	47	NA	NA	NA	NA
전자부품연구원	12	30	30	10	17	NA	10	12	10
한국과학기술정보연구원	26	13	10	10	15	NA	NA	NA	NA
한국산업은행	8	4	4	7	8	NA	7	4	6
계	1,938	490	573	606	700	456	493	521	636

자료 : 손수정 외(2014), 지식재산평가센터(2017)

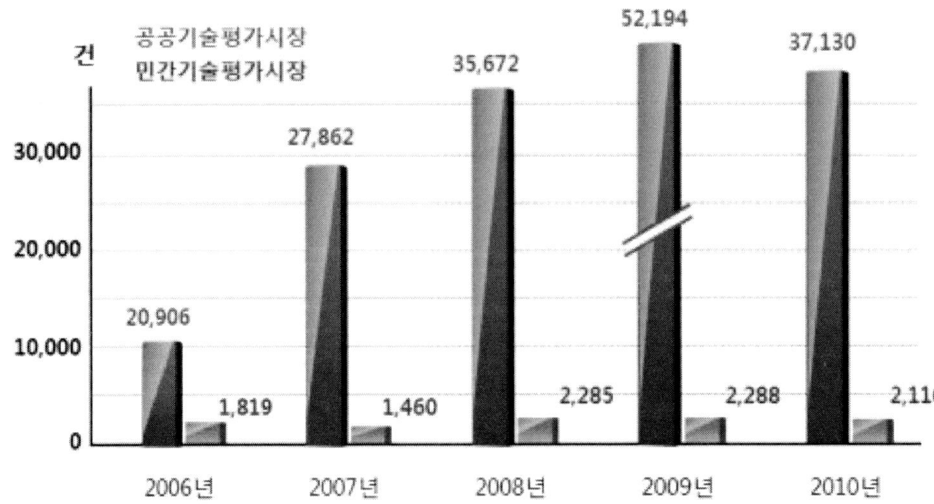

자료 : 한국산업기술진흥원(2011)

공공 · 민간별 기술가치평가시장 현황(평가건수)

기술력평가지표

기술보증기금의 기술력평가지표는 기술사용 주체가 지니고 있는 기술경영 및 연구개발능력(인적 및 인프라), 보유한 핵심기술의 기술성, 시장성, 사업성 등을 종합적으로 평가하여 평가결과를 등급으로 표시한다. 개별기술의 사업타당성평가 및 가치평가는 개별기술 자체가 지닌 기술성, 권리성, 시장성 및 사업성을 평가한다.

기술성 분석은 평가대상 기술의 정의(발명의 명칭 등), 개요, 기술개발 동향 및 경쟁(신규, 대체) 기술 현황, 경재기술 대비 기술수준(우위성, 첨단성, 독창성 등), 기술 활용성 및 파급효과 등에 대해 분석하고 평가한다.

권리성 분석은 기술사업화를 하는 데 있어서 평가대상기술의 특허가 법적 안정성, 권리범위 등의 조사 분석을 통해 시장의 독점적 지위 확보 여부, 기술의 경제적 수명, 경쟁으로부터 사업의 보호 정도를 파악하는 것이다.

시장성 분석은 평가대상기술의 적용제품이 속한 시장에 대하여 시장환경 분석, 시장경쟁 분석 결과에 근거하여 적용제품의 시장경쟁력을 평가하는 것으로서, 평가대상기술이 속해 있는 산업의 특성 및 환경을 살펴보고, 시장구조, 제품 현황, 시장진입장벽, 관련 정책 및 분석을 검토하며, 국내외 시장동향과 업체동향을 조사한 결과에 근거하여 시장경쟁력을 분석한다.

사업성 분석은 기술을 이용하여 사업화를 추진하는 주체의 사업화 기반 역량, 생산 및 영업능력 등 경영요인을 고려하여 평가대상기술을 활용하여 생산되는 제품의 가격 및 품질경쟁력, 매출전망, 현금흐름 등 사업전망 전반에 관하여 평가하는 절차이다.

■ 기술보증기금 기술력평가지표

대항목	평가항목	세부항목
기술성	기술개요	기술개요 및 특징
기술성	기술개요	기술구성 및 내용
기술성	기술개요	기술적용 현황
기술성	기술환경 분석	국내외 기술동향 및 업체 현황
기술성	기술환경 분석	기술의 Life-Cycle
기술성	기술환경 분석	기술발전방향
기술성	기술 유용성 및 경쟁력 분석	기술 유용성 및 경쟁력 분석
기술성	기술 유용성 및 경쟁력 분석	기술 독창성 및 첨단성 평가

대항목	평가항목	세부항목
		기존기술 대비 비교우위성
		기술 활용성 및 확장성
		산업적 파급효과
권리성	권리안정성	권리의 안정적 유지가능성 여부
		추가 권리 확보 가능성
	권리범위	관리범위의 광협
		권리의 폭과 깊이
		권리의 차별성
		회피설계 가능성
	사업 연관성	사업과의 관련성
	선행특허	유사특허기술 존재 정도
	권리침해	기존 지식재산권 침해 가능성
시장성	시장개요	기술적용제품 범위
		시장의 정의 및 특성
	시장환경 분석	국내외 시장규모 및 동향
		중장기 성장률
		시장수요 전망
		시장진입가능성
	시장경쟁 분석	적용시장의 경쟁 구조 및 지배유형
		경쟁업체 현황 및 시장점유율
		경쟁 제품과의 비교 분석
		시장지위 확보 가능성
사업성	사업화 기반 역량	평가대상 기술사업화 주체가 보유 또는 계획 중인 인적, 물적 사업 기반역량을 종합적으로 파악
	제품경쟁력	평가대상기술 제품의 가격, 품질 등 시장에서 비교 우위를 확보해 주는 경쟁력 속성을 파악
	매출추정 및 수익분석	평가대상기술 제품이 현재 해당시장에서 확보할 수 있는 점유율을 파악하고 미래 당해 시장에서의 매출 확보 가능성 예측

한국산업기술진흥원(KIAT) 기술력 평가지표를 살펴보면 다음과 같다. 한국산업기술진흥원의 기술력평가모형은 특정 기업 내에서 특정기술을 사용함에 따라 기업의 현재 또는 미래의 현금창출능력을 평가하는 모형이다. 기술력등급모형으로 기술사용 주체가 지니고 있는 기술경영 및 연구개발능력(인적 및 인프라), 보유한 핵심기술의 기술성, 시장성, 사업성 등을 종합적으로 평가하여 평가결과를 등급으로 표시된다. 개별기술의 사업타당성평가 및 가치평가는 개별기술

자체가 지니는 효과를 기술성, 권리성, 시장성 및 사업성을 평가하는 것으로서 기술의 사용주체에 대해 평가하는 것이 아니라는 점에서 기술력등급평가와 구분된다. 기술가치평가는 정량적 평가(평가결과를 화폐금액으로 표시)이고, 기술력등급평가는 정성적 평가를 통해 최종적으로 등급으로 제시한다는 점에서 구분된다.

한국산업기술진흥원의 기술력평가등급의 정의

평가등급 (평가점수)	등급의 정의
T1(85≤X≤100)	매우 우수한 기술력을 보유하고 있으며 사업부실화 가능성이 매우 희박함
T2(80≤X<85)	우수한 기술력을 보유하고 있으며 장래의 환경변화에 크게 영향을 받지 않는 수준으로 사업부실화 가능성이 상당히 희박함
T3(77≤X<80)	우수한 기술력을 보유하고 있으며 장래의 환경변화에 다소 영향을 받을 수는 있으나 사업부실화 가능성이 희박함
T4(74≤X<77)	양호한 기술력을 보유하고 있으며 사업부실화 가능성은 낮으나, 장래의 환경변화에 다소 영향을 받을 수 있음
T5(70≤X<74)	기술력이 양호한 수준으로 장래의 환경변화에 따른 사업성 변동가능성이 있으나, 전반적인 사업부실화 가능성이 적음
T6(67≤X<70)	기술력이 보통 수준으로 장래의 환경변화에 따른 사업성 변동가능성이 있으나, 전반적으로 사업추진이 타당시 됨
T7(64≤X<67)	기술력이 보통 수준으로 사업화를 위한 필요사항이 다소 부족하나 전반적인 사업추진이 무난시 됨
T8(60≤X<64)	기술력이 보통 수준으로 사업화를 위한 필요사항이 부족하나 이에 대한 보완이 이루어질 경우 사업추진이 타당시 됨
T9(55≤X<60)	기술력 및 사업화를 위한 필요사항이 부족한 수준으로 사업성공의 가능성이 미흡한 편임
T10(X<55)	기술력이 취약한 수준으로 사업추진 타당성이 매우 부족함

평가항목으로 대상기업의 기술력을 바탕으로 한 미래 현금창출능력을 평가하기 위해 기술경영 및 연구개발능력, 기술성, 시장성, 사업성 4개 평가항목으로 대항목을 정의하고 있다.

한국산업기술진흥원의 기술력평가표

대항목	중항목 (변경후 지표)	세부항목 (변경후 지표)
1. 기술경영 및 연구개발능력(10)	1-1 기술경영능력 (CEO 평가)	① 기술경영 경험수준
		② 기술개발전담부서
		③ 연구개발투자비율
		④ 지식재산권 보유현황

CHAPTER 06 빅데이터 가치평가

대항목	중항목 (변경후 지표)	세부항목 (변경후 지표)
		⑤ 직무만족도
	1-2 연구개발능력 (인력 및 인프라)	① 기술전문성(CTO)
		② 개발인력의 전문성
		③ 기술개발·인프라보유현황
		④ 기술상용화 실적
		⑤ 기술인증 보유현황
2. 기술성(10)	2-1 기술 유용성	① 혁신성
		② 기술수명
		③ 파급성
		④ 고객에게 미치는 영향
		⑤ 연구개발지원(기술전망)
	2-2 기술 경쟁성	① 차별성
		② 모방용이성(기술의 난이도)
		③ 회피비용(회피설계비용)
		④ 대체기술 존재 여부
		⑤ 경쟁자에게 미치는 영향
3. 시장성(12)	3-1. 업계특성	① 산업특성
		② 산업성장성
		③ 경기변동의 특성
		④ 자원조달의 특성
	3-2. 시장특성	① 시장구조
		② 시장수요
		③ 시장규모
		④ 규제 및 지원
	3-3. 경쟁요소 (기술제품 및 기업)	① 기업간 경쟁강도
		② 제품의 경쟁성
		③ 구매자의 교섭력
		④ 공급자의 교섭력
4. 사업성(8)	4-1 생산성	① 부가가치 창출능력
		② 종업원 1인당 부가가치
		③ 원가우위성
	4-2 수익성	① 매출성장성
		② 영업이익성

대항목	중항목 (변경후 지표)	세부항목 (변경후 지표)
		③ 투자자금회수기간
	4-3 마케팅전략	① 마케팅 계획의 적절성
		② 판로의 다양성 및 구축정도

4개 대항목 간의 관계를 파악하고, 각 대항목 내의 평가항목들이 어떤 의미를 가졌으며 이 평가항목들을 측정함으로써 어떤 효과를 얻을 수 있는지는 알 수 있다.

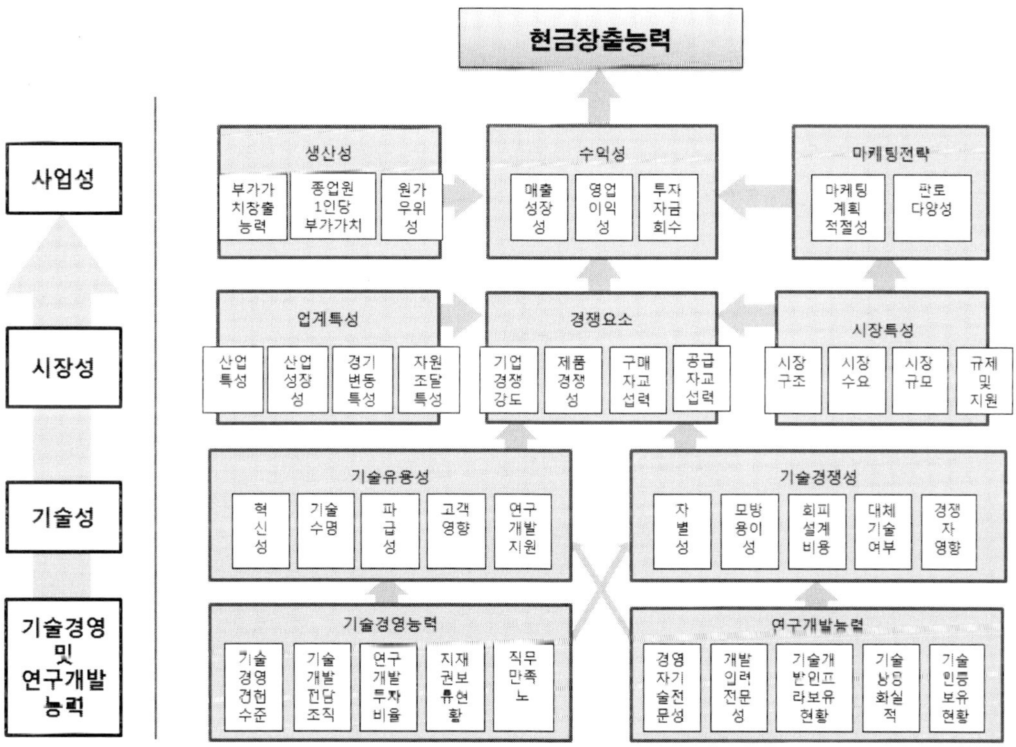

기술력등급평가의 흐름도

특허청 IP담보가치 평가지표는 다음과 같다. 기술성 분석은 기술의 적용제품에 대한 기술개요(기술의 정의 및 개요), 기술개발 동향 및 경쟁 기술 현황, 경쟁기술 대비 기술수준(차별성, 혁신성 등), 기술 활용성 및 파급효과 등에 대해 분석 및 평가한다. 기술환경 분석과 기술 경쟁성 분석으로 구분된다. 기술환경 분석은 대상기술을 중심으로 경쟁기술, 대체기술, 후방기술(부품, 소재 등) 및 전방기술(조립, 완성, SI 등) 등 주변기술 환경을 조사하는 것이다. 기술경쟁성 분석은 기술

환경 분석결과에 근거하여 파악된 각 기술의 특징을 토대로 대상기술의 장단점을 비교 분석하여 기술적 차별성, 혁신성, 파급성 등을 판단한다.

권리성 분석은 평가대상특허의 권리 안정성, 권리보호 가능성, 권리행사 용이성 분석을 통해 평가대상특허 자체의 담보력을 평가한다. 권리 안정성 분석은 선행기술조사를 통해 진보성 및 기타 사유로 인한 무효 가능성이 있는 지를 검토한다. 권리보호 가능성 분석은 생산 제품과 특허 청구범위의 비교, 경쟁사 제품과 특허청구범위의 비교 등을 통해 특허권의 권리범위가 사업을 보호할 수 있도록 적절하게 작성되어 있는지 검토한다. 권리행사 용이성 분석은 침해 발견과 입증이 용이한 발명인지, 침해 발견과 입증이 용이하도록 청구범위가 작성되어 있는지, 권리행사에 제한요소가 있는지에 대해 검토한다.

시장성 분석의 사전작업은 대상기술 적용제품(또는 공정), 적용시장에 대한 정의와 범위가 명확하게 설정되어야 하고, 적용제품의 특성(차별성 혹은 우위성)이 요약되어야 한다. 시장성 분석은 대상기술 적용제품이 속한 시장의 환경분석, 경쟁분석 등의 결과에 근거하여 적용제품의 시장경쟁력을 평가하는 것이다. 대상기술이 속하는 산업의 특성 및 환경, 시장구조, 제품 현황, 시장진입장벽, 관련 정책, 국내외 시장동향 및 업체동향을 조사 분석하고, 이를 근거로 시장규모와 시장점유율 추정에 필요한 정보를 수집한다. IP거래시장성은 현재 해당 기술분야에서 IP거래가 활발한지, 향후 IP거래가 활성화될 가능성이 높은 지 평가하는 것이다. IP거래, 라이선스가 활발히 이루어지고 있는 기술분야인 지, 특허관리회사(NPE)가 활발히 매입하는 기술 분야인지, IP분쟁이 자주 발생하는 기술분야인 지, 특허출원이 증가추세에 있는 기술분야인 지에 대해 분석한다.

IP가치평가 세부 평가항목 및 평가지표

평가요소	평가항목		평가지표
합리적 실시료율	기준실시료율		- 신뢰성 있는 실시료율 DB 중에서 선택
	조정지표	기술성	- 차별성, 혁신성, 파급성, 전망성, 대체성
		시장성	- 수요성, 수익성, 생산용이성, 성장성, 경쟁성
실시료 기준액	추정 매출액		- 시장점유율에 의한 매출액/수요예측에 의한 매출액 추정/해당기업의 사업계획에 의한 추정 등 다양한 매출추정 방법을 활용
	IP보호 부분의 비중		- 원가비중 또는 전문가 정성평가에 의해 매출 추정이 된 전체제품 중 IP보호 부분의 비중 산정
IP담보 요소	권리성	권리안정성	- 신규성 또는 진보성 무효가능성 - 기타 요인에 의한 무효가능성
		권리보호 가능성	- 해당 제품(서비스) 보호 가능성 - 국내외 IP포트폴리오 구축의 적절성

평가요소	평가항목		평가지표
		권리행사 용이성	- 침해 발견 및 입증 용이성 - 권리행사 제한 가능성
	IP거래시장성		- 분쟁 및 라이선스 활성도 - 특허출원 활성도
IP의 수명(n)	기준수명		- 산업부 기술가치평가 모형의 CLT 산출표/IPC 분류별 등록유지년수 산출표 중 선택
	조정지표	기술요인	- 대체기술 출현 가능성 - 기술적 우월성 - 유사 경쟁기술의 존재(수) - 모방 난이도 - 권리 강도
		시장요인	- 시장집중도(주도기업 존재) - 시장경쟁의 변화 - 시장경쟁강도 - 예상 시장점유율 - 신제품 출현빈도
할인율(r)	상장CAPM 비상장 규모 위험프리미엄 안정성 위험 프리미엄 타인자본비용 자기자본비율		- 산업부 가이드의 산업별 할인율 산출표 이용
	사업화 위험 프리미엄	기술위험	- 기술 우수성 - 기술 경쟁성 - 기술 모방 용이성 - 기술 사업화 환경 - 권리 안정성
		시장 및 사업위험	- 시장 성장성 - 시장 경쟁성 - 시장진입 가능성 - 생산 용이성 - 수익성 및 안정성

자료: 특허청(2013)

기관별 기술가치평가 방법

국내에서 공공에 의한 가치평가 모형은 한국발명진흥회(KIPA)의 SMART, 한국특허정보원(KIPI)의 K-PEG, 한국과학기술정보연구원(KISTI)의 Star-value, 한국산업기술진흥원(KIAT)의 NTB(국가기술사업화종합정보망), 기술보증기금 등이 존재한다. 이중 SMART와 K-PEG은 등급평가 기반인 반면 Star-value와 NTB는 가치금액으로 평가결과를 산출한다. NTB의 경우 복합적인 기술평가(기술 사업성, 기업 기술력, 기술가치, R&D경제성, 시장접근법 가치) 중 한 부분으로서 기술가치를 평가한다. Star-value는 기술이전 및 거래를 위한 가치평가에 치중하여 화폐가치 결과를 산출한다.

주요 기관 평가항목 및 모형 특징

	한국발명진흥회	한국특허정보원	KISTI	KIAT
평가항목 특징	- 전문가 평가 기반 평가모형 사용 - 평가지표 40~50여개 사용	- 전문가 평가가 아닌 국내특허 중 미국에 출원된 특허를 우수 특허 기준	- 인용특허수명(TCT) DB, 상장/비상장 기업 및 업종별 재무정보 DB, 거래사례 DB, 할인율/로열티/산업기술요소 DB의 독자적 구축 활용	- 업종별 표준재무정보(대, 중, 소 및 소기업은 업력 구분) DB 및 중소벤처 기업의 업종별 대표기업 재무정보DB - 거래사례 DB, 상장기업과 비상장기업의 영업이익률로 구한 상관행법 로열티 DB - 인용특허수명(TCT), 할인율, 산업기술요소는 평가기관이 공동 구축 활용
평가	등급평가	등급평가	가치평가	- 기술사업성평가 - 기업기술력평가 - 가치평가 - R&D경제성평가 - 시장접근법 가치평가
평가 모형	다중회귀분석 전문가평가결과를 정답set으로 활용→기계학습화	선형알고리즘으로, 이상치 처리 및 다중공선성 처리가 미흡함	할인현금흐름(DCF) 모형, 로열티절감법 모형 등 전체 5개 모형에 대한 평가모형 KISTI 개발(독자적)	- 할인현금흐름(DCF) 모형 - 로열티공제법 모형

기술가치평가 모형

기업의 가치는 기업이 소유한 영업자산(operating asset)의 시장가치를 의미하며, 영업자산이란 현금을 제외한 그 기업이 갖고 있는 유·무형의 모든 자산을 의미한다. 기업가치는 타인자본가치와 자기자본가치의 합으로서, 기업의 가치를 평가하는 목적은 기업의 주주지분의 가치를 평가하는데 있다. 기술가치평가 방법은 다양하게 존재하는데 일반적으로 시장접근법, 수익접근법, 비용접근법 등으로 구분된다.

수익접근법(Income Approach Method)은 평가대상기술의 경제적 수명 동안 기술사업화로 인하여 발생될 경제적 이익을 추정한 후 할인율을 적용하여 현재가치로 환산하는 방법으로, 수익접근법을 이용하여 가치를 산정하는 경우 4가지 평가요소(기술의 경제적 수명, 현금흐름, 할인율, 기술기여도)를 추정해야 하며 절차는 다음과 같다.

1. 예비평가(screening) : 사업화 가능성을 체크하기 위한 약식평가(평가지표 이용)
2. 사업타당성 평가(assessment) : 정성적 평가로서 기술의 사업추진 타당성을 위한 심층평가이며 기술이 적용될 신규 사업 프로젝트에 대한 평가로써 기술군 특성, 권리성, 시장성, 사업성 평가
3. 가치평가(valuation) : 정량적 평가로써 사업타당성 평가를 전제로 기술의 사업가치 및 기술자산의 가치 측정
   ① 기술의 경제적 수명 추정 → 현금흐름 산정기간 추정
   ② 매출액 추정 → 현금흐름 산정
   ③ 재무 분석 → 매출원가, 판관비용, 운전자본, 자본지출 등 추정
   ④ 경제적 이익 흐름 → 현금흐름 또는 이익흐름 추정
   ⑤ 할인율 → 사업위험분석(WACC, CAPM, 경험적 방법 등)
   ⑥ 사업가치(business value) : 경제적 이익의 현재가치 합계=순현재가치(NPV)
   ⑦ 기술기여도(tech factor) : 사업가치 중 기술이 공헌한 비율(경제적 이익의 배분)
   ⑧ 기술가치(tech value) : 사업가치×기술기여도

현금흐름할인법(Discounted Cash Flow method, DCF)에서 가치는 미래 예상 현금흐름을 적절한 할인율로 할인하여 구한 현재가치로 정의한다. 여기서 현금흐름은 총현금유입에서 총현금유출을 뺀 순현금유입의 의미하며 기업이 영업활동을 유지 또는 확대하면서도 자유롭게 사용가능한 현금이다. DCF에 의한 기술의 가치(V_T)은 기술의 경제적 수명기간 동안의 미래 현금흐름

을 할인율로 할인한 현재가치의 합이며, 사업 가치에 기술이 기여한 정도인 기술기여도(업종별로 무형자산 중 기술자산이 차지하는 비율)를 곱한 값으로 정의한다.

$$V_r = \sum_{t=1}^{n} \frac{CF_t}{(1+r)^t} \times \text{기술기여도}$$

여기서, t는 현금흐름 추정이 이루어지는 기간, n은 기술의 경제적 수명, CF_t는 t기간에서 현금흐름, r은 할인율, 기술기여도는 사업가치 중 기술이 기여하는 비율이다. 여유현금흐름은 세후 영업이익에 감가상각비 등을 더하고 자본적 지출액과 운전자본 증감액을 차감한 값으로 다음과 같다.

여유현금흐름=영업이익 - 법인(소득)세+감가상각비 등-자본적 지출액 - 운전자본 증감액
영업이익=매출액 - 매출원가 - 판매비와관리비

정태적 수익접근법은 의사결정의 변동성을 고려하지 않는 것으로, 추정기간 동안 발생가능한 현금흐름의 변동요인(할인율, 변동확률 등)이 고정되어 있다고 가정한다.

동태적 수익접근법은 미래시장 환경 및 의사결정 방향의 변동성을 고려하는 것으로, 사업주체가 창출하는 미래현금흐름에 영향을 미치는 요소를 의사결정나무(decision tree) 형태의 시나리오로 작성하고, 발생가능한 확률을 부여한 후 최적의 시나리오를 선택하여 시나리오에 의한 현금흐름을 추정한다.

기술요소법(Technology Factor Method Approach) : 산업 특성과 개별기술 특성을 동시에 반영하여 기술기여를 산출하는 방법이며 기술기여도(기술요소)는 산업 특성을 반영하는 산업기수요소(industry factor)와 개별기술의 특성을 평가하는 개별기술강도(technology rating) 곱으로 구성된다.

몬테카를로 시뮬레이션법은 미래현금흐름의 크기에 영향을 미치는 개별 확률변수에 대해 특정의 확률분포를 가정한 상태에서 난수의 발생을 통해 가치평가 결과 및 확률적 기댓값을 계산한다.

25% Rule은 경험측 방법은 과거의 많은 기술거래 협상과정에서 기술도입자(licensee)와 기술판매자(licensor) 간의 합의에 의한 결과로 기술거래에 의한 창출한 이익의 25%는 기술판매자의 몫으로, 75%는 기술도입자의 몫으로 배분하는 것이 합리적이며 기술거래시장에서 관행적으로 이루어져 오고 있으며 이익은 기술 사업에 의해 발생한 세전영업이익이 기준이다.

시장접근법(Market Approach Method)은 평가대상 기술과 동일 또는 유사한 기술이 활성시장에서 거래된 가치를 근거로 기술을 비교분석하여 상대적인 가치를 산정하는 방법으로, 시장접근법을 적용할 경우, 비교대상과 어느 정도 유사성이 있는 지 판단하여 비교대상과 유의한 차이가 있을 때 적절히 차이를 조정해야 하며 절차는 다음과 같다.

① 시장자료 분석 : 적절한 거래시장을 조사하여 기술의 종류, 기술의 사용현황, 활용산업, 거래일자 등에 있어서 유사하거나 동일한 기술에 대한 매매거래, 목록 등에 대한 자료 수집
② 사실확인 및 검증 : 자료의 사실과 일치 여부, 실제 기술거래여부 확인 등 신뢰성 검증
③ 비교방법 결정 : 비교대상 분석 항목, 비교분석 방법 적용 등
④ 로열티 산출 : 비교평가 대상기술의 매매 또는 라이선스 거래와 평가대상기술의 거래조건을 통한 최적의 로열티 산출
⑤ 조정계수 : 기술의 특성을 반영한 조정계수 적용(기술성, 권리성, 라이선스 계약 우위성, 시장성, 사업성)
⑥ 기술가치 : 비교거래기술들로부터 산출한 다양한 로열티와 조정계수를 통한 기술가치 추정

거래사례비교법은 거래유형과 자산의 속성이 완벽하게 동질적인 기술자산의 총거래 금액을 쉽게 발견할 수 있다면, 동 금액을 평가대상 자산의 가치로 인정하는 거래사례비교법이 가장 정확한 기술가치평가이다. 그러나 현실적으로 비교용 기술이 대상 기술과 동질적인 경우가 드물고 거래조건도 상이하여, 이러한 조건을 충족하는 거래 사례의 발견이 매우 어려우므로 거래사례비교법을 실무에서 적용하는 경우는 거의 없다.

로열티 공제법과 로열티 참조법은 평가대상기술과 관련된 기술(업종)로부터 합리적인 로열티율을 참조할 수 있는 경우 과거 유사 또는 동일한 기술(업종)의 로열티율을 참조하여 기술의 가치를 추정하는 방법이다.

로열티 공제법은 평가대상이 보유 중인 기술이 만약 제3자로부터 라이선스 되었다고 가정하였을 때 지급되었을 것으로 추정되는 로열티를 기초로 기술의 가치를 추정한다. 로열티 참조법은 평가대상기술이 반드시 제3자로부터 라이선스의 대상이 된다고 가정하지 않더라도, 단지 유사기술의 라이선스 거래에 적용할 로열티율을 참조함으로써 보다 다양한 분야에서 기술의 가치를 추정할 수 있다.

로열티 공제법은 권리확보 및 라이선싱을 전제로 한 지불로열티를 기초로 하지만, 로열티 참조법은 권리유무나 라이선스 유무에 무관하게 유사한 사례의 로열티를 보다 광범위하게 참조하여 기술가치를 산출하는 방법이다.

$$\text{기술가치} = \sum_{t=1}^{T} \frac{(\text{로열티율} \times \text{조정계수} \times \text{매출액})(1 - \text{법정세율})}{(1+r)^2}$$

여기서 T는 기술의 경제적 수명, r은 할인율

비용접근법은 대체의 경제 원리에 기초를 두고 동일한 경제적 편익을 가지고 있는 기술을 개발하거나 구입하는 원가를 추정하여 가치를 산정하는 방법으로, 비용접근법을 적용할 경우 기술개발비용, 재생산원가, 대체원가 등 상세한 원가정보가 필요하다. 비용접근법은 역사적 원가법, 재생산 비용법, 감가상각된 대체비용법을 사용한다. 과거에 평가대상기술 개발에 투입된 비용을 평가시점에 재투입한다고 가정할 때 소요될 것으로 예상되는 전체 비용금액에서 평가대상기술의 수요 감소에 기인하는 가치 감소분을 차감하게 된다.

역사적 원가법에서 과거 투입비용 항목은 항목구분 내역을 그대로 인정된다. 과거 투입비용금액은 평가대상기술을 재생산하기 위해 평가시점에 제반 비용항목을 재투입한다고 가정하는 경우 소요 예상 금액이다. 단, 특정 비용항목이 과거에는 투입되었으나 평가시점의 연구개발단계에서는 투입되지 않은 상황으로 변경된 경우 평가시점에 대체 투입되는 항목을 기준으로 비용금액을 산정한다.

재생산 비용법은 기존에는 평가시점에 재생산할 경우 투입예상비용이 현재에는 역사적 원가법과 같은 방식으로 적용된다.

감가상각된 대체비용법에서 기존의 물리적 감소는 유형자산의 경우만 인정하고 무형의 기술은 불인정된다. 기능적 진부화는 대체기술의 등장에 기인한 수요 감소로 환산되며 경제적 진부화는 경제적 진부화가 기능적 진부화의 연장선상에서 이루어진다는 가정 하에 기준이 적용된다.

표준적인 비용접근법인 조정재생산 비용접근법은 역사적 원가법, 재생산 비용법, 감가상각된 대체비용법의 취지를 결합하여 단일화한 것으로, ① 재생산 가정 하에 과거의 생산요소 투입항목은 그대로 유지하되, ② 생산요소의 단위비용은 평가시점 기준으로 재조정하고, ③ 최종적으로 합산된 비용가치에 시장수요의 변동에 따른 가치변동분을 가산 또는 차감하는 세 가지 절차로 수행된다.

R&D배수법은 연구개발 투입비용이 기업의 가치와 비례한다는 가정 하에 R&D투입비용, 기술기여도, 조정계수 등을 이용하여 기술가치를 간략하게 산출하는 방법으로, 평가대상기술의 R&D투입비용을 합리적으로 추정이 가능한 경우에 적용된다.

기술가치={(상장기업 기업가치)/(상장기업 R&D비용)}×투입R&D비용×기술기여도
×비상장조정×사업화단계조정

이러한 방법들은 평가목적, 대상기술, 평가 상황 등에 따라 평가방법이 달라질 수 있다. 평가시점 현재 동질성 있는 기술에 대한 가격을 시장에서 관찰할 수 있는 경우에 시장접근법을 우선 적용할 수 있다. 평가자는 기술가치평가 실무에서 다양한 상황과 투입변수의 견고성 등을 고려하여 적절한 평가접근법이나 산출방법을 적용해야 한다 가치산출과 추정오류를 최소화하고 보다 합리적 측정을 위하여 복수의 평가접근법이나 방법을 사용하는 것을 기업회계 기준 등에서 권고하고 있다.

기술가치평가 방법론

수익접근법	- 현금흐름할인법(DCF) - 기술요소법(Technology Factor Method Approach) - 경험측(25% Rule) - 로열티공제법 - 다기간초과이익법(Multi-Period Earning) - Residual Income Method - 몬테카를로 시뮬레이션 - 실물옵션(Real Option) - 퍼지수익접근법(Fuzzy-Period Method)
시장접근법	- 거래사례비교법 - 산업표준법(Industry Standards) - 경매(Auction) - 로열티공제법(Relief form Royalty) 로열티참조법(Royalty Comparison Method) - 조건부가치평가(Contingent Valuation Method) - 가상경매시장법(Virtual Auction Market Method)
비용접근법	- 역사적기원법(Historical Cost Method) 재생산비용법(Reproduction Cost Method) - 대체원가(Replacement Cost Method) - 조정재생산비용법(Adjusted Reproduction Cost Method) - R&D배수법

미래현금흐름 추정가능 여부, 로열티율 추정 가능 여부, 과거 개발기용 추정 가능 여부 및 평가 대상기술의 특성, 용도 등을 종합적으로 고려하여 기술가치평가 방법을 선택된다. 기술가치평가 시 발생가능성이 높은 가정이나 조건을 설정하여 가장 효율적이고 효과적으로 평가 대상 기술을 평가할 필요가 있다. 기술가치평가 결과는 상황 변화에 따라 변동될 수 있다.

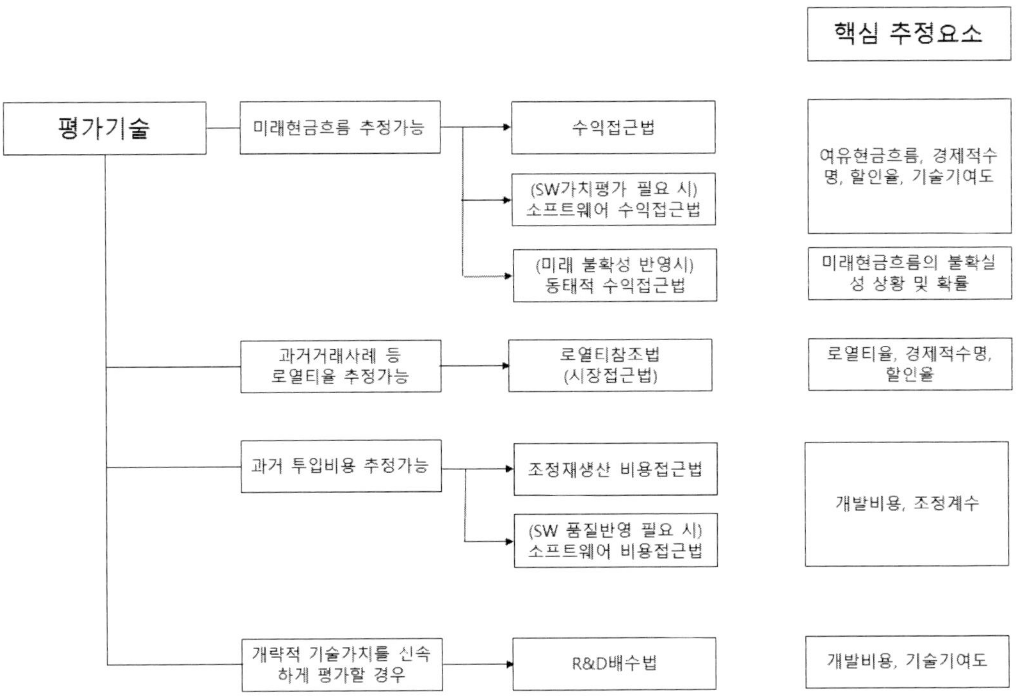

기술가치평가 방법론과 핵심 추정요소

기술가치평가에서 많이 이용되는 접근법은 장점과 단점을 동시에 가지고 있다.

주요 기술가치평가 접근법의 장단점

종류	평가방법	장점	단점
수익접근법	과거에 평가대상기술 개발에 투입된 비용을 평가시점에 재투입한다고 가정할 때 소요될 것으로 예상되는 전체 비용금액에서 평가대상기술의 수요 감소에 기인하는 가치 감소분을 차감함	- 예상수익을 산정방식의 기준으로 하나, 지적재산권의 실시권의 허여에 의해 실제 실시료 등의 수익이 발생하고 있다면 비교적 용이하게 객관적인 가액의 평가가 가능 - 제반요소가 객관적으로 결정될 수 있다면 이론적으로는 가장 타당한 방법	- 평가요소 추정에 따라 편차가 발생할 수 있음. 평가요소는 일정한 가정에서 추정되는데, 충분한 객관적 근거가 없거나 평가자가 임의로 값을 부여할 경우, 가치평가 결과는 객관성과 합리성이 결여 - 기술가치를 과대하게 산출할 가능성이 존재하며, 이는 추정 매출

종류	평가방법	장점	단점
			의 과대평가, 재무비율 적용 오류, 할인율 과소추정에 의해 발생 - 투입정보의 수준에 따라 평가결과가 상당히 달라짐
현금흐름 할인(DCF)	미래유동현금흐름 (FCF)의 현재가치 합	- 이론적으로 합당함 - 실질적 증거들이 법의 신뢰성을 뒷받침함	- 미래현금흐름측정이 어려움 - 비상장 기업의 변수측정이 어려움 - 가중자본비용(WACC)은 일정한 자본구조와 세율 가정 - 측정값이 잔존가치 성장률에 민감하게 영향을 받음
경제적 부가가치 (EVA)	법인세를 차감한 후의 순영업이익 에서 기업활동의 사용된 총자본에 대한 자본비용을 차감한 값	- 회사가 언제, 그리고 어떻게 (when and how) 가치를 창출하는 지 명시적으로 나타냄	- 가중자본비용(WACC)은 일정한 자본구조와 세율을 가정 - 측정값이 잔존가치 성장률에 민감하게 영향은 받음
조정현재가치 (APV)	무부채기업(unlevered enterprise value)의 가치에 이자비용절세 효과 및 기타 부채 사용효과를 더하는 방법	- 이론적으로 합당함 - 자본구조, 실효세율의 변동이 예상될 때 적합	- 계산이 DCF/EVA 보다 다소 복잡 - DCF 처럼 미래 현금흐름의 측정이 어려움
실물옵션 (Real Option)	포기, 축소, 확장, 연기 등의 미래 옵션을 고려하여 불확실성에 따른 투자전략의 유연성을 감한하여 평가하는 방법	- 이론적으로 합당함 - 미래 상황에서의 관리자의 유연성을 고려할 수 있음	- 업계에서 일반적으로 사용 되지 않고, 이해가 용이하지 않음 - 옵션 솔루션이 존재하는 모형이 제한적이므로, 실재상황을 단순화 시키는데 어려운경우가 많음 - Black-Scholes 모형에 한정적으로 사용 (BS모형의 한계점을 가지고 있음)
시장전근법	평가대상 기술과 동일 또는 유사인 기술이 활성시상에서 거래된 가치를 근거로 기술을 비교분석하여 상대적인 가치를 산정하는 방법으로, 시장접근법을 적용할 정우, 비교대상과 어느 정도 유사성이 있는 지 판단하여 비교대상과 유의한 차이가 있을 때 적절히 차이를 조정	가장 직접적이고 이해가 쉬운 평가방법	특정 지적재산이 그것 자체만으로 거래되는 경우는 드물며 실제로 그러한 거래가 있다고 하더라도 거래조건이 명확하지 않는 경우가 많아 시장접근법을 지적재산에 적용할 때에는 비교가능성의 확보가 무엇보다도 어려움
시장가치비교법 (Comparables)	평가대상의 재무상황 및 영업환경이 유사한 기업들을 선택하여 배수를 구하는 방법	- 쉽고 빠르게 적용 가능 - DCF에 비해 미래성과 추정이 간략하고 평가결과 에 대한 이해분석이 용이 - 평가시점의 시장상황 반영	- 비교대상기업선정이 어려움 - 위험, 성장, 현금흐름에 대한 고려가 생략됨 - 현재 시장이 일시적 과대평가 혹은 과소평가되었을 경우 평가결과 역시 외곡될수 있음

종류	평가방법	장점	단점
비용접근법	과거에 평가대상기술 개발에 투입된 비용을 평가시점에 재투입한다고 가정할 때 소요될 것으로 예상되는 전체 비용금액에서 평가대상기술의 수요 감소에 기인하는 가치 감소분을 차감함		- 비용접근법은 대상자산이 보유하는 미래의 서비스와 동일한 서비스를 얻기 위한 필요 금액을 산출함으로서 자산보유자의 미래이익을 측정하는 방법이며 일반적으로 사용되고 있는 시장접근법과 수익접근법에 비하면 포괄성이 부족 - 가치에 영향을 미치는 극히 중요한 요소가 검토대상에서 제외되어 있으므로 이러한 요소에 대해서는 비용접근법의 기본적 요소와 별도로 검토하여야 함

사례

IP가치평가 산식과 요소이며 다음의 식과 변수로 정의되며 이후 세부지표는 앞의 특허청 지표를 따른다.

$$V_{IP} = \sum_{t=1}^{n} \frac{\text{합리적실시료율} \times \text{실시료기준액}}{(1+r)^t} \times IP\text{담보요소}$$

IP가치평가 산식 요소

	정의	비고
VIP	IP의 가치	독립된 재산권으로서의 IP의 담보가치
합리적 실시료율	합리적실시료율 (Reasonable Royalty Rate) = 기준실시료율 × 조정지표	동일 · 유사 기술분야의 실시료율을 기준으로 평가대상 IP의 기술 및 시장 평가를 통해 조정된 실시료율
실시료 기준액	실시료기준액(Royalty Base) = 추정 매출액 × IP보호 부분의 비중	- 추정 매출액에 IP로 보호되는 부분의 비중을 반영한 실시료 산정 기준액 - 추정매출액 = 시장규모 × 시장점유율 - ·과거 자료가 존재하지 않을 경우 수요예측에 의한 매출액을 추정할 수도 있음
IP 담보요소	IP담보요소 (IP Collateral Factor) = 권리성(권리안정성, 권리보호가능성, 권리행사 용이성) 및 IP거래시장성이 반영된 조정지표	담보로서 재산권(권리)의 완전성 여부를 측정하기 요소로서, IP자체의 품질 및 IP거래시장의 활성도를 포함

	정의	비고
n	IP의 수명 = 기준수명 × 조정지표	- IP가 수익을 창출할 수 있는 기간 - 기준수명은 CLT(Cited patent Life Time) 지수나 IPC(International Patent Classification) 활용 - 수명조정지표는 기술요인 5개와 시장요인 5개의 산술평균
r	할인율(WACC) = 자기자본비용 × 자기자본비율 + 타인자본비용 × 타인자본비율 ×(1-법인세율)	- 미래의 현금흐름을 현재가치로 전환하기 위한 환산율 - 중소기업 자기자본비용(Ke)=상장기업 CAPM+사업화 위험프리미엄+안정성 위험프리미엄+규모프리미엄 - 타인자본비용(Kd)=상장기업 타인자본비용+추가위험 스프레드 - 상장기업 CAPM, 안정성 위험 프리미엄, 규모 프리미엄, 타인자본비용은 제조업 산업별 할인율 산출표를 이용함

자료 : 특허청(2013)

데이터 가치평가 방법, 사례 및 정책 제언

2절에서 거시적인 기술금융과 보다 미시적인 기술가치평가에 대해 알아 보았고, 기술가치평가의 범위를 좁혀, 현재 존재하지 않는 데이터 가치평가와 가장 가까운 소프트웨어 가치평가에 대해 살펴볼 필요가 있다. 소프트웨어의 가치평가를 통해 데이터 가치평가에 대한 보다 세분화된 지표를 살펴볼 필요가 있다. 특히, 정보서비스업과 정보데이터(DB) 관리업 등은 현재 데이터 가치평가와 밀접한 관련을 가지고 있거나 데이터 가치평가의 세부항목으로 잡힐 수 있는 변수이다.

1 소프트웨어 가치평가

수익접근법

현재까지 데이터 가치평가에 가장 가까운 가치평가는 소프트웨어로 볼 수 있으며 이에 대한 수익접근법은 다음과 같이 평가되고 있다. 소프트웨어는 「소프트웨어산업진흥법」 제2조1항에 따라 "컴퓨터 · 통신 · 자동화 등의 장비와 그 주변장치에 대하여 명령 · 제어 · 입력 · 처리 · 저장 · 출력 · 상호 작용이 가능하도록 지시 · 명령(음성이나 영상정보를 포함한다)의 집합과 이를 작성하기 위하여 사용된 기술서, 기타 관련 자료"를 말한다.

기술의 경제적 수명기간 동안 평가대상기술이 활용되어 발생하는 미래 여유현금 흐름의 현재가치 합계액에 기술기여도를 곱하여 기술가치를 산출하는 프로세스는 앞의 수익접근법과 동일하다.

소프트웨어 사업분야 분류 및 해당 업종

SW 사업분야		업종코드	
		표준재무정보	한국은행
패키지 소프트웨어	패키지-ERM Application	5822	582
	패키지-Application		
	패키지-Information & Data Management Software		
	패키지-Application Development & Deployment	6201	62
	패키지-Security		
	패키지-System Infrastructure		
비 패키지 소프트웨어	IT서비스	6202	62
	임베디드	5822	5822
	정보서비스	63	63

자료 : 기술보증기금(2018)

기술의 경제적 수명에서 패키지 소프트웨어의 경제적 수명은 소프트웨어의 출시년도로부터 단종년도에 이르는 기간으로 정의된다. 즉, 패키지 소프트웨어의 수명은 소프트웨어 단종년도에서 출시년도를 차감한다.

패키지 소프트웨어의 경제적 수명을 분석하기 위하여 한국소프트웨어산업협회(KOSA)에 등록된 회원사가 출시한 소프트웨어를 대상으로 출시년도, 생존여부 또는 단종년도 정보를 추적조사하여 4분위수를 계산한다.

비 패키지 소프트웨어의 수명은 가각의 산업특성을 반영하여 산출한다. 임베디드 소프트웨어의 경우, 해당 소프트웨어가 장착되는 장치의 기술순환주기(TCT) 지수를 바탕으로 기술수명 영향요인 평가를 적용하여 기술의 경제적 수명을 결정한다. IT서비스의 경제적 수명은 IT시스템 구축년도부터 동 시스템을 보다 개선된 시스템으로 재구축하는 연도까지의 기간으로 정의한다. IT서비스의 수명은 개선된 대체시스템으로 재구축하는 연도에서 IT시스템 구축년도를 빼면 된다. 정보서비스 사업의 경제적 수명은 한국기업데이터(KED) 정보 보유기업 중 정보서비스업

(J63)으로 분류되는 기업 중 설립년도와 폐업년도 사이의 경과기간, 설립년도 이후 생존 연령자료를 바탕으로 산출한다.

소프트웨어 종류별 기술순환주기 지수

	1분위	중간값	3분위	산출평균
기업자원관리(ERM)	5	3	11	7.5
애플리케이션, 단말기용	4	7	11	6.9
정보데이터(DB) 관리	3	5	10	5.7
애플리케이션 개발도구	5	7	11	6.6
보안	5	7	11	6.9
시스템기반	3	7	12	6.7
IT서비스	9	10	12	10.11
임베디드	TCT법에 의한 관련 기계장치 기술의 경제적 수명			
정보서비스	5	8	13	8.3

자료 : 기술보증기금(2018)

여유현금흐름 추정은 앞의 수익접근법 방법에 따라 추정하며, 표준재무정보 자료에 의한 추정 방법을 활용하는 경우, 아래의 재무 정보를 활용한다.

소프트웨어 사업분야별 운전자본증감액 산출용 참고자료

분야		매출채권 회전율	재고자산 회전율	매입채무 회전율
패키지 소프트웨어	패키지-ERM Application	4.8	31.5	17.8
	패키지-Application	5.0	68.9	10.6
	패키지-Information & Data Management Software	3.9	84.2	16.5
	패키지-Application Development & Deployment	3.4	32.4	26.4
	패키지-Security	4.4	19.7	12.4
	패키지-System Infrastructure	2.4	19.4	5.7
비 패키지 소프트웨어	IT서비스	5.7	84.9	9.5
	임베디드	4.8	26.5	15.3
	정보서비스	7.3	615.3	36.2

자료 : 기술보증기금(2018)

■ **소프트웨어 사업분야별 표준재무비율**

분야		매출 원가율	판관 비율	법인(소득)세/법인(소득)세 차감전 순이익률비율	감가 상각비 비율	자본적 지출 비율	운전 자본 증감액 비율	영업 이익률
패키지 소프트웨어	패키지-ERM Application	62.14	29.16	3.60	1.91	8.27	2.79	8.70
	패키지-Application	69.66	20.58	5.16	1.38	3.16	1.15	9.75
	패키지-Information & Data Management Software	57.45	34.96	7.26	2.15	5.35	1.37	7.60
	패키지-Application Development & Deployment	53.31	42.98	5.74	5.44	5.44	-1.87	5.71
	패키지-Security	45.36	44.18	6.34	2.66	2.66	2.07	10.46
	패키지-System Infrastructure	63.38	32.94	0.61	2.99	2.99	-0.34	3.68
비 패키지 소프트웨어	IT서비스	74.36	18.42	7.00	0.83	0.83	1.84	6.82
	임베디드	52.85	38.87	5.63	2.44	2.44	2.70	8.27
	정보서비스	21.32	41.55	28.78	2.74	2.74	1.02	37.13

자료 : 기술보증기금(2018)

할인율 및 기술기여도에서 할인율 및 기술기여도도 수익접근법을 따르되, 한일율 추정산식에 사용되는 업종별 자본비용 및 자본구성비율, 산업기술요소는 소프트웨어 업종(J582, J62, J63)에 대해 제공된 데이터를 활용한다.

■ **비상장 소프트웨어 업종별 할인율 산출 지침표**

산업 분류 코드	자기자 본비중 (%)	자기자본비용(%)				타인자 본비중 (%)	타인자본비용(%)			
		대	중	소	창업		대	중	소	창업
582	58.57	9.19	10.1	11.16	12.63	41.43	3.71	6.31	7.36	8.72
62	60.36	8.94	9.71	10.61	11.85	39.64	4.3	6.91	7.95	9.32
63	59.18	8.64	9.41	1032	11.57	40.82	3.22	5.82	6.87	8.24

자료 : 기술보증기금(2018)

소프트웨어 업종별 산업기술요소

산업분류코드		산업기술요소(%)
582	소프트웨어개발 공급업	67.75
62	컴퓨터 프로그래밍, 시스템 통합 및 관리업	64.07
63	정보서비스업	71.11

자료 : 기술보증기금(2018)

비용접근법

소프트웨어 가치평가 방법은 특성상 상용화를 목적하는 일부를 제외하고는 시장사례 수집이나 현금흐름의 추정이 현실적으로 불가능한 경우가 많아, 비용접근법을 중용하여 적용 가능한 평가방법이 필요하다. 평가대상 소프트웨어 품질 특성을 가치평가 결과에 반영할 필요가 있다고 판단되고, 조정재생산비용의 진부화율 등을 적용하는 것이 불합리하다고 판단되는 경우에 활용한다.

평가대상 소프트웨어 개발에 투입된 재생산비용에 소프트웨어 품질에 따른 조정계수를 곱하여 산출한다. 즉, 소프트웨어 기술가치는 재생산비용×조정계수이며 조정계수=산출 소프트웨어 품질점수/60이다.

재생산비용 추정방법은 조정재생산비용법과 동일한 가치로 추정한다. 조정계수는 소프트웨어의 품질에 따라 기술가치에 영향을 주는 것으로 소프트웨어 품질평가표의 점수로 산출된다. 소프트웨어 품질평가표는 기능성, 사용성, 초기부담비용, 효율성, 신뢰성 등 내적요인과 이식성, 호환성, 유지보수성 등 외적요인으로 구성된 평가표로 소프트웨어 분야별로 차별화된 가중치를 부여한다.

소프트웨어품질점수(Software Quality Score, SQS)는 ISO/IEC9126의 소프트웨어품질표준을 바탕으로 실무적 특성을 고려하여 개발된 것으로 전통적인 방법(Man-Month, Constructive Cost Model, Function Point)과 차이가 있다. ISO/IEC9126-Software Engineering Production Quality의 SQS는 기능성(Functionality), 신뢰성(Reliability), 사용성(Usability), 효율성(Efficiency), 유지보수성(Maintainability), 이식성(Portability)의 6대 지표로 구성된다.

■ 소프트웨어 품질평가표 및 분야별 가중치

	평가항목	IT서비스	임베디드	기업지원 관리	어플리 케이션	데이터 관리	어플리케이션 개발도구	보안	시스템 기반
내적 요인	기능성	8.02	9.08	8.33	8.1	9.15	13.66	13.94	4.06
	사용성	7.41	7.8	8.33	12.42	5.52	9.07	10.5	3.78
	초기부담비용	6.48	8.23	8.33	4.91	6.42	5.47	5.52	4.06
	효율성	18.79	25.97	16.68	15.23	18.49	23.74	23.75	13.01
	신뢰성	9.3	15.59	8.33	9.33	10.42	14.73	12.96	8.43
외적 요인	이식성	13	11.11	10	16.67	13	10.92	11.11	27.5
	호환성	20.63	11.11	20	16.67	20.63	13.75	11.11	21.83
	유지보수성	16.37	11.11	20	16.67	16.37	8.66	11.11	17.33

자료 : 기술보증기금(2018)

2 데이터 가치평가 가능 지표와 사례

데이터 가치평가 사례

한국정보화진흥원의 「공공데이터 개방품질 평가모형」(2016), 한국데이터진흥원의 「데이터 품질평가 모형」(2002), 「데이터 품질관리 성숙 모형」(2006) 등이 이전 연구가 될 수 있다. 한국데이터진흥원의 모형은 개방데이터를 대상으로 유효성, 정확성, 일관성, 완전성 등 4개 영역 14개 진단항목을 포함하고 있다. 한국데이터진흥원의 모형은 데이터 값, 관리 프로세서, 품질관리 성숙수준 등 3가지로 구성되고 있다.

한국정보화진흥원의 「공공데이터 개방품질 평가모형」(2016)은 4개 영역, 14개 진단항목으로, 품질 오류율 기준으로 5등급 평가를 하고 있다. 대상은 개방데이터(파일데이터, 오픈 API) 관련 원천데이터이며 방법은 데이터 오류진단 프로파일링 기준으로 하고 있다.

- 유효성 : 여부, 수량, 금액, 율, 날짜, 코드, 번호
- 정확성 : 번호, 명칭
- 일관성 : 시간순서, 컬럼논리관계, 계산 및 집계
- 완전성 : 필수값, 관계 · 키

프랑스 데이터 중개 기업인 DAWEX는 데이터 등급을 평가하고 있다. 10개의 지표로 운영되

고 있으며 10개의 지표 내에서 각 세부지표가 존재하고 있다.

- 기업신뢰도 : 신용도, 평판 및 규모, 지속가능성, 전문성
- 희귀성 : 대체성
- 사실성 : 정확성, 일관성
- 규모 : 대표/타당성, 수집기간
- 최신성 : 갱신주기, 등록주기
- 정형화 : 표준화, 구조화
- 문서화 : 명확성, 설명력
- 완전성 : 다양성, 세분화
- 지속성 : 가용성, 내구성
- 가치성 : 활용성, 유용성

DAWEX 데이터 등급 지표

주요지표	세부지표	설명
기업신뢰도 (Market Position)	신용도 평판 및 규모 지속가능성 전문성	데이터 공급 업체의 평판과 지위
희귀성 (Rarities)	대체성	데이터를 대체할 수 있는 비슷한 데이터의 존재
사실성 (Truth)	정확성 일관성	데이터의 값과 실제 값의 일치 여부
규모 (Volume)	대표/타당성 수집 기간	데이터 샘플의 대표성과 수집 기간
최신성 (Frequency)	갱신주기 등록주기	업데이트 갱신 주기
정형화 (Structured)	표준화 구조화	데이터를 정형화하기 위한 추가 노력/데이터의 정돈된 수준
문서화 (Documented)	명확성 설명력	데이터에 대한 명확하고 자세한 설명
완전성 (Completeness)	다양성 세분화	운영 시점에서 확보 가능한 데이터(데이터 운영 시점이 실시간인 경우)
지속성 (Longevity)	가용성 내구성	지속적으로 확보가능한 데이터
의존도 (Dependency)	활용성 유용성	데이터로 인해 발생하는 의사결정의 중요성

자료 : DAWEX 홈페이지

Cai and Zhu(2018)의 연구에서는 데이터 질적인 측면을 강조하고 있다. 데이터의 질적인 측면은 다음과 같이 5개 지표, 14개 지표로 구성되고 있다.

Cai and Zhu의 가치평가를 위한 지표

지표	세부지표
유용성(Availability)	접근성(Accessibility) 적시성(Timeliness) 권한부여(Authorization)
사용성(Usability)	정의/문서화(Definition/Documentation) 신용성(Credibility) 메타데이터(MetaData)
신뢰성(Reliability)	정확성(Accuracy) 무결성(Integrity) 일관성(Consistency) 완전성(Completeness) 감사가능성(Auditability)
적절성(Relevance)	적합성(Fitness)
데이터 발표의 질 (Presentation Quality)	가독성(Readability) 구조(Structure)

자료: Cai and Zhu(2018)

데이터 가치평가 가능 지표

기술금융 지표, 기술가치평가모형 지표, 한국정보화진흥원 모형의 지표, 한국데이터진흥원 모형의 지표, DAWEX 지표를 이용하면 데이터 가치평가에 대한 새로운 모형과 지표가 도입될 수 있다. 기술금융 지표와 기술가치평가모형, 소프트웨어 가치평가의 관련 지표를 맵핑하면 된다. 기존 한국정보화진흥원 모형 지표, 한국데이터진흥원 모형 지표를 맵핑한다. 또한, DAWEX 지표 등과 비교 맵핑한다.

거시적인 기술금융 지표 중, 데이터 가치평가에 이용될 수 있는 지표는 경영주역량, 기술성, 시장성, 사업성에서 일부 지표가 이용될 수 있다.

- 경영주역량 : 데이터 경험 수준, 관리능력 등
- 기술성 : 데이터개발 추진능력, 데이터 완성도 및 확장성 등
- 시장성 : 세부 시장 경쟁상황 등
- 사업성 : 운용능력 및 수익성 등

- 미시적인 기술가치평가 지표 중, 데이터 가치평가에 이용될 수 있는 지표는 기술성, 시장성, 권리성 등에서 일부 지표가 이용될 수 있다.
- 기술성 : 차별성, 혁신성, 파급성, 전망성, 대체성, 기술적 우월성, 모방난이도 등
- 시장성 : 수요성, 수익성, 생산용이성, 성장성, 경쟁성, 시장집중도, 시장점유율 등
- 권리성 : 권리안정성, 권리보호 가능성, 권리행사 용이성 등
- 거래시장성, 데이터 수명 등

소프트웨어 가치평가 지표 중, 이용될 수 있는 지표는 내적요인과 외적요인으로 구분된다.

- 내적요인 : 가능성, 사용성, 초기부담비용, 효율성, 신뢰성
- 외적요인 : 이식성, 호환성, 유지보수성

사례의 DAWEX 지표나 Cai and Zhu 등에서 이용가능한 지표는 다음과 같다.

- 기업신뢰도 : 신용도, 평판 및 규모, 지속가능성, 전문성
- 희귀성 : 대체성
- 사실성 : 정확성, 일관성
- 규모 : 대표/타당성, 수집기간
- 최신성 : 갱신주기, 등록주기
- 정형화 : 표준화, 구조화
- 문서화 : 명확성, 설명력
- 완전성 : 다양성, 세분화
- 지속성 : 가용성, 내구성
- 가치성 : 활용성, 유용성

데이터 가치평가의 지표는 관점을 어떻게 가져가는 지가 매우 중요하며, 시장 확대를 위하여 공급자 관점의 지표를 먼저 산출하고, 수요자와 플랫폼 관점의 지표를 거시적인 측면부터 미시적인 측면까지 가능한 지표를 산출해야 한다. 데이터 인프라와 같은 거시적 측면과 개별 데이터의 가치 자체에 대한 평가와 미시적인 데이터가 혼합되어야 한다. 이를 위하여 기술금융 지표, 기술가치평가 지표, 소프트웨어 가치평가 지표, 사례 지표 등을 인용할 필요가 있다.

더불어 공급자 관점의 데이터 비용과 데이터 품질, 수요자 관점의 데이터 가치와 서비스 품질, 플랫폼 관점의 시스템 품질 등도 기준이 될 수 있다.

- 공급자 관점의 가능 지표 : 정확성, 일관성, 최신성, 완전성, 유용성, 조직성 등
- 수요자 관점의 가능 지표 : 유용성 등
- 플랫폼 관점의 가능 지표 : 접근성, 적시성, 보안성 등

데이터 가치평가를 통한 시장확대를 위하여, 먼저 공급자 관점의 지표를 다수 개발하여야 하며, 이후 수요자 관점과 플랫폼 관점의 지표를 개발할 필요가 있다. 각 지표 그룹에 대한 세부지표 맵핑, 정의, 평가대상, 측정방안, 가중치(중요도)가 산출되어야 한다.

07 CHAPTER 빅데이터와 인공지능 세상

머신러닝의 의미와 분류

__ 머신러닝의 의미

__ 머신러닝에서 이용되는 용어

__ 딥러닝의 의미

__ 머신러닝의 분류

07 CHAPTER 머신러닝의 의미와 분류

머신러닝의 의미

최초의 머신러닝 격인 체커스(Checkers) 개발자인 Arthur Samuel(1959)은 머신러닝(Machine Learning)을 '직접적으로 프로그래밍하지 않아도 컴퓨터 혹은 기계가 스스로 학습할 수 있는 능력을 부여하는 연구분야'라고 정의하였다. 그러나 당시 정의에서 데이터의 중요성은 그다지 부각되지 못하였다. 이후 연구자들은 여러 가지 머신러닝의 정의 중에 머신러닝은 "데이터를 이용해서 명시적으로 정의되지 않은 패턴을 컴퓨터로 학습하여 결과를 만들어 내는 학문분야"라고 정의하였다. 즉, 머신러닝은 데이터, 패턴인식, 컴퓨터를 이용한 학습, 이 세 요소가 합쳐져서 만들어진 분야가 될 수 있다.

최근의 머신러닝 개념은 빅데이터(Big Data), 클라우드 컴퓨팅(cloud computing) 등의 환경을 포함하여 이해하여야 한다. 또한, 머신러닝은 다양한 확률, 조합 이론과 수학적 최적화 기법, 통계, 알고리즘, 컴퓨터 구조를 활용하여 이상적인 학습 및 예측모델을 구축하는 기술로 연구사의 경험적 지식 습득과 그 응용방법까지 포함하는 융합기술로 발전하고 있다. 즉, 시대의 흐름에 따라 머신러닝의 개념이 재해석 되고 있다. 오늘날 머신러닝의 의미는 예전보다 확대된 형태로 사용되고 있다. 머신러닝을 빅데이터 분석 기법의 한 형태로 자동으로 인식된 데이터 패턴을 이용하여 미래를 예측을 하거나 의사 결정을 내리는 하나의 방법으로 정의되기도 한다

한편 앞에서 다룬 빅데이터란 기존의 소프트웨어가 처리할 수 없을 정도로 크고 복잡한 데이터를 의미한다고 하였다. 그러나 오늘날 빅데이터는 대량의 데이터를 다루는 문제를 넘어서는 개념으로, 데이터 자체뿐만 아니라 데이터가 제공하는 기회를 활용하기 위한 기술 동향의 진보를 의미하기도 한다. 머신러닝의 본질은 학습하는 기계를 통한 패턴인식의 자동화된 프로세스이

다. 머신러닝의 주요 목적은 많은 복잡한 작업이나 문제를 처리할 때 인간 수준의 능력을 달성하거나 능가할 수 있는 시스템을 구축하는 것이다. 따라서 학습능력 면에서 머신러닝이 빅데이터를 기반으로 한 인공지능(Artificial Intelligence, AI)의 일부라고 할 수 있다. 즉, 컴퓨터 또는 기계로 하여금 복잡한 데이터 또는 문제를 입력하여 스스로 학습하게 하여 인간 수준 능력을 발휘하도록 하는 데 있기 때문이다.

1 인공지능과 머신러닝의 전체적 흐름

머신러닝의 시작은 인공지능이라고 할 수 있다. 둘 다 컴퓨터를 이용하여 지능적인 작업을 하는 방향으로 발전해왔기 때문이다. 따라서 머신러닝을 인공지능의 한 분야로 볼 수 있다.

1940년대 후반과 1950년대 초반, 수학, 철학, 공학, 경제 등 다양한 영역의 과학자들에게서 인공적인 두뇌의 가능성이 논의됐다. 1956년 이후, 인공지능에 대한 학문적 연구가 본격화되었다. 생각하는 기계에 대한 초기 연구는 1930년대 후기에서부터 1950년대 초기의 유행한 아이디어에 영감을 얻은 것이었다. 당시 신경학의 최신 연구는 실제 뇌가 뉴런(neuron)으로 이루어진 전기적인 네트워크라고 보았다. 위너(Norbert Wiener)는 인공두뇌학을 전기적 네트워크의 제어와 안정화로 묘사했다.

머신러닝은 1950년대 인공지능이라는 개념으로 시작하였고, 신경망 시대를 거쳐 통계학적 머신러닝과 빅데이터 시대를 지나서 지금의 딥러닝 시대까지 왔다고 할 수 있다. 각 시대별 특징을 보면 다음과 같다.

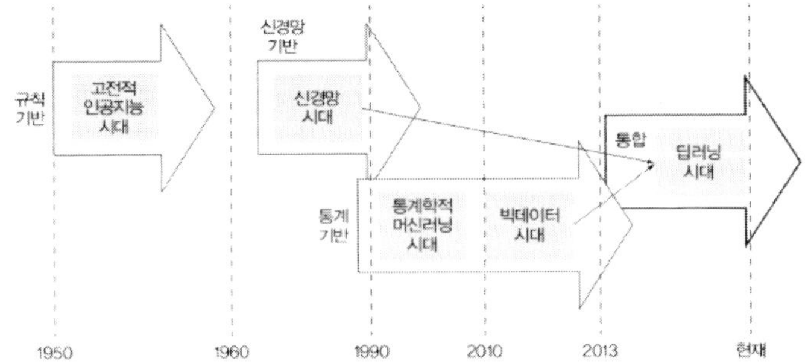

머신러닝 변천사

② 인공지능의 탄생

1950년대는 고전적 인공지능 시대로, 1946년 컴퓨터의 발명 이후 컴퓨터의 가능성에 대한 다양한 논의가 있었다. 특히 유명한 컴퓨터 과학자였던 앨런 튜링(Alan Turing)은 1950년 인공지능을 판별하는 튜링 테스트(Turing test)를 제안하였는데, 이미테이션 게임(imitation game)이라고도 불린다.[10] 인공지능 연구의 초기 단계에서 지능이 무엇인지에 대한 명확한 해답이 존재하지 않았다. 인간이나 인간다운 것이 무엇인지 기준선을 제시하지 못했기 때문에 당연할 지도 모른다. 이는 기계가 인간과 얼마나 비슷하게 대화하는지를 기준으로, 기계의 지능을 판별하는 테스트라고 할 수 있다. 텔레프린터를 통한 대화에서 기계가 사람인지 또는 기계인지 구분할 수 없을 정도로 대화를 잘 이끌어 나간다면, 기계가 '생각'하고 있다는 충분한 근거가 된다는 의미를 가지게 된다. 이러한 상황에서 튜링은 지능, 인공지능의 기준선을 정하는 것은 나중으로 미루고, 일단 인간이 보기에 인간같은 것에 대해 인간에 준하는 지능이 있다고 간주하기로 하였다. 따라서 튜링은 마음과 지능, 인간다움의 본질에 대한 논의는 그만두고, 일단 이 시험을 통과하는 모든 것은 확실히 '지적이다' 라고 합의한 다음에, 이 시험을 통과하는 기계를 어떻게 만들 수 있을지의 여부로 논의의 방향을 돌리는 것이 훨씬 발전적인 것으로 보았다. 질문자 한 명과 응답자 두 명이 준비하고, 응답자 중 하나는 컴퓨터이고 나머지는 인간이라고 하자. 여기서 응답자 중 어느 쪽이 컴퓨터인지는 모른다. 응답은 키보드로만 이루어지고, 이 테스트에서 질문자가 어느 쪽이 컴퓨터인지 판별할 수 없다면, 컴퓨터는 테스트를 통과한다. 즉, 컴퓨터가 인간처럼 대화를 할 수 있다면 그 컴퓨터는 인간처럼 사고할 수 있다고 본다.

섀넌(Claude Elwood Shannon)은 정보 과학을 디지털 신호로 묘사하였다. 또한, 튜링의 계산 이론은 어떤 형태의 계산도 디지털로 나타낼 수 있음을 보였다. 월터 피츠(Walter Pitts)와 워런 매컬록(Warren Sturgis McCulloch)는 인공 신경망에 기인한 네트워크를 분석하고 그들이 어떻게 간단한 논리적 기능을 하는지 보여주었다. 이후, 신경 네트워크라 부르는 기술을 가장 먼저 연구하였다. 피츠와 매컬록와 만난 젊은 민스키(Marvin Lee Minsky)는 1951년에 최초의 신경 네트워크 기계인 SNARC(Stochastic Neural Analog Reinforcement Calculator)를 구축하였다.

이러한 1950년대 중반, 일부 과학자들은 직관적으로 기계가 수를 다루듯이 기호를 다루고, 사람처럼 기호의 본질적인 부분까지 다룰 수 있을 것이라고 생각했다. 이후, 1995년 앨런 뉴얼(Allen Newell)과 허버트 사이먼(Herbert A. Simon)은 논리 이론을 구현했다. 이 프로그램은 러

10 Turing, A. M.(1950), "Computing Machinery and Intelligence", *Mind*, LIX(236), 433-460.

셀과 화이트헤드의 수학 원리에 나오는 52개의 정리 중 32개를 증명하게 된다.

③ 인공지능의 황금기(1956~1974년) : 인공지능의 태동

1956년 다트머스 컨퍼런스(Dartmouth Conference)에서 매카시(J. McCathy)는 인공지능(Artificial Intelligence)라는 용어를 사용하였다. 1950년대 연구들은 1958년 코넬대 심리학자 프랭크 로센블래트(F. Rosenblatt)의 연구에 영감을 주었고 퍼셉트론(Perceptron, 뇌 신경을 모사한 인공 신경 뉴런)을 계기로 신경망 기반 인공지능 연구가 탄생하였다. 그러나 당시에 데이터의 성능이 매우 한정적이었기 때문에 신경망의 성능이 신통치 않았고, 기초 이론의 부족으로 한정적 패턴만 학습이 가능했다. 여러 학자들이 신경망 구축에 뛰어들었으나, 예상만큼 결과가 나오지 않아 침체 상태가 이어졌다. 그러나 인간의 뇌를 모방한 딥러닝(Deep learning, 심층학습) 알고리즘은 1986년 데이비드 럼멜하트(D. Rumelhart), 제프리 힌튼(G. Hinton), 로날드 윌리엄스(R. Williams)의 논문이 네이처(Nature)에 발표되면서 주목받기 시작했다.[11] 이후 정체기를 거쳐 다시 전환점이 되는 연구는 2006년 제프리 힌튼의 심층신뢰망(Deep Belief Network)으로 연결된다.[12]

이 기간에 만들어진 프로그램은 대수학 문제를 풀었고 기하학의 정리를 증명했으며 자연어처리(NLP)를 통해 언어를 학습했다. 당시 AI로 모든 것이 가능할 것이라 믿었던 연구가들은 낙관론 속에 완전한 지능을 갖춘 기계가 20년 안에 탄생할 것이라고 예측했다. ARPA(Advanced Research Projects Agency)같은 정부 기관이 이 새로운 분야에 투자를 시작했다.

④ 인공지능의 최초 암흑기: 1974~1980년

1969년 마빈 민스키와 세이무어 페퍼트는 저서[13]를 통해 퍼셉트론은 AND 또는 OR 같은 선형

---

11 Rumelhart, D. E., Hinton, G. E., and Williams R. J.(1986), Learning Representations by Back-propagating Errors, *Nature* 323, 533-536.

12 Hinton, G. E, Osindero, S., and Teh, Y. W.(2006), A Fast Learning Algorithm for Deep Belief Nets, *Neural Computation* 18, 1527-1554.

13 Minsky, M. and Papert, S.(1969), *Perceptrons*, MIT Press.

분리가 가능한 문제는 가능하지만, 선형(linear) 방식으로 데이터를 구분할 수 없는 XOR (exclusive or)문제에는 적용할 수 없다고 증명하였다. 이에 따라 미국방부 DARPA는 AI 연구자금을 2000만 달러를 전격 중단하였다. 또한 영국의 라이트힐 경은 영국의회에 폭발적인 조합증가(combinational explosion)를 인공지능이 다룰 수 없다고 보고함으로써, 사실상 인공지능에 대한 대규모 연구는 중단되어 암흑기에 접어들게 된다.

5 인공지능의 두 번째 황금기(1980~1987년) : 진화와 발전

1980년대 초부터 후반까지 진화와 발전이 이뤄졌다. 1980년대에는 세계적으로 사용된 전문가 시스템이라고 일컫는 인공지능 프로그램의 형태였고 인공지능 검색에 초점이 맞춰졌다.

또한, 1980년대에 신경망 이론의 복원이라는 다른 사건이 있었다. 1982년, 물리학자 존 홉필드(John Hopfield)는 정보를 프로세스하고 배울 수 있는 신경망의 형태를 증명하였다.[14] 신경망은 1990년대에 광학 문자 인식 및 음성 인식과 같은 프로그램의 구동 엔진으로 사용되며 상업적으로 성공하였다.

6 인공지능 두 번째 암흑기(1987~1993년) : 인공지능의 겨울

인공지능 전문가 시스템에 대한 실망에 따른 투자 위축 기간 동안 살아남은 연구원들은 당시를 인공지능의 겨울(AI winter)로 표현하였다. 1980년 말에서 1990년대 초반에 1987년에 특성화된 인공지능 하드웨어 시장이 갑자기 무너졌고, 1987년에 애플이나 IBM의 데스크탑 컴퓨터들은 급격히 빨라지고 성능이 좋아졌기 때문이다. 이들 기업의 컴퓨터들은 인공지능(AI) 하드웨어 시장의 Symblics, Lisp 기기들보다도 더욱 좋은 성능을 나타냈다. 더 이상 인공지능 하드웨어 기기들을 살 이유가 사라진 것이다. 당시에 산체산업 1억 달러의 절반의 가치가 하룻밤에 사라졌다. DARPA는 즉각적인 결과를 나타낼 수 있는 것으로 보이는 프로젝트에 직접적인 투자로 전환했다.

14 Hopfield, J. J.(1982), "Neural Networks and Physical Systems with Emergent Collective Computational Abilities", *Proceedings of the National Academy of Sciences* 79(8), 2554-2558.

7 인공지능의 고도화(1990년대)

1990년대에 지능형 에이전트라고 불리는 새로운 패러다임이 등장하였다. 이전 AI 연구는 분할과 결합(divide and conquer) 모듈러를 제안했다면, 지능형 에이전트는 미국 컴퓨터, 인지과학자, 심리학자 등 인공지능(AI) 연구에 결정론과 경제성이라는 개념을 도입하였고, 합리적 에이전트라는 정의와 객체 혹은 모듈러 정의가 합쳐졌을 때 지능형 에이전트 패러다임이 완성되었다. 지능형 에이전트 시스템(the study of intelligent agents)은 환경을 인식하고, 성공을 가장 극대화할 수 있는 행동을 취한다. 예를 들어, 회사처럼 특정 문제를 해결하는 간단한 프로그램들을 지능형 에이전트라고 한다. 이는 인간의 지능을 넘어 모든 종류의 지능의 연구를 추구한다.

이러한 패러다임 아래 당시 연구자들이 문제의 해결책을 공유하고, 공통의 언어로 표현했다. 이는 추상적 에이전트를 사용한 경제학이나 제어 이론등과 같은 다른 개념에도 사용됐다. 연구자들은 지능형 에이전트의 상호 작용에서 더 다양하고 지능적인 시스템을 만들고 완전한 에이전트 아키텍처를 연구하였다.

인공지능 연구자들은 과거에 사용했던 것보다 더욱 정교한 수학적 도구를 사용하여 시스템을 개발하기 시작했다. 문제를 해결하는데 AI가 필요한 수많은 문제들이 존재하고 있다는 인식은 수학, 경제학 또는 오퍼레이션 연구 등의 분야에서 이미 연구자들이 인공지능을 사용하여 실현하고 있었다. 공유된 수학적 언어는 높은 수준의 협력, 좋은 평판, 여러 분야를 성공적으로 이끌고 측정과 증명이 된 결과를 보여 주었다.

또한, 인공지능은 보다 엄격한 과학적 학문이 되었다. 러셀과 노빅(Russell and Norvig, 2003)은 이는 혁명이고 촘촘한 아키텍처의 승리라고 표현하였고[15], 펄(J. Pearl, 1988)은 인공지능에 결정론과 확률을 대입시켰다.[16] 사용 중인 많은 새로운 방법론 중 베이지안 네트워크(Bayesian networks), 히든 마코프 모델(hidden Markov models), 정보이론(information theory), 확률모형(stochastic model), 그리고 기존의 고전적 방법들이 최적화 되었다. 보다 정밀한 수학적 설명들로 인해, 신경망 네트워크와 진화 알고리즘과 같은 연산 지능적 패러다임이 개발되었다.

15 Russell, S. J. and Norvig, P.(2003), *Artificial Intelligence, A Modern Approach*, 2nd Ed. University of Michigan Press.

16 Pearl, J.(1988), *Probabilistic Reasoning in Intelligent Systems : Networks of Plausible Inference*, Morgan Kaufmann Publishers.

⑧ 인공지능의 활용과 증명(2000년대 이후)

1990년대 들어 통계학을 전산학과 접목하여 대규모 데이터에서 패턴을 찾는 시도가 있었고, 데이터에 더 큰 비중을 둔 결과 기진일보한 성과가 있었다. 이후 여러 산업 분야에 도입되었는데, 이 시기에 머신러닝이라는 용어가 등장했다. 딥러닝 등장 이후 통계학 중심 기법을 통계학적 머신러닝이라 한다. 통계학적 머신러닝은 웹을 통해 쏟아지는 데이터와 대용량 저장창지, 분산 처리기술과 결합하여 엄청난 시너지를 만들어냈다. 빅데이터(Big Data)라는 용어가 2010년대 유행하였는데, 빅데이터 시대에는 더 큰 데이터 분석을 위한 더 큰 규모의 머신러닝 기법이 만들어지고, 성능 또한 더 좋아지게 되었다.

2000년대에 들어, 데이터의 증가와 GPU의 발달로 인한 연산 능력의 증가하면서 머신러닝 연구자들은 신경망 이론에 다시 한 번 눈길을 돌렸다. 그 결과 기존의 신경망보다 훨씬 더 복잡하고 깊이가 있는 신경망을 사용하게 되면서, 이를 딥러닝이라 부르게 된다. 딥러닝 시대는 데이터의 폭발적 증가로 복잡한 신경망을 학습할 수 있는 기반이 생겼다. 현재 머신러닝은 대량의 데이터를 바탕으로 하는 딥러닝 기법을 주로 사용한다. 이를 통해 기존에 해결하지 못하였던 음성 인식, 번역, 이미지 인식에서 좋은 성과를 보이고 있다

이제 인공지능 알고리즘은 거대한 시스템의 일부로 나타나기 시작했다. 인공지능은 매우 어려운 문제들을 해결했고 데이터 마이닝, 산업 로봇공학, 논리학, 음성 인식, 은행 소프트웨어, 의학적 진단, 구글 검색 엔진 등 다양한 분야에서 유용성을 입증하였다.

인공지능의 주요 발달사

발전과정	시기	주요 내용
태동	1950~1970년대 초반	- 1950년 앨런 튜링이 인공지능 관련 논문 발표 - 1956년 다트머스 회의에서 매카시가 인공지능 용어 최초 사용 - 1967년 체스 프로그램 맥핵 vs. 아마추어 드레이퍼스(AI 승) - 인공지능 전문가시스템에 관한 연구가 활발히 수행 - 컴퓨터 논리 알고리즘 개발
진화와 발선	1980년대 초반	- 인공지능 추론개념, 뉴럴 네트워크, 퍼지이론 등 이론의 기초 확립 - 상업적 데이터베이스 시스템의 개발 시작 - 인공지능 관련 R&D에 대한 정부보조금 투자가 활발해지기 시작
고도화	1990년대	- 1992년 IBM 딥블루 vs. 체스 챔피언 카스파로프(인간 승) - 1997년 IBM 딥블루 vs. 체스 챔피언 카스파로프(AI 승) - 1999년 소니 애완용 강아지로봇 AIBO 출시

발전과정	시기	주요 내용
완성과 증명	2000년대~	- 2005년 인공지능 자동차가 사막에서 210km 자율주행 성공 - 2006년 독일 딥리츠 vs. 체스 챔피언 크림니크(AI 승) - 2011년 IB 왓슨 vs. 켄 제닝스와 브래드 루터 퀴즈대결(AI 승) - 2013~2014년 일본 벤처 헤로즈 vs. 프로기사 5명 장기대결(AI 승) - 2013년 골프 로봇 제프 vs. 세계 1위 맥길로이(인간 승) - 2014년 독일 아길러스 로봇 vs. 탁구 챔피언 티모볼(인간 승) - 2015년 포커 프로그램 클라우디코 vs. 프로 포커선수 4명(인간 승) - 2015년 구글 알파고 vs. 유럽 챔피언 판후이 2단(AI 승) - 2016년 구글 알파고 vs. 이세돌 9단(AI 승) - IBM 왓슨, MS 아담, 소프트뱅크 페퍼, 애플 시리, 페이스북 딥페이스 등 글로벌 IT 기업 인공지능 제품 출시

머신러닝에서 이용되는 용어

본 절에서 이용되는 용어 중, 모형과 관련된 부분은 이 교재의 다른 부분에서 충분히 다룰 것이다. 다만, 여기서 전체적인 의미 등을 이해하기로 한다.

① 머신러닝 용어

기초 용어

지도학습에 알고리즘에 주입하는 훈련 데이터에 레이블이라는 원하는 답이 포함된다. 시스템을 훈련시키려면 예측 변수와 레이블(중고차 가격 등)이 포함된 중고차 데이터가 많이 필요하다.

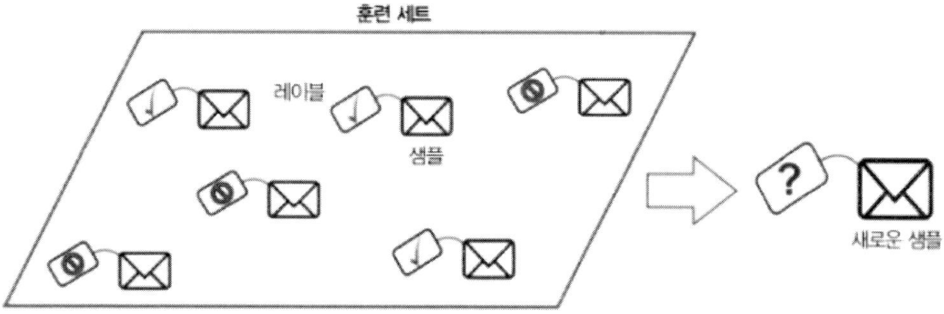

지도학습에서 레이블링된 훈련셋(스팸 분류 예시)

머신러닝에서 속성(attribute)은 데이터 타입(예를 들어 주행거리)을 말한다. 특성은 문맥에 따라 여러 의미를 갖지만 일반적으로 속성과 값이 합쳐진 것을 의미한다. 예를 들어 주행거리 =15,000 등이다. 그러나 많은 사람이 속성과 특성을 구분하지 않고 사용한다.

클래스(class)는 일반적으로 우리가 사물이나 개념 등에 붙이는 이름을 말한다고 설명할 수 있다. 예를 들어, "키보드", "모니터", "사랑"과 같은 것은 모두 클래스라고 할 수 있다.

인스턴스(instance)는 사물이나 개념의 구체물이나 사건 등의 실질적인 형태로 나타난 그 자체를 의미한다. 즉, "LG전자 ST-500 울트라슬림 키보드", "삼성 싱크마스터 Wide LCD 모니터", "로미오와 줄리엣의 사랑"은 일반적으로 인스턴스라 볼 수 있다. 이와 같이, 클래스와 인스턴스의 구분은 응용과 사용목적에 따라 매우 달라질 수 있다. 즉, 같은 표현의 개체가 어떠한 경우에는 클래스가 되었다가 다른 경우에는 인스턴스가 될 수 있다.

일반적으로 머신러닝에서 머신러닝을 위해 컴퓨터가 이해할 수 있는 데이터를 컴퓨터에게 공급해야 한다. 이것은 많은 행과 열로 구성되는 대규모의 스프레드시트 형태로 데이터를 변환해야 함을 의미한다. 이 때 각 행(row)은 인스턴스(instance) 불리고, 각 열(column)은 특성 또는 피쳐(feature)라고 부른다.

머신러닝(Machine Learning)

머신러닝은 "경험에 의해 자동으로 개선되는 컴퓨터 프로그램을 어떻게 구현할 것인가"와 관련이 깊다. 머신러닝은 여러 분야에 응용되고 있고, 컴퓨터 과학, 통계, 인공지능 및 기타 분야의 다양한 기술을 이용한다. 머신러닝 연구의 주요 결과는 경험에서 나오는 자동 개선을 가능하게

CHAPTER 07 머신러닝의 의미와 분류

하는 알고리즘, 컴퓨터 비전, 인공지능, 데이터 마이닝(Data Mining)과 같은 분야에 적용할 수 있는 알고리즘 등이 된다.[17]

분류(Classification)

분류는 데이터를 정해진 카테고리에 지정하는 모델을 구축하는 것과 관련이 있다. 이 모델들은 알고리즘이 학습할 수 있도록 미리 레이블링된 학습 데이터셋을 입력하여 구축된다.

이후 그 모델을 분류가 보류된 다양한 데이터셋을 입력하여 사용하며, 학습 데이터셋으로부터 학습한 것을 근거로 분류에 대한 예측을 할 수 있다. 분류에서 잘 알려진 분류 방법으로는 의사결정나무(Decision Tree)나 서포트벡터머신(SVM) 등이 있다. 이러한 유형의 알고리즘이 명시적 클래스 레이블링을 요구하는 것처럼, 분류는 지도학습(Supervised Learning)의 한 형태이다.

회귀(Regression)

회귀는 분류와 매우 관련이 깊다. 분류가 이산적인(discrete) 클래스를 예측하는 것과 관련이 있는 것에 반해, 회귀는 예측할 클래스가 연속적인(continuous) 숫자로 구성되는 것에 대해 적용된다. 계량경제학이나 다양한 연구에서 기초로 활용되는 선형회귀가 회귀 방법의 예가 된다.

군집화(Clustering)

군집화 또는 클러스터링은 사전 레이블링된 클래스를 포함하지 않는 데이터 또는 아예 클래스 속성이 없는 데이터를 분석하는데 사용된다. 클래스 내 유사성을 최대화하고 클래스 간 유사성을 최소화하는 개념을 이용하여 그룹화된다. 이 개념은 서로 훨씬 덜 유사한 그룹화되지 않은 인스턴스와는 달리, 매우 유사한 인스턴스를 식별하고 그룹화하는 클러스터링 알고리즘으로 해석된다.[18]

k-means 클러스터링은 아마도 가장 잘 알려진 클러스터링 알고리즘의 예이다. 클러스터링이 인스턴스 클래스를 사전에 레이블링하는 것을 요구하지 않는 것처럼, k-means는 비지도학습(Unsupervised Learning)의 한 형태이며, 예제를 통해 학습하는 것이 아닌 데이터의 관찰에 의해 학습하는 것을 의미한다.

---

17 Mitchell, T.(1997), *Machine Learning*, McGraw Hill.

18 Han, J., Kamber M. and Pei, J.(2011), *DataMining : Concepts and Techniques*, 3rd ed. Morgan Kaufmann Publishers.

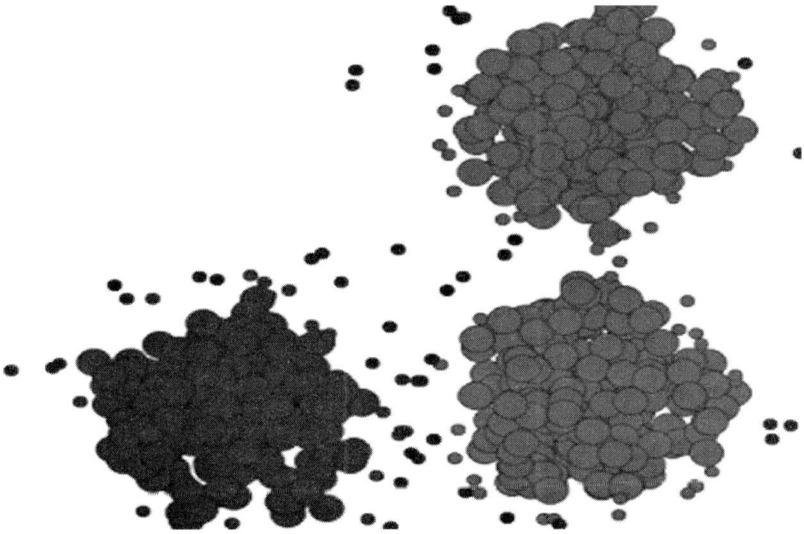

군집화 예시

연계(Association)

연계를 가장 잘 설명할 수 있는 예로 경제학에서 물가지수 등을 구성하는 바구니(basket)방식 등을 많이 이용한다. 예를 들어, 시장바구니 분석이 될 수 있다. 시장바구니 분석은 특정 고객이 온라인 쇼핑이나 오프라인 쇼핑에서 시장바구니에 담은 다양한 상품들의 연계에 대한 식별을 시도하고, 비교를 위한 신뢰도 측정을 하게 된다. 이러한 분석의 결과로 교차 마켓팅에 이용하거나 고객 행동 분석을 목적으로 한다. 연계는 시장바구니 분석의 일반화이며, 모든 속성이 연계를 통해 예측하게 되므로, 이러한 부분을 빼면 분류와 같아진다. 많이 알려진 연계 알고리즘은 Apriori 연계 알고리즘이다. 연계는 비지도학습(Unsupervised Learning)의 또 다른 예가 된다.

의사결정나무(Decision Trees)

의사결정나무는 하향식이며, 반복적이며, 분할정복(divide-and-conquer) 분류자(classifier)를 이용한다. 의사결정나무는 일반적으로 다음과 같은 2개의 메인 작업으로 구성된다. 트리유도(induction)과 트리가지치기(pruning)이다. 트리유도는 사전에 분류된 인스턴스를 입력으로 취하는 작업으로, 모든 학습 인스턴스가 분류될 때까지 어떠한 속성을 분류자로 삼을 것인지 결정하고, 데이터셋 상에서 쪼개고, 분리 결과 데이터셋 상에서 반복을 한다. 트리가 구성되는 동안, 목표는 가능한 순수한 자식 노드를 생성하는 속성을 통해 분할해야 하는데, 이는 데이터셋 내에서 모든 인스턴스를 분류할 목적으로 생성해야 하는 최소의 분리 기준을 유지하도록 하기 위함이다. 이러한 결과는 정보 개념으로 측정되는데, 이전에 보이지 않았던 인스턴스가 적절하게 분류될 수 있도록 이에 대해 얼마만큼 알 필요가 있는 지와 관련이 있다.

완전한 의사결정나무 모델은 과도하게 복잡하고, 불필요한 구조를 포함하며 해석하기 어려울 수 있다. 가지치기(pruning)은 결정트리를 더욱 효율적으로, 보다 가독성이 높고 정확도를 높일 수 있도록 결정트리로부터 불필요한 구조를 제거하는 과정이다. 정확도 개선은 가지치기의 과도적합을 감소시키는 능력에 따른다.

서포트벡터머신(Support Vector Machines, SVM)

서포트벡터머신

SVM은 선형 및 비선형 데이터 모두를 분류할 수 있다. SVM은 학습 데이터셋을 보다 고차원으로 변형한다. 여기서 고차원이란 클래스 간 최적의 경계(또는 경계들)를 탐색하는 것을 의미한다. SVM에서 이러한 경계들은 초평면(hyperplane)으로 불리는데, 서포트벡터의 위치, 경계를 가장 잘 나누는 인스턴스, 이들의 마진으로 정의되거나, 초평면과 이 평면의 서포트벡터 간의 최단 거리로 정의되는 초평면에 평행한 선들로 정의되기도 한다.

SVM 아이디어의 강점은 충분히 큰 차원으로 2개의 클래스를 구분하는 초평면은 항상 존재하여 데이터셋의 멤버 클래스를 설명할 수 있다는 것이다. 충분한 반복 회수를 통해 초평면은 n-차원 공간의 모든 클래스들을 분리할 수 있게 된다.

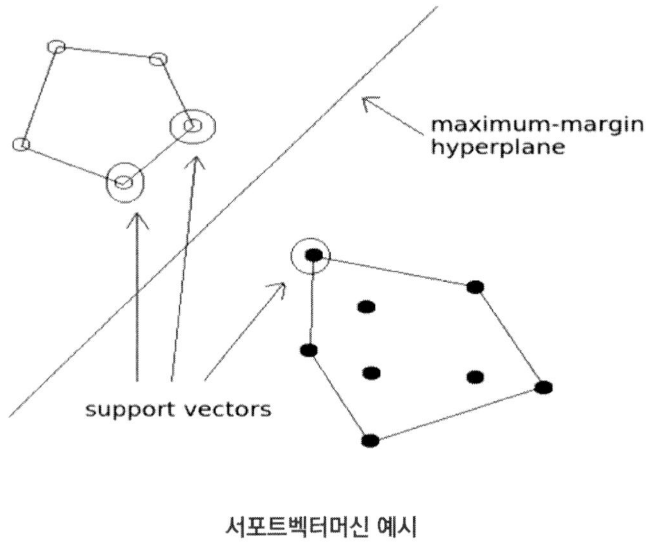

서포트벡터머신 예시

커널서포트벡터머신(Kernel Support Vector Machines, KSVMs)

입력 데이터 벡터를 고차원 공간에 맵핑함으로써 positive class와 negative class 사이의 마진(margin)을 최대화하는 결정경계(decision boundary)를 찾는 분류 알고리즘이다. 예를 들어, 100차원짜리 입력데이터가 주어졌을 때 KSVMs는 이러한 입력데이터를 100만 차원 공간으로 맵핑한다. KSVMs는 hinge loss라고 불리는 손실함수를 사용한다.

신경망(Neural Networks)

신경망은 생물학적 뇌에 영감을 받은 알고리즘이며, 생물학적 뇌를 모델링했다고 볼 수 없다. 신경망은 개념적으로 연결된 많은 인공신경인 뉴런들로 구성되어 있으며, 이들은 서로 데이터를 주고받고 관련 가중치들(weights)은 네트워크의 경험에 근거하여 튜닝된다. 만약 뉴런들은 관련 가중치들의 조합과 공급된 데이터 값이 조건에 충족된다면, 활성하 임계값이 다음 뉴런에 전달되도록 한다. 이렇게 활성화된 뉴런의 조합은 "학습"으로 이루어진다.

딥러닝(Deep Learning)

딥러닝은 수 십 년 전부터 존재했으나, 최근 주목을 받으면서 상대적으로 새롭게 등장한 용어이다. 딥러닝은 문제를 해결하기 위해 심층인공신경망 또는 심층신경망이다. 즉, 뉴런을 가지는 다중의 은닉레이어를 포함하는 신경망 구조의 기술을 적용하는 과정이다. 딥러닝은 데이터 마이닝과 같이 머신러닝 알고리즘의 한 종류인 심층신경망 구조를 도입한 프로세스이다.

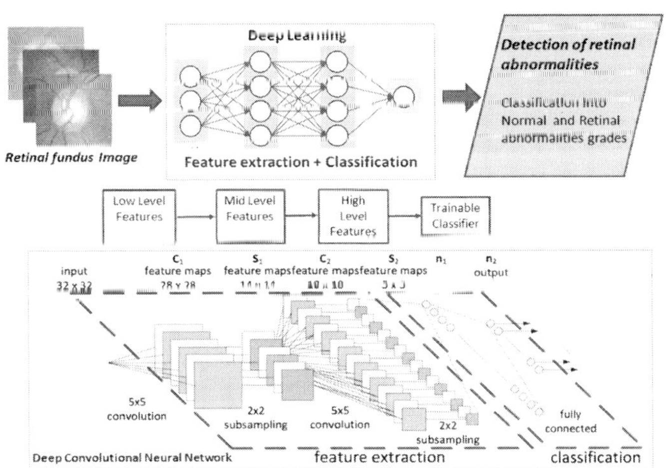

딥러닝 예시

강화학습(Reinforcement Learning)

강화학습은 보상을 최대화하기 위해 주어진 상황에서 적절한 행동을 찾는 문제와 관련이 있다. 강화학습 알고리즘은 명확한 목표가 주어지지 않는다. 대신, 시행착오(trial and error)에 의해 최적의 목표를 학습하도록 되어 있다. 예를 들어, 비디오 게임인 마리오 브라더스를 생각해 보자. 강화학습 알고리즘은 시행착오를 통해 게임에서 특정 움직임과 버튼을 눌러 플레이어의 위치를 이동시키며, 시행착오는 게임 플레이의 최적 상태를 얻는 것을 목표로 한다.

(k-fold) 교차검증(Cross-validation)

교차검증은 데이터셋을 k개의 그룹으로 분할하고 (k-1)개의 그룹에 대해 학습하고, 나머지 k번째 세그먼트를 테스트를 위해 활용하는 결정론적 방법론이다. 이 과정은 k번을 반복하는데, 각각의 예측 에러 결과는 하나의 통합된 모델로 조합되고 평균화된다. 이는 가능한 가장 정확한 예측 모델을 생성하는 목표를 갖는 가변성을 제공한다.

베이지안(Bayesian)

확률에 대한 이론은 크게 고전학파와 빈도학파(Frequentist)로 구분된다. 고전학파의 확률 해석은 빈도와 랜덤 사건으로 확률을 바라본다. 이와는 다소 대조적으로, 확률에 대한 베이지안학파의 관점은 불확실성을 정량화하는 것을 목표로 하고 추가적인 증거를 활용 가능할 때 주어진 확률을 업데이트 한다. 만약 이러한 확률이 참값으로 확장되고 가설에 부합될 때, 확실성의 가변성에 대한 학습 결과를 얻는다.

1 수학 및 통계학 용어

활성함수(activation function)

이전 계층의 모든 입력값의 가중합을 받아서 다음 계층에 보낼 출력값을 산출하는 함수이다. 대개 ReLU나 시그모이드 같은 비선형함수가 적용된다.

손실(loss)

모델의 예측과 정답 사이에 얼마나 차이가 있는지 나타내는 측도(measure)이다. 이 값을 정하기 위하여 손실함수(loss function)이 정의되어 있어야 한다. 예를 들어, 선형회귀 모델에서 손실함수는 대개 평균제곱오차(Mean Squared Error, MSE)가 쓰이며, 로짓회귀에서는 로그우도가 쓰인다.

여기에서 측도란 1차원에서의 길이, 2차원에서의 넓이, 3차원에서의 부피 등의 개념을 일반의 집합으로까지 확장한 개념이다. 즉 집합의 '크기'에 상당하며, 적분이론은 이 개념을 기초로 하는 경우가 많다.

사전믿음(prior belief)

모델을 학습하기 전 데이터에 대한 당신의 믿음이다. 예를 들어, 딥러닝 모델 파라미터에 대한 L2 정규화는 해당 파라미터들이 작고 0을 중심으로 정규분포를 이룬다는 사전믿음을 전제한다.

정규화(regularization)

모델 복잡도(complexity)에 대한 패널티(penalty)이다. 정규화는 과적합을 예방하고 일반화 성능을 높이는 데 도움을 준다. 정규화에는 L1 정규화, L2 정규화, 드롭아웃, early stopping 등이 있다.

제곱손실(squared loss)

선형회귀에 쓰이는 손실함수이다. L2 Loss로도 불린다. 이 함수는 모델이 예측한 값과 실제값 간 차이(오차)의 제곱이다. 미분이 가능하다는 장점이 있다. 하지만 오차를 '제곱'하기 때문에 잘못된 예측 혹은 이상치(outlier)에 의해 그 값이 큰 영향을 받게 된다는 단점이 있다.

절대손실(absolute loss)

모델이 예측한 값과 실제값 간 차이(오차)의 절대값이다. L1 Loss로도 불린다. L1 Loss는 L2 Loss에 비해 이상치에 덜 민감하다는 장점이 있지만 0인 지점에서 미분이 불가능하다는 단점이 있다.

L1 정규화(L1 regularization)

정규화의 일종이다. 모델 가중치의 L1 norm(가중치 각 요소 절대값의 합)에 대해 패널티를 부과한다. 대부분의 요소값이 0인 sparse feature에 의존한 모델에서 L1 정규화는 불필요한 피처에 대응하는 가중치들을 정확히 0으로 만들어 해당 피처를 모델이 무시하도록 만든다. 다시 말해 변수선택(feature selection) 효과가 있다는 말이다. 이는 L2 정규화와 대조된다.

2차원상 L1 norm의 자취는 마름모꼴이어서 미분이 불가능한데 이 같은 성질과 깊은 관련을 맺고 있다.

L2 정규화(L2 regularization)

정규화의 일종이다. 모델 가중치의 L2 norm의 제곱(가중치 각 요소 제곱의 합)에 대해 패널티를 부과한다. L2 정규화는 아주 큰 값이나 작은 값을 가지는 outlier 모델 가중치에 대해 0에 가깝지만 0은 아닌 값으로 만든다. 이는 L1 정규화와 대조된다. L2 정규화는 선형모델의 일반화 능력을 언제나 항상 개선시킨다.

구조적리스크최소화(structural risk minimization)

알고리즘은 다음과 같은 두 가지 목표를 만족시켜야 한다.

① 예측력이 좋은 모델 (예컨대 손실이 가장 적은 모델)
② 가급적 간단한 모델 (예컨대 강한 수준의 정규화가 이뤄진 모델)

예를 들어, 학습데이터에 대해 손실 최소화와 정규화를 동시에 달성한 모델은 structural risk minimization이 이뤄진 알고리즘이라 할 수 있다. structural risk minimization는 empirical risk minimization 개념과 대조된다.

경험적리스크최소화(empirical risk minimization)

학습데이터에 대해 손실이 적은 모델을 선택하는 것이다. structural risk minimization 개념과 대조된다.

최소자승법 또는 선형회귀(Least Squares Regression)

L2 loss를 최소화함으로써 학습된 선형회귀 모델이며, 일반적으로 최소자승법으로 불린다.

일반화된 선형회귀모델(Generalized Linear Model)

최소자승법(Least Squares Regression)의 일반화된 버전이다. 가우시안 노이즈(정규분포 잔차)에 기반한 모델도 있고 포아송 노이즈나 범주형 노이즈(categorical noise) 같은 다른 종류의 노이즈에 기반한 모델도 있다. GLM(Generalized Linear Model)의 예시는 다음과 같다.

- 로짓회귀(logistic regression)
- 다중클래스 로짓회귀(multi-class logistic regression)
- 선형회귀(least squares regression)

GLM(Generalized Linear Model)의 파라미터는 볼록최적화(convex optimization) 기법으로 구한다. GLM(Generalized Linear Model)은 다음 두 가지 속성이 있다.

- 최적 GLM의 예측 평균은 학습 데이터 정답의 평균과 같다.
- 최적 로짓회귀 모델이 예측한 확률의 평균은 학습 데이터 정답의 평균과 같다.

GLM의 예측력은 피처에 의해 제한된다. 딥러닝 모델과 달리 GLM은 학습데이터에 없는 새로운 피처를 학습할 수 없다.

힌지로스(hinge loss)

학습데이터 각각의 범주를 구분하면서 데이터와의 거리가 가장 먼 결정경계(decision boundary)를 찾기 위해 고안된 손실함수의 한 부류이다. 이로써 데이터와 경계 사이의 마진(margin)이 최대화된다. 서포트벡터머신(SVM)이 바로 hinge loss를 손실함수로 쓴다. 이진 분류문제에서 모델의 예측값 y'(스칼라), 학습데이터의 실제값 y(-1 또는 1) 사이의 hinge loss는 다음과 같이 정의된다.

$$loss = \max\{0, 1, -(y' \times y)\}$$

y'를 x축, hinge loss를 y축으로 놓고 그래프를 그리면 다음과 같다.

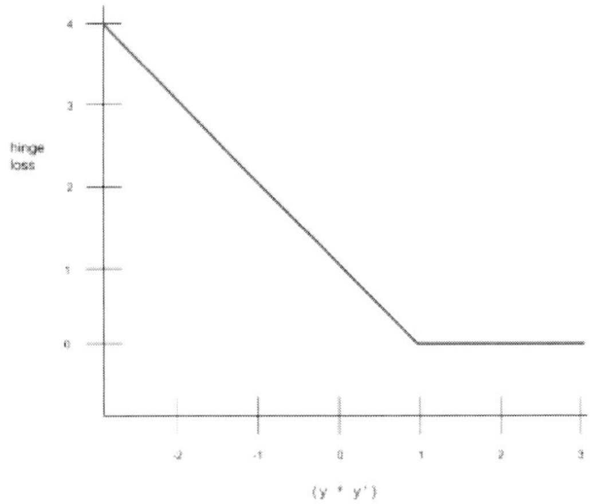

위 그래프의 의미를 이해하기 위해 SVM의 목적함수부터 살펴야 한다. SVM에서 plus-plane 보다 위에 있는 관측치들은 $y=1$이고 y', 즉 w^Tx+b가 1보다 크다. 반대로 minus-plane보다 아래에 있는 점들은 $y=-1$이고 w^Tx+b가 -1보다 작다. 따라서 SVM이 그 손실을 0으로 두려는 관측치 x는 아래와 같은 식을 만족한다.

$$y' \times y = y(w^Tx+b) \geq 1$$

그런데 여기에서 만약 $y' \times y$가 1 미만의 값을 가진다면 해당 관측치 x는 plus-plane과 minus-plane 사이, 즉 마진(margin) 내에 존재한다. $y' \times y$가 1 이상이라면 손실을 무시(=0)하고, 1보다 작으면 작을수록 손실 또한 크도록 유도한 것이 hinge loss 수식이 의미하는 바다.

hinge loss는 로짓회귀의 손실함수, 크로스 엔트로피와 깊은 관련을 맺고 있다. 로짓회귀의 경우 $y' \times y$가 1 이상의 값을 가질 경우 손실이 0에 가까워지지만 완전히 0이 되지는 않는다.

independently and identically distributed (i.i.d.)

동일하고(변화하지 않고) 이전에 뽑은 값에 영향을 받지 않는(독립인) 확률분포를 따르는 확률변수들의 집합(collection)이다. 예를 들어, 특정 시점에 웹페이지에 접속하는 방문자들은 i.i.d.일 수 있다. 짧은 시간이기 때문에 분포는 변화하지 않는다. 또한 한 방문자의 접속은 다른 방문자의 접속과 일반적으로 독립(independent)이다. 그러나 분석 기간을 길게 하면 웹페이지 방문이 계절마다 다를 수 있다(이 경우 분포가 변화한다는 점에서 i.i.d.가 아니다)

앞면이 나오는 경우를 1, 그렇지 않은 경우를 0으로 하는 확률변수가 있고 동전을 네 번 던질 경우 이 확률변수들의 집합은 i.i.d.이다. 앞면이 나올 확률이 네 차례 모든 실험에서 0.5로 동일하고, 현재 실험은 이전에 앞면이 나왔든 뒷면이 나왔든 상관없이 독립이기 때문이다.

추론(inference)

머신러닝에서 추론(inference)는 학습된 모델을 레이블이 달리지 않은 데이터(unlabeled examples)에 적용해 예측하는 과정을 가리킨다. 통계학에서 추론은 일부 관측된 데이터가 주어졌을 때 해당 분포의 파라미터를 추정하는 과정을 가리킨다.

perplexity

모델이 과업을 얼마나 잘 수행하고 있는지 나타내는 척도(measure) 중 하나이다. 예를 들어, 스마트폰 사용자가 몇 개 철자를 타이핑했을 때 해당 사용자에게 자동 완성된 단어 리스트를 보여주는 과업을 수행하고 싶다고 치자. 이 작업에 대한 $perplexity\ P$는 사용자가 입력하려고 하는 실제 단어(정답)가 모델이 제시하는 후보 리스트에 포함되도록 하기 위해 제공해야 하는 추측의 수를 가리킨다. $perplexity\ P$는 다음과 같이 크로스 엔트로피와 관계가 있다.

$$P = 2^{-crossentropy}$$

안정성(stationarity)

데이터의 분포가 하나 이상의 차원에서 일정하게 유지되는 데이터 집합의 속성이다. 가장 일반적으로 그 차원은 시간이며, 데이터가 stationarity하다는 것은 시간이 지나도 데이터가 변하지 않는다는 것을 의미한다.

합성피처(synthetic feature)

입력 피처에는 존재하지 않지만 하나 이상의 피처로부터 도출된 피처. 합성피처(synthetic feature)의 종류는 다음과 같다.

- feature cross

CHAPTER 07 머신러닝의 의미와 분류

- 하나의 피처를 두 개의 피처로 나누기(dividing)
- bucketing

피처 하나만을 대상으로 정규화(normalize)나 스케일링해서 생성된 피처는 합성피처에 속하지 않는다.

feature cross

개별 피처들을 곱셈 또는 카테시안 곱으로 cross시켜 생성한 합성피처의 일종이다. feature cross는 피처간 비선형(nonlinear) 관계를 표현하는 데 도움을 준다.

bucketing

연속적인(continuous) 피처를 버켓(bucket) 또는 빈(bin)이라 불리는 여러 개의 이진 피처로 나누는 것이다. 대개 해당 피처 값(value)의 범위를 바탕으로 나눈다. 예컨대 온도를 연속적인 floating-point 피처로 표시하는 대신, 이산적인(discrete)한 빈으로 분리할 수 있다. 가령 0~15도, 15~30도, 30~50도에 해당하는 데이터를 각각의 빈에 넣는 방식이다.

최우추정법(Maximum Likelihood Estimation)과 우도(likelihood)

최우추정법(Maximum Likelihood Estimation)은 모수 추정을 취해 가장 일반적으로 사용되는 추정법으로서, 임의표본의 확률적(정보적) 특징을 바탕으로 한 가장 합리적인 접근법이다.

우도(likelihood)는 임의표본의 관측치 $x_1, x_2, \cdots, x_n$이 주어졌을 때, 관측치들의 결합 확률분포함수이다.

$L(\theta) = L(\theta; x_1, x_2, \cdots, x_n)$: 우도는 관측치 $x_1, x_2, \cdots, x_n$에 대한 모수 θ의 함수

$= f(x_1, x_2, \cdots, x_n; \theta)$: 우도는 결합확률분포 값으로 정의

$= f_1(x_1;\theta) \cdots f_n(x_n;\theta)$: 표본들은 서로 독립이므로

$= f(x_1;\theta) \cdots f(x_n;\theta)$: 표본들은 동일분포를 가지므로

$= \prod_{i=1}^{n} f(x_i; \theta)$를 모수 θ의 우도 혹은 가능도(likelihood)라 한다.

최우추정법은 우도 $L(\theta)$ 혹은 로그-우도 $\log L(\theta)$를 최대화하는 $\hat{\theta} = \theta$를 구하는 방법이다. 이때의 추정량 $\hat{\theta}$를 최우추정량(Maximum Likelihood Estimator, MLE) 이라 한다.

log는 단조 증가함수이므로 우도 $L(\theta)$를 최대화하는 θ는 $\log L(\theta)$에 대해서도 최대이다.

고유값(eigenvalue)와 고유벡터(eigenvector)

n 차 정사각행렬 A에 대하여, 적당한 scalar λ와 벡터 $x(\neq 0)$가 존재하여

$$Ax = \lambda x$$

를 만족하는 $x(\neq 0)$가 존재할 때, λ를 A의 고유치(eigenvalue)라 하고, $x(\neq 0)$를 λ에 대응하는 A의 고유벡터(eigenvector)라고 한다.

Karush-Kuhn-Tucker(KKT) 또는 Kuhn-Tucker 조건

Karush-Kuhn-Tucker 조건은 primal, dual solution과의 관계에서 도출된 조건이다. 최적화 이론과 실제 구현에서 핵심적인 역할을 한다. d조건의 구체적인 내용은 다음과 같다.

$$\begin{aligned} &\min_x \ f(x) \\ &\quad subject\ to\, h_i(x) \leq 0, i = 1, \cdots, m \\ &\qquad\qquad l_j(x) = 0, j = 1, \cdots, r \end{aligned}$$

KKT 조건은 다음과 같다.

① $0 \in \partial\left(f(x) + \sum_{i=1}^{m} u_i h_i(x) + \sum_{j=1}^{r} v_j l_j(x)\right)$ (stationarity)

② $u_i \cdot h_i(x) = 0 \ \text{for all } i$ (complementary slackness)

③ $h_i(x) \leq 0,\ l_j(x) = 0 \ \text{for all } i, j$ (primal feasibility)

④ $u_i \geq 0 \ \text{for all } i$ (dual feasibility)

딥러닝의 의미

명시적인 프로그래밍을 하지 않고 컴퓨터가 학습하도록 하는 머신러닝은 통상적으로 뛰어난 수학자들과 프로그래머들만이 할 수 있는 것으로 여겨져 왔다. 왜냐하면 머신러닝을 위해 코딩을 할 줄 알아야 하고, 강력한 수학적 스킬이 요구되기 때문이다. 그러나 이제 완전한 수학적 배경이 없이도 프로그래밍이 가능하다.

① 피쳐 엔지니어링(Feature Engineering)

일반적으로 머신러닝을 위해 컴퓨터가 이해할 수 있는 데이터를 컴퓨터에게 공급해야 한다. 이것은 많은 행과 열로 구성되는 대규모의 스프레드시트 형태로 데이터를 변환해야 한다. 각 행은 인스턴스로 불리며 각 열은 피쳐라고 부른다. 따라서 이들 숫자를 머신러닝에 공급하여 데이터로부터 학습하도록 하게 한다. 피쳐 엔지니어링은 시간이 매우 많이 소요되기 때문에 시행착오도 많이 해야 하고, 모델을 향상시키는 피쳐들을 추출해야 한다. 그러나 모델을 학습시키고 테스트하기 전까지 이 피쳐들이 유용한지 알 수 없기 때문에, 새로운 피쳐를 개발하고 모델을 다시 만들고, 결과를 평가하는 순환과정을 통해 좋은 결과를 얻을 때까지 노력해야 한다. 이 과정은 많은 시간이 소요되며 대부분의 시간을 소비하게 될 것이다.

② 딥러닝을 통한 피쳐 추출

딥러닝은 인공신경망(Artificial Neural Network, ANN)의 다른 이름이다. 이 개념은 40년 이상 되었으나, NVIDIA가 과학 컴퓨팅을 위한 칩을 개발하여 비로소 신경망의 붐을 다시 일으켰다. 딥러닝이 "딥"인 이유는 인공신경망(ANN)의 구조때문이다. ANN은 기본적으로 피라미드처럼 쌓인 뉴런의 레이어(layer)이다. 40년 전에 신경망은 기껏해야 2개의 레이어로 이루어졌다. 당시 컴퓨팅 파워로는 이것을 계산하는데 매우 오랜 시간이 걸렸기 때문에 더 큰 네트워크 계산을 수행할 수 없었다. 그러나 이제 10개 이상의 레이어를 갖는 ANN은 흔한 것이 되었다. 엔지니어들은 100개 이상의 레이어를 갖는 ANN을 생성하기 시작했다.

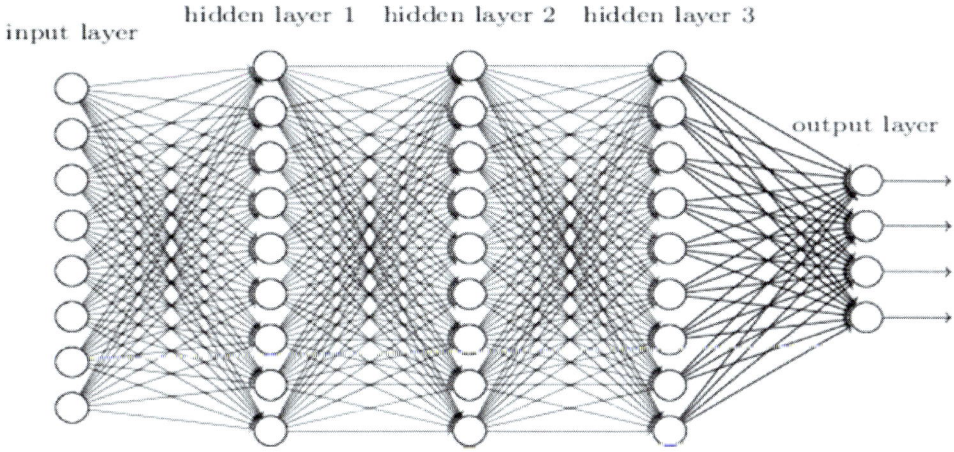

심층신경망 예시

③ 이것이 딥(Deep)이다

딥러닝은 뉴런들로 구성된 레이어를 쌓을 수 있다. 가장 낮은 레이어가 입력데이터(input data)를 받는다. 입력데이터는 이미지, 텍스트, 소리 등이 될 수 있으며, 각 뉴런은 데이터에 대한 일부 정보를 저장한다. 레이어 내의 각 뉴런은 데이터를 더욱 추상적으로 학습한 다음 레이어의 뉴런으로 정보를 전달한다. 따라서 보다 높은 레이어로 전달될수록 더욱 추상적인 피쳐를 학습하게 된다. 아래 그림은 5개의 레이어와 3개의 은닉 레이어(hidden layer)를 볼 수 있다.

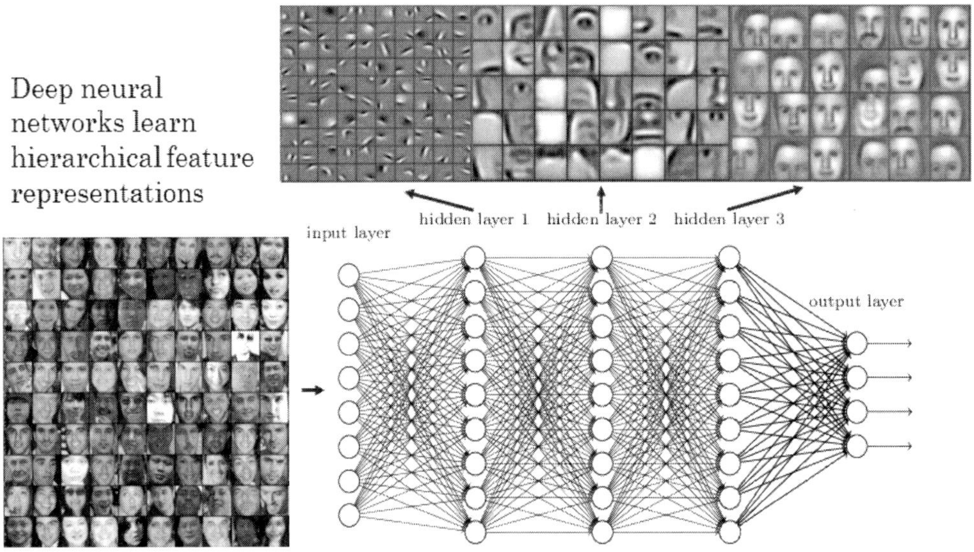

심층신경망 예시

여기서 인공신경망(ANN)이 자동으로 피쳐를 추출한다. 이미지를 입력받아 컬러 분포, 이미지 히스토그램, 유일한 컬러 개수 등과 같은 피쳐를 손으로 계산하지 않고, 이미지를 공급만 하면 된다. ANN은 일반적으로 이미지에 대하여 잘 작동했지만 이제는 텍스트와 같은 모든 종류의 다른 데이터셋에도 적용되고 있다.

④ 오픈 소스, 오픈 사이언스, 그리고 데이터

매일 많은 오픈 소스 프로젝트과 딥러닝에서 역시 여전히 많은 오픈 소스들이 태어나고 있다. Tensorflow[19], Torch[20], keras[21], Facebook engineering[22], DIGITS[23], Caffe[24] 등은 메이저 오픈 소스 딥러닝 프로젝트들이다. 또한, 더욱 많은 논문들이 알고리즘 소스 코드를 포함하고 있다. Arxiv.org는 백만 개가 넘는 논문이 존재하고, 일반인에게도 공개되어 있다.

19 https://www.tensorflow.org

20 https://github.com/torch/torch7

21 https://keras.io

22 https://engineering.fb.com/2015/12/10/ml-applications/facebook-to-open-source-ai-hardware-design

23 https://github.com/NVIDIA/DIGITS

24 https://github.com/BVLC/caffe

따라서 더 이상 피쳐 엔지니어링을 예전만큼 많이 할 필요가 없게 되었다. 그러나 학습 알고리즘은 많은 양의 데이터를 모델에 공급해 주어야 할 필요가 있다.

또한, 많은 데이터 소스가 생겨났다. 인터넷, 위키피디아, 이메일, Flickr, 구글, 페이스북, 프로젝트 구텐베르크 등이다. 많은 유용한 데이터가 있지만, 보다 많은 데이터가 필요하다.

현실적으로 빅데이터를 소유한 대기업만이 이러한 머신러닝 모델을 활용할 수 있었다면, 이제 공공자원으로서 보다 많은 데이터를 개방하고 공유하게 될 것으로 보인다.

5 인공지능, 딥러닝과 머신러닝의 관계

딥러닝(Deep Learning)은 머신러닝의 한 분야이지만 일반적인 머신러닝보다 더 발전된 형태이다. 머신러닝이 데이터를 통해 컴퓨터나 기계에 학습능력을 부여하는 형태라면, 딥러닝은 컴퓨터 또는 기계가 학습조차도 스스로 판단하여 실행하고 미래 상황을 예측한다. 즉, 데이터 자체를 신경망 구조를 통해 학습한다. 딥러닝의 대표적인 예가 바로 2016년 3월 세계가 주목한 알파고(AlphaGo)와 이세돌 9단의 대국이다.

인공지능(Artificial Intelligence), 머신러닝(Machine Learning), 딥러닝(Deep Learning)의 관계도를 도식화하면 다음과 같다.

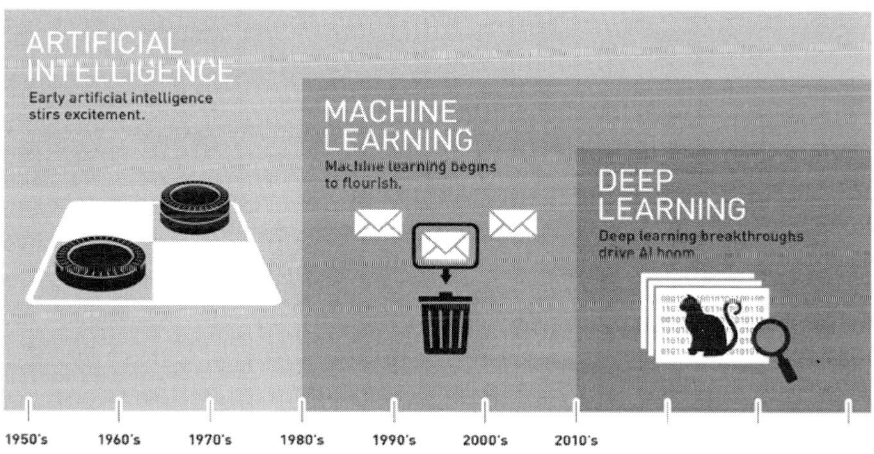

자료 : NVIDIA

인공지능, 머신러닝, 딥러닝의 관계 다이어그램

자율주행차에 적용하면 다음과 같다.

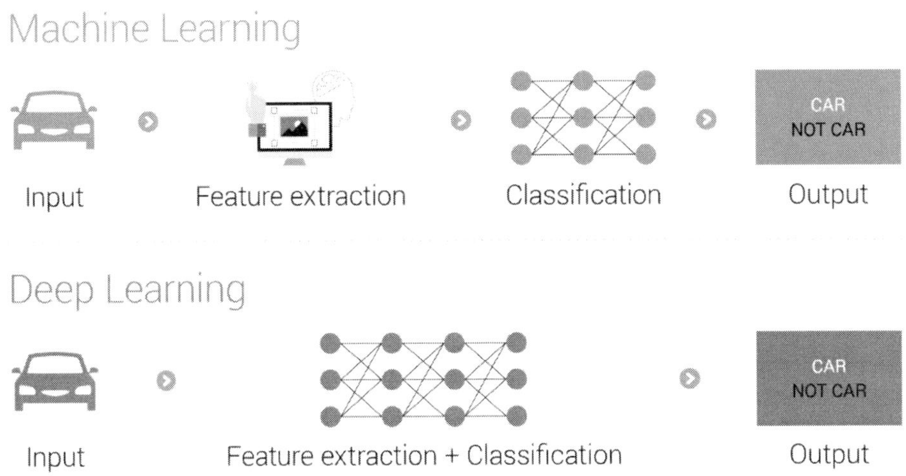

머신러닝과 딥러닝의 차이

머신러닝의 분류

① 머신러닝 모형 분류

머신러닝의 목적은 인간이 개입하지 않고, 컴퓨터가 어떠한 일을 수행할 수 있도록 학습시키는 것이다. 유전학, 사회관계망, 광고, 위험분석 등과 같은 응용분야의 증가에 따라 프로세스, 고객, 조직에 필요한 정보를 추출하거나 인사이트를 제공하기 위한 많은 양의 데이터를 분석할 수 있는 데이터가 생성되고 있다. 궁극적으로 머신러닝은 모델을 세우고 평가를 위해 과거, 현재, 미래의 데이터를 이용하여 성능 조건을 최적화하는 알고리즘으로 구성된다.

비지도학습(Unsupervised Learning)

비지도학습의 목적은 어떠한 관찰 데이터 집합에 대한 일정한 규칙성과 불규칙성을 발견하는 것이다. 통계학에서 밀도추정(density estimation)으로 알려진 과정은 두 개의 범주로 나누어진다. 데이터 클러스터 발견과 잠재적 요소 발견이다.

방법론은 유아 또는 동물의 자연적 학습과정과 유사한 학습패턴을 이해하기 위한 입력데이터 처리로 구성된다. 비지도학습은 레이블링된 데이터를 필요로 하지 않으므로, 결과 검증을 위한 전문적 역량이 요구되지 않아 구현하기 쉽다. 그러나 클러스터링 알고리즘의 결과를 레이블링하는 것은 가능하며, 이는 향후 분류를 위한 목적으로 사용가능하다.

군집화(Clustering)

데이터 클러스터링의 목표는 수집된 데이터를 다수의 클러스터 또는 데이터 그룹으로 분리하는 것이다. 실질적으로 클러스터링 알고리즘은 클러스터에 속하는 관찰 데이터를 최소화하거나 클러스터 중간의 관찰 결과를 최대화하여 관찰 데이터를 클러스터로 조직화하는데 사용된다. 클러스터링 알고리즘은 아래의 단계로 구성된다

① 입력 데이터에 대한 가설을 세워 모델 생성하기
② 목적함수 또는 클러스터링의 목표 선택하기
③ 목적함수를 최적화하기 위해 하나 이상의 알고리즘 평가하기

데이터 클러스터링은 데이터 세그먼테이션(data segmentation) 또는 데이터 파티셔닝(data partitioning)으로도 알려져 있다.

차원 축소(Dimension Reduction)

차원 축소 기법은 데이터셋 신뢰성을 모델링하는 가장 작지만 가장 관련있는 피처(features) 그룹을 찾는 것을 목표로 한다. 피쳐 또는 파라미터의 개수를 줄이는 다양한 이유들이 있는데, 계산양을 줄여 과적합(overfitting)을 피해야 하기 때문이다. 비지도학습을 이용하여 데이터로부터 지식을 이끌어낼 수 있는 다양한 유용한 기법들을 분류하는 방법들이 존재한다. 아래 그림은 이러한 기술들을 그 목적에 따라 분류한 것이다. 각가이 모형에 대한 부분은 뒤에서 살펴본다.

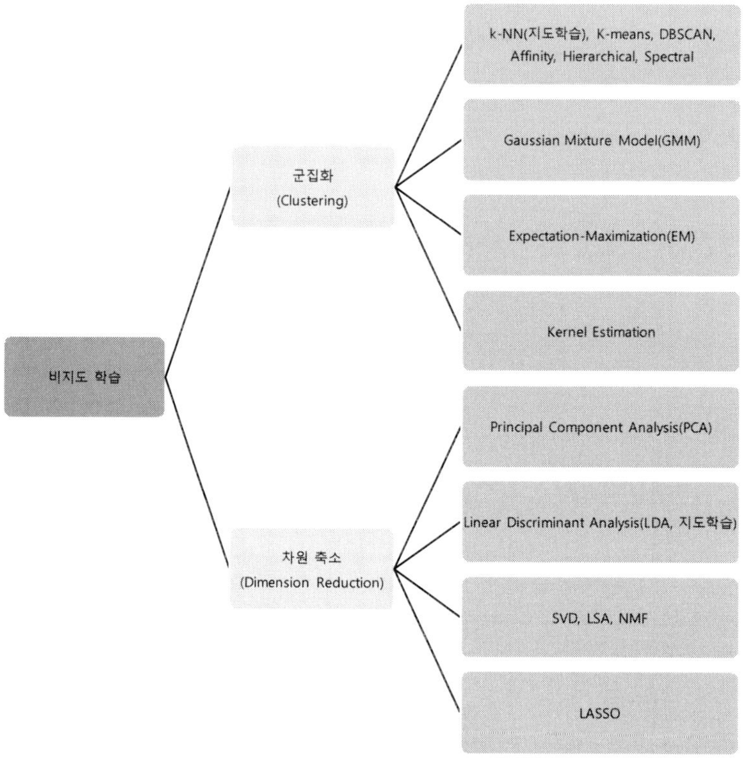

비지도학습 모형 분류

② 지도학습(Unsupervised Learning)

지도학습과 가장 유사한 기법은 함수 근사화나 커브피팅(curve fitting)이다. 지도학습은 학습 데이터셋 $\{x,y\}$로부터 이들 간의 관계식 또는 함수 $f:x\rightarrow y$를 얻는 것을 목표로 한다. 지도학습은 다른 어떠한 학습 전략보다도 훨씬 정확하지만, 어떤 유형의 문제에 대해서 데이터를 레이블링하기 위한 전문 지식이 필요할 수도 있다. 지도학습 알고리즘들은 생성 모델(generative model)과 판별 모델 (discriminative models)로 나눌 수 있다.

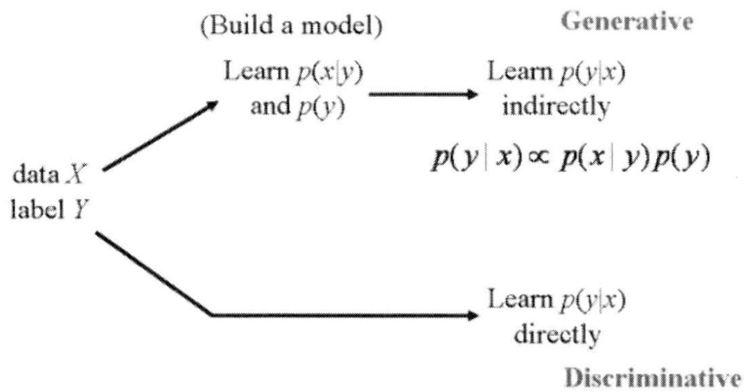

생성 모델과 판별 모델

패턴 인식에서 분류에 쓰이는 모델 측면에서, 생성 모델은 샘플 데이터셋을 생성하는 모델이다. 다시 말해서 학습하는 데이터의 분포를 학습하게 된다. 반면에 판별 모델은 샘플을 생성하지 못한다.

분류의 관점에서 본다면 판별 모델은 클래스의 차이점에 주목한다. 반면 생성 모델은 각 클래스의 분포에 주목한다. 예를 들어, 가우시안 혼합 모델(Gaussian Mixture Model, GMM)에서 EM방식으로 학습을 한다면, Gaussian으로 모델링해서 그 평균을 구하여 사용하는 것이 생성 모델이다. 분류를 하기 위해서는 결정 경계(decision boundary)를 구하는 것이 목표이며, 생성 모델에서는 이를 우도(likelihood)와 사후확률(posterior probability) 등을 사용하여 결정 경계를 구축한다.

생성 모델이란 데이터 X가 생성되는 과정을 두 개의 확률모형, 즉 $P(X)$, $P(X|Y)$으로 정의하고, 베이즈 규칙을 사용해 $P(Y|X)$를 간접적으로 도출하는 모델이다. 생성 모델은 레이블 정보가 있어도 되고, 없어도 구축할 수 있다. 전자를 지도학습 기반의 생성 모델이라고 하며 선형 판별 분석이 대표적인 사례가 된다. 후자는 비지도학습 기반의 생성 모델이라고 하며 가우시안 혼합 모델, 토픽 모델링이 대표적이다.

생성 모델은 판별 모델에 비해 가정이 많다. 그 가정이 실제 현상과 맞지 않는다면 생성 모델의 성능은판별 모델보다 성능이 좋지 않을 수 있지만, 가정이 잘 구축되어 있다면 이상치에도 강건하고 학습데이터가 적은 상황에서도 좋은 예측 성능을 보일 수 있다. 생성 모델은 범주의 분포(distribution)을 학습하는 것이 목표가 된다. 또한 생성 모델은 일반적인 베이지안 추론과 마찬

가지로 학습데이터가 많을수록 판별 모델과 비슷한 성능으로 수렴하는 경향이 있다. 아울러 생성 모델은 $P(X|Y)$을 구축하기 때문에 이 모델을 활용해 X를 샘플링할 수도 있다.

판별 모델은 데이터 X가 주어졌을 때 레이블 Y가 나타날 조건부확률 $P(Y|X)$를 직접적으로 반환하는 모델을 말한다. 레이블 정보가 있어야 하기 때문에 지도학습(supervised learning) 범주에 속하며 X의 레이블을 잘 구분하는 결정경계(decision boundary)를 학습하는 것이 목표가 된다.

생성 모델(Generative Model)

통계학에서의 설명을 단순화하기 위해 다음과 같이 설명하자. 사건 X의 확률은 이산 랜덤 변수 X가 값 x를 갖는 확률과 같다.

$$P(X) = P(X = x)$$

결합 확률(또는 조건부 확률)은 다음과 같이 표시된다.

$$P(X, Y) = P(X = x, Y = y) \text{ 또는 } P(X|Y) = P(X = x|Y = y)$$

생성 모델은 관찰된 변수 X와 은닉(잠재) 변수 Y를 표현하는 두 가지 사건인 랜덤 변수 X와 Y의 결합 확률 $P(X, Y)$에 대해 적합을 시도한다. 차별화 모델은 관찰된 변수 x의 사건 또는 랜덤 변수 X가 주어질 때, 은닉 변수 y의 사건 또는 랜덤 변수 Y의 조건부 확률 $P(Y|X)$을 학습한다.

생성 모델은 보통 베이즈룰(Bayes' rule)을 통해 이루어진다. 사건 X가 주어질 때 사건 X의 조건부 확률은 사건 X가 주어질 때 사건 X의 조건부 확률과의 곱으로 계산되며, 사건 X의 확률은 사건 X의 확률에 의해 정규화된다.

판별 모델 (Discriminative Model)

판별 모델은 생성 모델과 달리, 학습과 분류에 대한 동일한 알고리즘으로 조건부 확률 $P(Y|X)$를 직접 계산한다. 생성 모델과 판별 모델은 각각의 장점과 단점을 가지고 있다. 실험을 통해 각각의 문제에 적합한 알고리즘을 매칭하는 법을 알 필요가 있다. 다음은 프로젝트의 목적이나 특성에 따라 어떤 종류의 모델이 적합한지를 설명하는 간단한 가이드라인이다.

생성 모델과 판별 모델의 차이

목적	생성 모델	판별 모델
정확도	학습 데이터셋에 매우 의존적	확률 추정은 매우 정확한 편
모델링 요구사항	관찰 변수와 은닉 변수가 모두 필요하며, 이는 상당한 학습량을 요구	학습 데이터의 품질은 생성 모델만큼 높지 않아도 됨
계산양	계산양이 보통 적음. 예를 들어, 베이지안 규칙에서 유도된 모든 그래픽 방법들은 적은 계산양을 요구	대부분의 알고리즘들은 상당한 성능을 요구하는 컨벡스(convex) 최적화에 의존
제약사항	모델 피쳐들(features) 간에 어느 정도 독립적임을 가정	대부분의 판별 모델 알고리즘들은 피쳐들 간에 의존성 수용

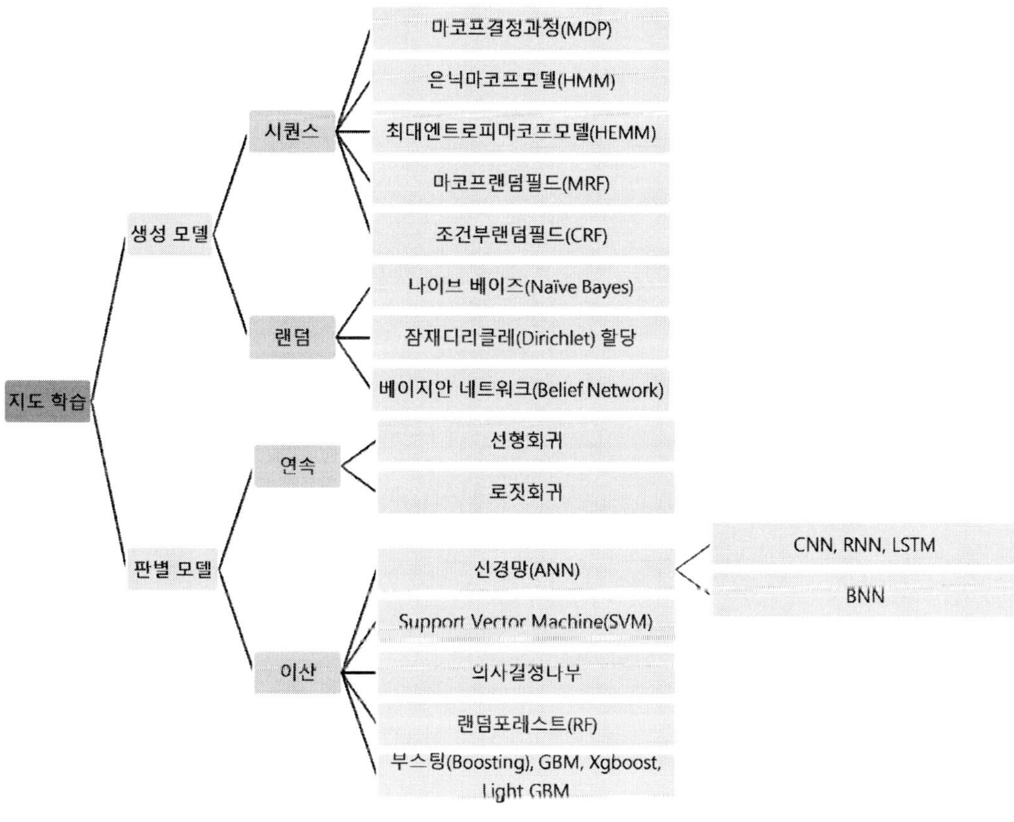

지도학습 모형 분류

③ 강화학습(Reinforcement Learning)

최근 강화학습은 1990년대부터 도메인 전문가와 협업하여 문제를 해결하는데 있어 유전자 알고리즘 기반 분류자(classifier)가 유명해졌다. 강화학습 알고리즘들은 가장 단순하게는 최선의 행동 코스를 계산하거나 평가한다. 강화학습에 기반을 둔 대부분의 복잡한 시스템에 대해 전문가들은 추천하지 않을 지도 모르는 정책을 수립하고 업데이트한다. 강화학습 개발자들의 최우선 도전과제는 추천 행동이나 정책이 부분적으로 관찰되는 상태와 불확실성을 어떻게 다루어야 할지에 대한 부분이 된다.

유전자 알고리즘은 보통 강화학습 툴박스의 일부로 여겨진다. 그러나 학습 분류자 시스템과 같은 고도화된 모델들은 규칙과 정책을 분류하고 보상하기 위해 유전자 알고리즘을 사용한다. 앞선 두 개의 학습 전략과 같이, 강화학습 모델은 마코프(Markov) 또는 진화형으로 분류될 수 있다.

다음 그림은 강화학습에 대한 간단한 개요이며, 보다 많은 방법론들이 쏟아져 나오고 있다.

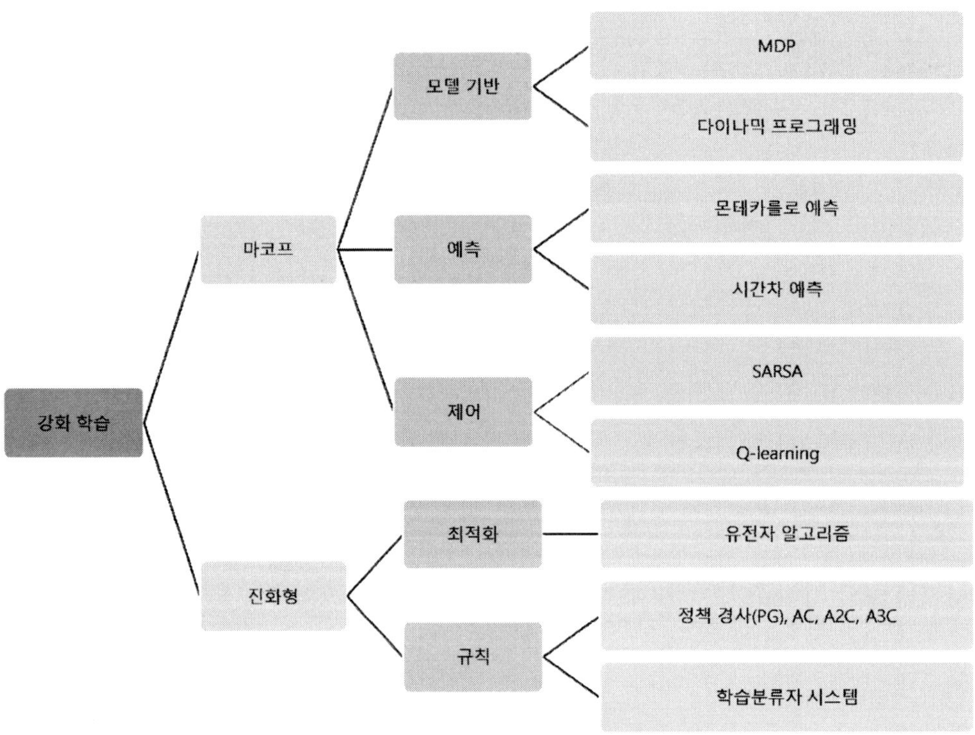

강화학습 모형 분류

CHAPTER 07 머신러닝의 의미와 분류

④ 머신러닝 활용과 관련된 분류

앞에서 언급한 바와 같이 머신러닝(Machine Learning) 기법은 크게 지도학습(Supervised Learning), 비지도학습(Unsupervised Learning), 강화학습(Reinforcement Learning)으로 주로 분류된다.

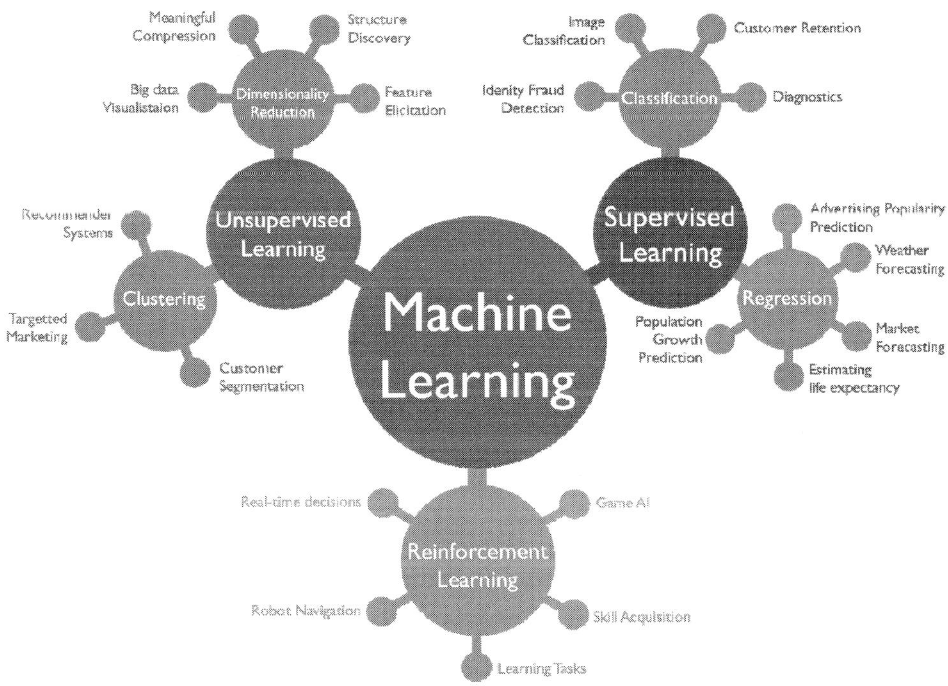

자료 : Nahid, A.(2017)

머신러닝 기법의 분류와 활용

지도학습(supervised learning)은 컴퓨터에 데이터(data)와 데이터에 대한 레이블(label), 즉 명시적 정답을 주고 훈련을 시켜서 미래의 출력값을 예측할 수 있도록 하는 학습 방법이라고 하였다. 데이터(data)와 데이터에 대한 레이블(label)을 주고 미래의 출력값을 예측할 수 있도록 하는 학습 방법이다.

지도학습은 입력된 데이터의 특성과 예측 결과값의 연관 관계를 가지고 예측모델링을 구축한다. 예측값의 특성에 따라 크게 회귀(Regression), 분류(Classification) 두 가지로 나눌 수 있으며,

회귀의 일종으로 보는 추천(Recommendation)과 순위(Ranking)을 추가하여 구분하기도 한다.

예를 들어, 이전 주식 시장 변화를 보고 내일 주식 시장 변화를 예측하는 일, 스팸 메일(spam mail), 즉 원치 않는데도 일방적으로 보내어지는 광고성 이메일을 구분하여 분류하는 일, 사용자가 구매한 상품을 토대로 추후 구입 상품을 예측하여 추천하는 일 등이 이에 해당한다. 추천 시스템이나 랭킹의 경우 회귀의 일종으로 볼 수 있으나, 추천시스템의 경우 입력과 출력값이 아니라 다양한 관계를 고려하며, 랭킹은 출력값의 예측이 아닌 데이터의 순위를 예측하는 형태이다

비지도학습(Unsupervised Learning)은 컴퓨터에 데이터(data)를 주되 데이터에 대한 레이블(label), 즉 명시적 정답을 주지 않은 상태에서 학습하는 유형이다. 레이블(label)이 없기 때문에 입력된 데이터로만으로 데이터의 숨겨진 패턴(pattern)이나 구조를 찾아내는 학습 형태이다. 비지도학습은 데이터만 가지고 직접 모델링을 구축하는데, 대표적인 예로 군집화(clustering)와 차원 축소가 있으며, 토픽 모델링(topic modeling)과 밀도추정도 있다.

예를 들어, 신문기사를 수집하여 비슷한 내용의 기사들을 묶어 각각 경제, 스포츠, 연예 군집으로 나눌 수 있다. 토픽 모델링의 경우 군집화와 유사하지만 주로 텍스트 데이터에 사용되며, 신문기사를 토픽 모델링한다면 경제 0.1, 스포츠 0.4, 연예 0.5 등 관련 정도를 확률로 표현한다. 각국 학생들의 키와 몸무게를 모아놓은 통계 자료에서 키와 몸무게의 관계를 파악하는 방법이 밀도추정이다. 차원 축소는 데이터가 복잡하고 고차원인 경우 시각화(visualization)하기 어려울 때 데이터의 잘 나타내는 특징을 추려내기 위해 2차원이나 3차원으로 표현하기 위해 사용된다.

강화학습(Reinforcement Learning)은 컴퓨터(에이전트 또는 학습자)가 주어진 환경과의 상호작용을 통해 장기적으로 얻는 이익이 최대가 되도록 학습하는 형태이다. 즉, 에이전트가 주어진 환경에 대해여 어떤 행동을 취하면 그에 따른 보상을 얻는 시스템을 통해 학습을 진행하되, 에이전트가 보상을 최대화하는 방향으로 행동 또는 행동 순서를 선택한다.

예를 들어, 바둑 프로그램에서 현재 판에서 다음 수를 선택을 학습하는 형태가 지도학습이라면, 게임의 전체 수를 고려하여 게임에서 이길 경우 점수를 받고 그렇지 않은 경우 점수를 주지 않아 일련의 이기는 수를 학습하는 형태가 강화학습이다. 또 다른 예로 화성탐사로봇의 경로 탐색과정을 들 수 있다. 지구에서는 화성에 대한 데이터를 얻을 수 없어, 로봇은 실제 환경에 대한 정보가 없다. 따라서 매번 행동에 따른 피드백(보상)을 통해 다음 행동을 정하는 과정을 통해 학습을 진행한다.

찾아보기

찾아보기

| ㅈ |

| ㅊ |

| ㅋ |

| ㅌ |

| ㅍ |

| ㅎ |

비즈니스 의사결정을 위한

빅데이터세상

발 행 일 2021년 2월 28일
저 자 김상봉
발 행 인 김성남
발 행 처 (주)지필미디어

주 소 경기도 파주시 문발로 115 세종벤처타운 404호
전 화 (031) 957-4504
팩 스 (031) 957-4503
이 메 일 jiphil@hanmail.net
홈페이지 www.jiphil.co.kr
등록번호 제 312-1997-000043호 (1997년 07월 16일)

ISBN 979-11-86674-80-2 93320
가 격 22,000원